ハヤトロギアとエヒイェロギア

「アウシュヴィッツ」「FUKUSHIMA」以後の思想の可能性

宮本久雄［編著］
Miyamoto Hisao

教友社

ハヤトロギアとエヒイェロギア

「アウシュヴィッツ」「FUKUSHIMA」以後の思想の可能性

目　次

「出エジプト記の脱在論」としてのエヒイェロギア

山本　芳久

はじめに

「ハヤトロギア」と「エヒイェロギア」は、宮本久雄教授による数十年にわたる思索に基づいた、我が国においては珍しいオリジナルな神学・宗教哲学的な理論である。それが形を取り始めたのは、二〇〇二年に刊行された『存在の季節――ハヤトロギア（ヘブライ的存在論）の誕生』においてであった(1)。その後、現在に至るまで、『他者の甦り――アウシュヴィッツからのエクソダス』(2)、『旅人の脱在論――自・他相生の思想と物語りの展開』(3)、『ヘブライ的脱在論――アウシュヴィッツから他者との共生へ』(4)、『他者の風来――ルーアッハ・プネウマ・気をめぐる思索』(5)といった、「ハヤトロギア」と「エヒイェロギア」に関わる大部の著作が続々と刊行されている。

現代におけるキリスト教研究は、旧約聖書学・新約聖書学・神学・哲学・歴史学など、様々な領域に専門分化しており、さらにそのそれぞれの領域が下位区分的に細分化されていて、その細分化した諸領域のあいだの対話や、領域横断的な研究も、困難になっている。

哲学や宗教というものが、元来、この世界全体・宇宙全体を何らかの仕方で全体として捉えなおそうとする試みである以上、このような仕方での過度の領域細分化には、どこか、哲学や宗教というものの本質に反する倒錯的なところがあると言えよう。

そのような状況のなかで、宮本教授によるハヤトロギア・エヒイェロギア構築の試みは、単なる一理論の提出といった意義を有するのみではなく、現代においても、このような諸領域を統合した本格的な理論の提出が可能であることを身を以て示したところにこそ、その真価があると言えよう。

それゆえ、宮本教授によって提示されたハヤトロギア・エヒイェロギアの真の意義は、読者がその理論を鵜呑みにしてそのまま受け入れることによってあらわになるものでは必ずしもない。むしろ、長大な射程を有するハヤトロギア・エヒイェロギアは、各個別領域の研究者に対して、自らの専門領域をより広い観点から再吟味するきっかけを与えるとともに、また、自らの専門的な知見に基づいて、宮本教授がこれまでのところ展開している範囲内のエヒイェロギアに対して批判的なコメントを為したり、違う観点を提示することによって、エヒイェロギアをさらに磨きあげていくための貢献をなすこともできるようなものとなっている。後述のように、ハヤトロギア・エヒイェロギアは「脱自的存在論」とでも言うべきものなのであるが、それは、固定的な理論としての「脱自的存在論」であるというよりは、むしろ、脱自的存在論自体が脱自していく、そのような力動的な可能性を有した理論なのである。

二〇一二年七月七日に上智大学において開催されたシンポジウム「ハヤトロギアとエヒイェロギア」は、このような意味において、「ハヤトロギア」と「エヒイェロギア」をめぐって、多様な専門の提題者たちが豊かな対話と議論を交える絶好の機会となった。各提題に関しては、本書に収められている岩田靖夫氏による論考において懇切丁寧なコメントが付されているので、私からの詳しいコメントは割愛するが、宮本教授以外の四氏が提題者として選ばれた背景を浮き彫りにするために、多少、それぞれの提題の背後にある問題意識を明らかにしておきたい。

まず、ホワイトヘッドの専門家である田中裕氏による提題「ハヤトロギア（歴程神学）の課題――ホワイトヘッド・ヨーナス・西田哲学の思索を手引きとして」においては、動的な神理解という観点においてハヤトロギア・エヒイェロギアと共通するところのあるプロセス神学や、「アウシュヴィッツ以後の神」についての思索において響き合うところのあるハンス・ヨーナス哲学についての紹介が為され、西田哲学をも動員しつつ、ハヤトロギア・エヒイェロギアをさらに豊かに展開する可能性が示唆されるとともに、逆に、ハヤトロギア・エヒイェロギアの観点からホワイトヘッドやヨーナスや西田を新たな仕方で理解しなおすことの可能性も示唆された。

また、ギリシア哲学の専門家である山本巍氏からは、「アテネとエルサレム――言語と存在をめぐって」という提題が為された。このタイトル自体によって鮮やかに表現されているように、「ギリシア的なもの（アテネ）」と「ヘブライ的なもの（エルサレム）」との対比という古典的な問題に正面から取り組んだ提題であった。ハヤトロギア・エヒイェロギアにおいては、全体として、「ギリシア的なもの（ヘレニズム）」と「ヘブライ的なもの（ヘブライズム）」とが対比されつつ、後者の観点が強調されている。具体的には、「実体的自同性」と「脱自性・脱在性」、「存在の静的性格」と「存在の動的性格」、「他者の同化と忘却」にいたる「ギリシア的存在論」・「存在‐神‐論」と「ヘブライ的脱在論」といった対比が行われる[6]。このような対比の妥当性を明らかにすることは、ハヤトロギア・エヒイェロギアの有する発展可能性・継承可能性をはっきりさせるために不可欠の作業であり、そのような意味において、ギリシア哲学を本業としつつ、聖書に代表されるヘブライ的伝統に対しても深い造詣を有する山本巍氏による提題は、非常に有意義なものであった。

そして、宮本教授自身による「根源悪からのエクソダス――エヒイェロギア（ヘブライ的脱在論）の構想」という提題をはさみ、第四の提題は、旧約聖書学者の竹内裕氏による「困難な隣人――〈私の真実《アミティ》〉の子ヨナの物語」というものであった。ハヤトロギア・エヒイェロギアは、後述のように、旧約聖書の「出エジプト記」を土台にして生まれてきたものであるから、旧約聖書学の観点からの提題は、ハヤトロギア・エヒイェロギアの可能性を明示するためには不可欠のものであった。しかも、竹内氏の提題は、一見、ハヤトロギア・エヒイェロギアとは直接的につながるところがないとも思われる「ヨナ書」を丁寧に読み解きながら、ハヤトロギア・エヒイェロギアとのつながりを浮き彫りにしていくものであり、旧約聖書の正確な読解がハヤトロギア・エヒイェロギアの新たな側面を開示し、また、ハヤトロギア・エヒイェロギアが、（旧約）聖書の新たな読解を可能にするという幸福な円環が成立しうることを示唆した、非常に刺激的なものであった。

最後の提題は、教父学の谷隆一郎氏による「神的エネルゲイア・プネウマの現存——東方・ギリシア教父におけるエヒイェロギアの展開」というものであった。上述のように、ハヤトロギア・エヒイェロギアにおいては、「ギリシア的なもの」と「ヘブライ的なもの」とが対比されつつ、後者の観点が強調されている。だが、だからといって、ハヤトロギア・エヒイェロギアは、キリスト教思想の中核を築きあげてきたギリシア語・ラテン語による伝統的な「信仰の遺産」を一概に否定するものではない。むしろ、「ヘブライ的なもの」を媒介とすることによって、ギリシア的・ラテン的神学のなかに含みこまれていた脱在的・力動的な側面が、新たな仕方で照らし出される、ということが生じうる。それは、宮本教授の『他者の甦り』という書名にかけて言うならば、いわば、「ギリシア的なもの」の「甦り」とでも言うべき事態である。谷氏による「東方教父におけるエヒイェロギア」という大胆な提題は、ハヤトロギア・エヒイェロギアのこのような側面を正面から掘り下げた画期的なものであった。

私自身の専門にひきつけて言うと、伝統的なキリスト教の代表的な神学者の一人であるトマス・アクィナスにおける「自存する存在そのもの（ipsum esse subsistens）」としての神は、しばしば、静的な自同的実体として批判的に受けとめられてきたが、近年、欧米においても、トミズムにおける存在の動的性格の強調や、プロセス思想との対話も活発に行われている。(7) そのような意味においても、今回のシンポジウムは、ハヤトロギア・エヒイェロギア的な観点から伝統的な神学のはらんでいる可能性を新たな仕方で浮き彫りにしたり、逆に、伝統的な神学の概念装置を援用することによってハヤトロギア・エヒイェロギアをさらに本格的に展開させる豊かな可能性が潜んでいることを明らかにした有意義なものであった。

本書は、このような豊かなシンポジウムに基づきつつ、更に、韓国から金山椿教授による寄稿をいただき、若手から袴田渉、袴田玲、平松虹太朗の三氏による意欲的な論考を加えて一書と為したものである。

以下、本章においては、宮本教授によるこれまでの歩みを「エヒイェロギアへの道」という観点から捉えなおすとともに、エヒイェロギアの現在、そして将来、すなわち、「エヒイェロギアからの道」とでも言うべきものを、可能な範囲で示唆して、本書全体の導入に代えたい。

第一節　エヒイェロギアへの道

「自存する存在そのもの（ipsum esse subsistens）」として神を把捉するトマス・アクィナスの存在論を「出エジプト記の形而上学（the metaphysics of exodus）」と名づけたジルソンの顰《ひそ》みに倣うとするならば、エヒィエロギアは、「出エジプト記の脱在論」と名づけることができよう。

神を「自存する存在そのもの」と捉えるトマスの存在論は、出エジプト記三章一四節においてモーセに開示された「我は在りて在る者なり」という神名の啓示に基づいている。ラテン語訳聖書においてEgo sum qui sumと現在形で静態的に訳されているこの箇所は、ヘブライ語原典では、אֶהְיֶה אֲשֶׁר אֶהְיֶה（ehyeh asher ehyeh）となっている。ここにおいては、「存在する」を意味するヘブライ語動詞 הָיָה（hāyāh）の一人称未完了形であるehyehという語が使用されており、「〈私はあるだろう〉という者で私はあるだろう」とでも訳すべき、よりダイナミックで謎めいたものとなっている。

トマス・アクィナスの研究から出発した宮本教授は、カナダ・フランス・イスラエルへの多年の留学のなかでヘブライ語をも自己薬籠中のものとすることによって、同時に、西洋中心に形成されてきた伝統的な哲学・神学体系を相対化する手がかりを得、数十年の時を経てそれが実を結び始めたのが、エヒイェロギアに関する近年の多数の著作であると言えよう。そして、それは、単純な意味での西洋思想批判ではなく、現代西洋哲学の代表者であるエマニュエル・レヴィナスやジャン＝リュック・マリオンによる伝統的な存在－神－論批判とも通底し共鳴し合っている点にもその大きな特徴を見出すことができよう。

宮本教授のこれまでの思索の歩みをあえて前半と後半に分けるとするならば、「ハヤトロギア以前」と「ハヤトロギア以後」とに分けることができよう。「ハヤトロギア以前」の著作としては、『教父と愛智』のようなラテン・ギリシア教父研究、『聖書と愛智』のような聖書研究、『宗教言語の可能性』のようなスコラ哲学・神秘主義研究の著作がある。哲学・神学の研究は、世界的にも、そして我が国においても、非常な細分化が進んでおり、一人の研究者が、聖書研究・教父研究・スコラ哲学研究・神秘主義研究のうちの二つを守備範囲に収めていることすら稀だという状況のなかで、宮本教授の仕事は、これらすべての領域を守備範囲に収めるという驚くべき裾野の広がりを当初から有していたということが見てとれよう。

また、翻訳に関しても、東方神学研究の代表者であるロースキィの『キリスト教東方の神秘思想』をいち早く翻訳紹介するとともに、ギリシア教父の代表者の一人であるニュッサのグレゴリオスの『雅歌講話』を共訳し、また、現代カトリック神学の代表者の一人であるスヒレベークの『イエス』や、クレマン『イエスの祈り』といった霊的著作の翻訳など、キリスト教思想に関わる古代から現代に至る著作を、この時期に幅広く翻訳しておられる。

このような「準備期間」とも言うべき研究の積み重ねを経て、「ハヤトロギア」と「エヒイェロギア」に関わる思索が明示的に展開されるようになったのは、二〇〇二年に刊行された『存在の季節――ハヤトロギア（ヘブライ的存在論）の誕生』においてであった。この著作においては、宮本教授によって発案された「エヒイェロギア」という呼称ではなく、有賀鐵太郎に由来する「ハヤトロギア」という名称が用いられており[8]、また、一般に馴染みのない「ハヤトロギア」という概念を導入するために、タイトルに「ヘブライ的存在論」という説明的紹介が付与されているのが特徴的であると言えよう。そのさい、十年後の著作である『ヘブライ的脱在論』とは異なり、「存在論」という伝統的な呼称がいまだ使われていた点も注目に値する。「ハヤトロギア」と「エヒイェロギア」は、完結した哲学体系として提示されているのではなく、いまだ生成中の思想なのである。いや、絶えざる自己脱自性をその本領としている「ハヤトロギア」と「エヒイェロギア」にとって、「体系的完成」などないということを、このような宮本教授の歩み自体が指し示していると言うこともできよう。

そのような意味において注目に値するのは、『存在の季節』の直前に刊行された『他者の原トポス』という著作である[9]。この書物においては、「原トポス」という、後には使われることのなくなった特徴的な用語が使われており、「エヒイェロギア」という独自の思索が明確な形を取って生まれてくるまぎわの産みの苦しみを象徴するかのような独特の書名であると言えよう。また、「存在と他者をめぐるヘブライ・教父・中世の思索から」という副題のついている同書においては、「エヒイェロギア」という形で後に結実してくる諸々の着想が種子のような仕方で散りばめられているが、そこにおいても、「ハーヤー存在論」という、後には使われることのなくなる過渡的な表現が使われていたことが注目に値する。世紀の変わり目に刊行されたこの著作こそ、宮本教授の「ハヤトロギア」・「エヒイェロギア」の原点であると言えよう。また、「ヘブライ」と「教父」と「中世」という教授が若き日に丹念に読解すべく格闘したテキストを、独自の思索のなかに組みこみなおしてオリジナルな哲学を展開するという現在の思索の在り方を象徴するタイトルになっているという意味でも、この著作は、「ハヤトロギア」・「エヒイェロギア」の原点であると言える。

「エヒイェロギア」という語が初めて宮本教授の著作のなかに現れたのは、二〇〇八年に刊行された『他者の甦り――アウシュヴィッツからのエクソダス』においてであり、まだ五年ほどしか経過していない。以後、宮本教授は、立て続けに三冊の著作（『旅人の脱在論』『ヘブライ的脱在論』『他者の風来』）を堰を切ったかのように刊行しており、そのすべてのキーワードが「エヒイェロギア」であると言える。

「エヒイェロギア」に関する宮本教授の著作は、聖書学に関わる著作でもなければ、哲学史研究の著作でもなく、普通の意味での教会的な信仰を前提にしたいわゆる神学的な著作でもない。と同時に、そのすべてでもある。聖書や西洋哲学やキリスト教神学について全く無知の読者が読んで簡単に理解できるようなものではなく、哲学・神学・聖書学についての基本的な素養を読者に要求するものとなっている。と同時に、宮本教授の著作を丹念に読むことが、哲学・神学・聖書学に対する最も的確な本格的入門になるという側面も兼ね備えている。

このように多数の著作が刊行されてきているにもかかわらず、「エヒイェロギア」の全貌は、いまだあらわになってはいないと言わざるをえない。

その輪郭がいまだ明らかではないのは、宮本教授がいまだその全貌を開示していないからでもなければ、「エヒイェロギア」という発想自体に問題があるからでもなく、むしろ、その全貌や輪郭が明らかにならない、というところに、「エヒイェロギア」の核心が潜んでいる、と言えるかもしれない。

「エヒイェロギア」とは、デカルトの「コギト」や、ヘーゲルの「絶対精神」のように、それを軸に世界全体を体系的に把捉することを目指すような概念ではない。そうではなく、むしろ、世界全体がそのような仕方では捉えることができない動的な開かれた構造を有している、ということを明らかにしていく、常に成長していく生成的論理であるという点にこそ、「エヒイェロギア」の根本的特徴があると言えよう。

第二節　「出エジプト記の脱在論」としてのエヒイェロギア

「ハヤトロギア（hayatologia）」は、もともとは、キリスト教学者の有賀鐵太郎による造語であり[10]、「ギリシア的存在論（ontologia）」と対比されるヘブライ的「脱在論」のことである。そこにおいては、存在の動的・脱自的性格が強調される。

「ハーヤー הָיָה」とは、「存在する」を意味するヘブライ語動詞の三人称単数完了形であり、それに、「論」を意味するギリシア語「ロギア（logia）」を加味して構成された造語が「ハヤトロギア」である。このような説明は、一見トリヴィアルな指摘にすぎないように思われるかもしれないが、実は重要な論点をすでに孕んでいる。すなわち、「ギリシア的存在論」と対比する仕方で「ヘブライ的脱在論」を強調するからと言って、ギリシア的な思考、そしてそれを受容することによって形成されてきた西洋的な思考を一概に否定するようなものではなく、ヘブライ的思考によってギリシア的・西洋的な伝統的形而上学を揺るがしつつ、それを新たな仕方で生かしなおそうとするものなのである。そして、そのような力をヘブライ的思考が持ちうるのは、物語的な仕方で語られているヘブライ語聖書の思想を、ギリシア的な「論」へと哲学的に精錬し彫琢することによってなのだ、ということが、この「ハヤトロギア」というネーミングのうちにおいてすでに含意されているのである。

ところが、宮本教授は、このような「ハヤトロギア」というネーミングにも満足せずに、「エヒイェロギア」という独自の呼称を編み出していった。「エヒイェ אֶהְיֶה」は、上述の「ハーヤー הָיָה」の一人称単数未完了形であり、

「ハヤトロギア」に残存していたギリシア的三人称的学問言語を超え、ヘブライ語聖書の一人称的・二人称的言語空間（「私」と「あなた」）により肉薄する試みだと言える。宮本教授は次のように述べている。

「出エジプト記」の神名は「エヒイェ　アシェルエヒイェ」（わたしはあろうとしてあらん）という風に、三人称ハーヤーではなく、神の一人称的な主体（エヒイェ）の啓示となっている。この主体は、歴史の中でエジプトで使役され苦しむ奴隷の許に降下し、彼らを解放するように働く。そのため神は完了的実体ではなく、自分から超出して脱し、また奴隷的他者をもエジプト帝国の全体主義から脱出させるよう働くのである。その働きは、歴史における他者解放として持続する未完了を特徴とする。以上の意味で「エヒイェ」は自ら脱在し、他者をもその実体存在から脱在させ解放する。[11]

このように、エヒイェは、「自らを差異化し不断に未完了な仕方で歴史の中に一期一会を創成させるエネルギー[12]」として捉えられている。

ところで、この神名はそもそもどういう文脈で語り出されたものであったのであろうか。コンテクストを明らかにするために、出エジプト記第三章を少し長めに引用してみたい。

7 主は言われた。「わたしは、エジプトにいるわたしの民の苦しみをつぶさに見、追い使う者のゆえに叫ぶ
彼らの叫び声を聞き、その痛みを知った。8 それゆえ、わたしは降って行き、エジプト人の手から彼らを救
い出し、この国から、広々としたすばらしい土地、乳と蜜の流れる土地、カナン人、ヘト人、アモリ人、ペリ
ジ人、ヒビ人、エブス人の住む所へ彼らを導き上る。9 見よ、イスラエルの人々の叫び声が、今、わたしの

もとに届いた。また、エジプト人が彼らを圧迫する有様を見た。10 今、行きなさい。わたしはあなたをファラオのもとに遣わす。わが民イスラエルの人々をエジプトから連れ出すのだ。」11 モーセは神に言った。「わたしは何者でしょう。どうして、ファラオのもとに行き、しかもイスラエルの人々をエジプトから導き出さねばならないのですか。」12 神は言われた。「わたしは必ずあなたと共にあるだろう（ehyeh）。このことこそ、わたしがあなたを遣わすしるしである。あなたが民をエジプトから導き出したとき、あなたたちはこの山で神に仕える。」13 モーセは神に尋ねた。「わたしは、今、イスラエルの人々のところへ参ります。彼らに、『あなたたちの先祖の神が、わたしをここに遣わされたのです』と言えば、彼らは、『その名は一体何か』と問うにちがいありません。彼らに何と答えるべきでしょうか。」14 神はモーセに、「私はあるだろうという者で私はあるだろう」と言われ、また、「イスラエルの人々にこう言うがよい。『私はあるだろう』という方がわたしをあなたたちに遣わされたのだと。」[13]

奴隷と化していたイスラエルの人々をエジプトから導き出したいと思っていたモーセが神に助けを請う、というような仕方で物語は展開しない。人間が神を求める、というところから話が始まらないのは、聖書の基本的な発想である。上掲のテキストにおいては、「神名の啓示をともなう新たな歴史的世界のデュナミスムに巻き込まれまいとするモーセの抵抗畏怖」が表現されており、モーセが「神名開披の主体的工夫」を為したと考えられる余地はない。そうではなく、「召命への抵抗における自己の無力の自覚の文脈で、モーセに突如神名が啓ける」[14]のである。ヘシェルも述べているように、「人間を求める神」というのがセム的一神教に共通する基本構造であり、[15]この物語でも、まずイニシアティブを取るのは神すなわちエヒイェの方なのである。「一人称的主体としてのヤハウェ、つまりエヒイェが、歴史内に降下し、エジプトで奴隷として苦しむヘブライ人を解放する働きをする。その際エヒイェはモーセに呼びかけ、彼と共に常に在って解放の道行きを先導する」[16]のである。

神は、はるか遠くに存在する「不動の動者」でもなければ、「実体的不動者」でも、「自己完結的な本質存在」でもなく、「自同的完了態」でもない[17]。神が何であるかということは、すでにその内実が定まり人間によって把握し尽くされるような仕方で、換言すれば既に完了した過去的な性格のものとして捉えうるのではない。そうではなく、それは、「常にehyehなる未完了形を保つところの、将来的・創造的働き[18]」なのである。「『エフィエー』とはその存在と行為が、自己完了せずに不断に未完了態であることを示す」のである[19]。

そして、それは、単なる盲目的なエネルギーの満ち溢れのようなものなのではなく、明確な方向づけを有している。それは、「他者」へと向かう。「〔エヒィェは〕奴隷の許に到来し『共に在り』、共に恵みの土地に上る。その意味でハーヤーには何らかの価値も才能も未来への素質などを持たない奴隷の許に無条件におもむくという他者迎接性が特徴的である[20]」。

また、エヒイェの未完了性は、単なるのっぺらぼうな未規定性なのではない。そうではなく、それは、「自己完了性からの脱自[21]」という仕方で、既存の自己完了的な在り方を引き受けながら、そこに孕まれた問題含みの否定的状況を克服し、新たな「歴史的カイロス」を創るような仕方で働いてくる。「エヒイェの歴史世界への介入がエポックメイキング的に『時』〔カイロス〕を分節化すること[22]」が、聖書において語り出されている諸々の物語の基本的な特徴なのである。

モーセに対する神名の啓示の物語について言うならば、イスラエルの人々がエジプトで奴隷のように酷使されている歴史世界において、エヒイェが介入してくることによって、「出エジプト（exodus）」という決定的な画期・時〔カイロス〕が成立する。

そして、そこにおいて、エヒイェのはたらきかけは、単に超越的な仕方で及んでくるのではなく、いわば、モーセという人格に受肉しつつ発現してくる。また、そのような仕方におけるエヒイェの顕現は、神の言葉を預かる「預言者」という、一般の人々とはかけ離れた特殊な人物に生じた非日常的な出来事にすぎないのではない。そうではなく、他の人々の歩みの模範となる「範例的人物」[23]として、モーセのエヒイェ的・脱在的な生涯は語りだされている。「範型とは、初心者が彼によって導かれ彼に倣ってそのすがたを自己に刻む徳のモデルであり、従って具体的な歴史内在者である。と同時に神のロゴスの体現者なのである限り、今とこことを通じ絶-対者の地平を人に開示する者でもある」[24]のである。

このような仕方で「ハーヤー的異化を自らに蒙る預言者」[25]であったモーセの生を範型として開示された脱自的・脱在的なエヒイェの在り方は、一神教の根にある根源的経験だと言える。この経験から生じてきた「ユダヤ教やキリスト教という歴史的存在態」は、しばしば、「体制化された一神教」として、「民を支配する自同的神政体制に堕して、自らの根源的経験を忘れ去り互いに戦い合っている」。だが、「エヒイェ的経験」とも呼ぶべきこの根源的経験自体は、「一宗教伝承や体制やその神学を超えて人間の経験の根本ともなって人々に訴えかけてゆく力を秘めている」[26]。「キリスト教自体がはらむ全体主義的傾向」に抗して「それを逆転しうる異化的底流」[27]が一神教共通の原点である「エヒイェ的経験」のうちに見出されるのである。それではそれはどのようなことであろうか。そのことを次節において明らかにしたい。

第三節　人格に受肉する「エヒイェ」

上述のモーセの経験において明らかなように、「エヒイェ」は、人間を超絶した絶対者である神の在り方にすぎないのではなく、むしろ、具体的人間の在り方に受肉する仕方で現象する。それは、超越的でありつつ、歴史的関わりを持つものなのである。[28] すなわち、人間を探し求める神のはたらきかけを受け、「モーセも奴隷も突如として予測を超えた仕方で、歴史を差異化するハーヤーのエネルギーに巻き込まれてしまう[29]」のである。超越者である神と被造物である人間とを截然と分けて、神を単なる「信仰」の対象として矮小化してしまうのではなく、エヒイェロギアにおいては、「ハーヤー」「エヒイェ」という「出来事」は、その根本性格として、人間をその力動的な運動へと巻きこんでいく、という特徴において捉えられている。

通常のキリスト教神学においては、「神の似像（imago Dei）」として人間を捉える視座はあるにしても、あくまでも神は絶対的な超越者として捉えられ、人間と神との徹底的な距離が強調される。

それに対して、エヒィエロギアにおいては、「あらんとする」神の力動的な性格に促された人間自体が、同じように、「あらんとする」力動的な性格を帯びてくる。「あらんとする」神の力動的な性格は、「あらんとする」力動的な性格を帯びた人間の行為としてはじめてこの世界に具体的な仕方で現象すると言うこともできよう。その意味において、「神」の在り方と「人間」の在り方とがきわめて連続的に捉えられているのである。

エヒイェロギアは、神の「近さ」に関わる理論なのである。あまりに近いがゆえに焦点を合わせて見ることができぬまでの神の近さをなんとか言語化しようという試行錯誤、これがエヒィエロギアという理論の形成を促している原点だとも言えよう。

だが、だからといって、人間は、神の力動的な在り方のなかに単に受動的に巻きこまれてしまい、主体性を失ってしまうのではない。むしろ、「エヒイェ」のエネルギーに巻きこまれることによって、人間は、過去のしがらみや、因習的な人間関係から解放され、真の意味で力動的に行為することのできる自立的な主体へと構成されていくのである。

まず「自己」が実体的に存在していて、それからその自己が他者との出会いなどによって変容し「差異化」していくというのではなく、「自己」はそもそも「自己差異化」の運動として初めて存立している、というのが、「エヒイェロギア」の根本原理である。神が限りなく脱自的な存在であるように、「神の似像」である人間もまた脱自的な存在だというのがエヒイェロギアの基本的な発想である。

一見、このような捉え方は、未来の無限の可能性に開かれた希望に満ちた積極的・楽天的な発想だと見えるかもしれない。だが、単純にそう言えるわけでは必ずしもない。というのも、無限の自己差異化の運動として自己が存立しているのであれば、どこまで進んでも、一向に前に進んだとはみなせない、ということにもなりかねないからである。換言すれば、人間の力動的な歩みは、「無限に続く虚しい持続[30]」に過ぎないのではないかという疑問が呼び起こされてくる。もしも、エヒイェロギアの語る脱自性というものが、単なる無際限な前進のようなものであるとしたならば、いつまでたっても目的地へと到達することのない道を際限なく歩み続けなければならない虚しい苦行のようなものになってしまうとも思われるのである。

宮本教授は、このような問題を自覚しつつ、『愛の言語の誕生』のなかでその解決に取り組んでいるが、教授による解決を引用をつなげる形で示すと、次のようになる。すなわち、「変容の道行きは異化を受け分節されその都度完成されながら無限に続いてゆく[31]」のであり、「道行きが一つ一つのかけがえのない歩みに異化・分節化されしかも持続してゆく[32]」。そして、「わたしたち一人ひとりの生の道行きにあって出会う人が、わたしたちが自分のからを破って次の新しい生き方に挑戦する時の貴重なきっかけを創ってくれる[33]」のであり、「他者との出会いこそ、わたしたちの変容の一期一会であり、一歩一歩[34]」なのである。

すなわち、「変容の道行き」は、単なるのっぺらぼうな無限の歩みなのではなく、「分節化」された歩みであり、そして、それは、かけがえのない一人ひとりの「他者との出会い」によって分節化されているため、分節化された一つ一つの歩み自体が、かけがえのない意義を有するものとなる。

宮本教授の「エヒイェロギア」に関わる数々の論考を貫いている共通の問いは、いかにして「他者との共生」が可能になるのか、という問いである。そして、自己とは自己差異化の運動そのものであり、自己差異化は、自己ならざるものとの関わりにおいて初めて存在しうるものなのであるから、「他者との共生」の可能根拠への問いは、じつは、自己の存立根拠への問いそのものにほかならないことになる。それでは、他者との出会いと、自己差異化・脱在の運動とは、具体的にどのように絡まりあっているのであろうか。

人間存在の力動的な歩みが「他者との出会い」によって分節されているというこの捉え方は、一見、エヒイェロギアの基本構造に対してそんなに大きなインパクトをもたらさないとも思われるかもしれないが、そうではない。どのような他者とどのような仕方でどのようなタイミングで出会うかということが、我々の意識的なコントロールの対象にはなりえない以上、「他者との出会い」には受動的な側面が大きいと言わざるをえない。そうすると、「他者との出会い」によって分節される人間の「エヒイェ」的な歩み自体に、受動的な要素が大きくなってくる。一見、脱自的・能動的・自己超越的な哲学のように見えるエヒィエロギアの基盤には、根源的な受動性の哲学が伏在しているということを、このことは意味しているのである。

このような観点が最も濃厚に現れているのは、宮本教授による「善きサマリア人の譬え話」の独創的な解釈である。周知のように、通常の解釈においては、イエスによって語られたこの譬え話の主人公は「善きサマリア人」だとみなされている。追いはぎに襲われて半殺しにされた或る人を、同じユダヤ人として同胞であるはずの祭司とレビ人が見捨てて通りすぎたのに対して、異邦人として差別を受けていたサマリア人のみが親切に介抱した。「隣人」というのは、地縁的・血縁的・民族的・宗教的に近い者のことなのではなく、苦難のなかにいる人の「隣人になる」人こそが真の「隣人」なのだ、という仕方で、隣人愛を、境界横断的・普遍的な仕方で動的に再定義した、

「ヒューマニズム」[35]の典型的モデルとしてこの譬えを解釈するのが、一般的な解釈だと言えよう。

宮本教授も、このような解釈を一概に否定するわけではないが、この譬え話に含まれているもうひとつの側面を強調するところに、教授の解釈の特徴がある。それは、傷ついたユダヤ人をもう一人の主人公、いやむしろメインな主人公として着目する視点である。宮本教授はこのような観点から、以下のように述べている。

この譬え話はサマリア人という健康者が、ユダヤ人という瀕死の人に民族差や敵対関係をこえ、普遍的人類愛を示したという教訓話ではなく、むしろ人生の途上、傷つき全体主義によって疎外された者（ここではユダヤ人に象徴された人）が、「他者」との対面によって人間らしい地平を自覚するという記憶に他ならない。[36]

そもそも、傷ついたユダヤ人を祭司とレビ人が見捨てるのがなぜかと言えば、当時の「ユダヤ教神政体制」を代表する祭司とレビ人にとっては、追いはぎに襲われた人の傷ついた状態が汚れとみなされたからである。「聖なるもの」と「汚れたもの」との対比は、当時のユダヤ教にとって極めて重要なものであり、それゆえ、当然ながら、傷ついたユダヤ人本人にとっても、自らの生を秩序づける中心的な軸となるものであった。そして、異邦人であるサマリア人から施しを受けることは汚れに触れることであり、ひいては、「メシア的終末の遅延の原因」となるとも考えられていた。[37]「イエス時代の民族主義化したユダヤ教的全体主義にとって、それ以前の旧約律法の寛容な『隣人』概念は、『選民』たるユダヤ教徒に一応限定されていた……。それゆえ、隣人の概念から、第一に異邦人が除外される。第二に同じユダヤ人であっても、宗教的に汚れた者や徴税人なども除外される[38]」のである。異邦の五部族とイスラエル人との混血によって成立したサマリア教を中心とする民族共同体を築いていたサマリア人は、「混合宗教を信ずる異邦人」として、ユダヤ人から忌み嫌われていたのである。[39]

このように、異質な他者と関係を持つことを妨げる世界観を有していたにもかかわらず、このユダヤ人がサマリア人の助けを受容することができたのがなぜかと言えば、「ユダヤ教神政体制のシンボル」である祭司とレビ人から見捨てられることによって、「聖なる選民の全体主義的自同とその伝統（クロノス）から疎外され……絶望の底で（自同を失って）ただの人となり助けを求めうる弱い人間となった。……それこそ、サマリア人の憐れみを受けとる素地となった。だからこのとき、逆にユダヤ人は『サマリア人』という異邦人の隣人・同胞に『成りえた』[40]のである。換言すれば、傷ついた「半死半生」のユダヤ人は、「もうろうとする意識の奥底で、本質的な疎外」を感じ取り[41]、「自らのトラウマと絶望を通して、はじめて人間性の地平に立てた[42]」のであり、「偶然的外傷（trauma）」と疎外される受動性こそ、彼（ユダヤ人）がサマリア人（の憐れみ）を受け入れる脱在論的素地となった[43]」のである。

ここにおいて表現されているのは、「偶然的受難（passion）」や「傷つき易さ（vulnérabilité）[44]」や「人の存在自身の蒙ること・受動性（passivité）[45]」においてこそ他者との深い関わりあいが可能になるという、根源的な受動性の哲学である。異質の宗教・民族・世界観のなかに生きていた両人は、「能動的・理性的企てによって出会ったのではなく、むしろ、やむにやまれぬ疎外の運命を共通に担った極みの受動性・外傷において出会った[46]」のである。

そして、宮本教授の解釈で着目すべきことは、「他者問題を深層から参求するという視点」に立つために、「テキストに直接表現されていない沈黙」から、更なる深みを読み取ろうとする視点である[47]。このような観点に基づいて、サマリア人についても、傷ついたユダヤ人についても、以下のような仕方で、更なる独自の洞察が展開されている。すなわち、小商人として「異邦の地を放浪し越境する者」であるサマリア人は、「傷ついた者を一期一会的に介護してまた旅を急がなければならない。つまり隣人に成るとは、『われ―汝』という堅固な相互関係をうち立てるのではなく、一期一会的な時（カイロス）・或る出会いを過ぎ越して、別な傷ついた人とのめぐり会いを予感しつつ、越境・放浪することなのである[48]」。

そして、助けられたユダヤ人は、「自閉的ユダヤ人性から脱し、自分も『サマリア人』に変容しつつ、別のもう一人の傷ついたユダヤ人（十字架のイエスと受難している人々）の許に放浪し対面する」[49]。

本節前半において述べたように、人間の「エヒイェ」的な歩みは、のっぺらぼうで等質な無限の時間的継続であるのではなく、「カイロス」的に分節化された歩みである。だが、それは、自らの生を好きなように支配し、計画的に分節化して目的を達成していこうとするような単純な意味での自律的・理性的な主体による能動的な歩みではない。上述の「善きサマリア人の譬え話」の解釈から明らかなように、分節化された「エヒイェ」的な歩みは、根源的受動性から出発しつつ、他者との協働の地平を築き上げていく、「他者との出会い」によって分節化された歩みなのである。

このような仕方で、「エヒイェ」的な歩みは、単なる単独者的な歩みではないが、だからといって、安定した固定的な共同体の一員としての歩みでもない。「エヒイェ」的な歩みの他者と共なる力動的な在り方を表現するために、宮本教授は、「共同体」ではなく、「協働態」という特異な表記を好んで使用し、その理由を次のように説明している。

従来の「共同体」を今後「協働態」と記すわけを三点に分けて釈明したい。まず第一に、協働態は、同が自同を、体が実体を連想させ、自閉的実体世界を示し易いのに対し、共に協働する人々の動的運動態を表す協働態が適切であるという点、第二に、協働はシュネルゲイアを表現し、人間相互の協働の根底に働くプネウマ（気・霊）との協働をさらに示しうるからであるという点、さらに共が静態的な共同を表すのに対し、協はかなうこと、一致することを意味し、プネウマ的動態的一期一会を示すのにふさわしいように思えるからである[50]。

すなわち、異質なものを排除し、同質なものを中心にまとまるという閉鎖的・静的・固定的なイメージを与えがちな「共同体」という表記ではなく、異質なものが異質なままで協力し、ともに様々な働きを為しながら絶えず新しい動きを生み出していく動的な態勢という意味をこめて、「協働態」という表記が使用されているのである。それは、「互いに協力して働きつつ成る歴史的動態[51]」を示しているのである。

本節前半においてすでに引用したように、「変容の道行きは異化を受け分節されその都度完成されながら無限に続いてゆく[52]」。「その都度完成」されるのがなぜかと言えば、それは、受動的な仕方で与えられてくる「他者との出会い」が、それぞれにかけがえのない意義と課題とを有しており、一期一会的な関わりの成立において「その都度完成」するからである。「完成」は、無限の未来に先送りされるわけではないから、一歩一歩の有限な歩みにかけがえのない意義が生まれてくるのである。

だが、同時に、そのような一つ一つの「完成」に安住することなく、とりあえず完成した協働的な在り方を新たな出発点にしつつ、お互いに、更なる新たな歩みへと出立していく。サマリア人が新たな「傷ついたユダヤ人」のもとへと訪れ、「癒されたユダヤ人」が新たな「サマリア人」となって別の「傷ついたユダヤ人」へと到来し始めるように。

こうして、歩みの分節的な「その都度性」が、凝固しない仕方で成立することによって、一つ一つのかけがえのない他者との有限的な関わりあいの意義が無化されないような仕方で、無限な「エヒイェ」的歩みが分節的な仕方で成立することが可能になっているのである。

第四節　テキスト解釈の冒険

宮本教授の書物は、ほぼすべて、いわゆる「研究書」や「解説書」ではない。オリジナルな思索——その現段階における到達点がエヒイェロギアである——を展開することを意図した問いと大胆な提案に満ちた書物である。だが、だからと言って、それは、宮本教授の個人的な思索を一方的に開陳するようなものではない。これまでの著作をあらためて振り返ると、それぞれの書物が、哲学・神学の古典を大胆に読解しなおす試みであることが分かる。

『愛の言語の誕生』は、その副題にもあるように、ニュッサのグレゴリオスの『雅歌講話』を読みなおす試みである。また、『福音書の言語宇宙』は、前半は、共観福音書の譬え話の大胆な新解釈であり、また、後半は、「ヨハネ福音書」を「プネウマ言語」の観点から読み解く試みである。『存在の季節』は、「ハヤトロギア（ヘブライ的存在論）の誕生」という副題にも現れているように、ハヤトロギアを初めて本格的に体系化した書物であり、ハヤトロギアの原点である「出エジプト記」の斬新な読解が中軸となりつつも、ギリシア悲劇、アウグスティヌスやトマス・アクィナスなどの中世哲学、レヴィナスやマリオンなどの現代哲学の読解が、「出エジプト記」的なハヤトロギアと響き合う仕方で遂行されている。

また、より近年のものについて言うならば、『ヘブライ的脱在論』は、『オデュッセイア』、「創世記」のアブラハム物語り、「出エジプト記」、「ヨブ記」、福音書の「イエスの十字架死」物語り、旧約聖書の「預言者エリヤ」物語りを、「根源悪」の自覚に基づいた「〈アウシュヴィッツ以後〉の解釈学」の観点から読み解こうとする試みである。そして、『旅人の脱在論』においては、上述の聖書的・西洋古典的な諸文献のみではなく、宮澤賢治論（第七章「宮澤賢治の修羅的菩薩像と相生協働態の諸相」）と石牟礼道子論（第八章「たましい（魂・anima）への旅——石牟礼文学から始める」）に、本全体の半分強の紙幅が割かれ、エヒイェロギア的観点からの大胆な古典新読解の試みが、聖書的・西欧的なものに限定されるのではなく、その射程が、時代的には近現代にまで、そして地域的には日本の文学にまで及ぶものであることが示されている。そして、『他者の風来』は、旧約聖書の預言書や「ヨハネ福音書」やレヴィナスを聖霊論的観点から読みなおそうとする大胆な試みであるが、第六章「水雲崔済愚《スウンチェジェウ》の神秘経験——東学農民運動の根源（至気・侍天主）から現代の共生へ」においては、その射程が朝鮮半島の思想運動にまで及ぶものであることが示されている[53]。

だが、古典的なテキストの綿密な読解という地道な営みと、エヒイェロギアというオリジナルな理論を構築していく大胆な営みは、どのようにつながっているのであろうか。宮本教授は次のように述べている。

> テキストを読む人はいろいろな偏向やくせや予断や、ひいてはイデオロギー・世界観など、一口にいうと個性的な読解法や読む強い視点をもっている……。そこで解釈者は、自分の立場やバイアスからケノーシス的に自由に解き放たれる必要があるでしょうし、勿論自分の見方から完全に自由になれるわけはないので、それを徹底的に自覚することこそ大切だともいえましょう[54]。

ここにおいて語られているのは、テキストの解釈者・読解者があらかじめ有している世界観や立場を、テキストのなかに一方的に読みこむのを克服する必要がある、または、克服することの困難さを自覚する必要がある、という観点である。あえて単純化した言い方をするならば、テキストの「客観的」な読解と受容とを試みる必要がある、という観点である。そして、もともとキリストの「自己無化」を意味する術語である「ケノーシス」という態度が、読者に対して求められている。

だが、上述の引用の直後において、宮本教授は、一見相反するようにも思われる次のようなことを述べている。

この受容はさらにもう一つの事態を呼び起します。それは解釈者自らテキストの呼びかけに応答するという創造的事態です。それはテキストの呼びかけ（過去）と共に新しい未来の生を現在に生きる（あるいは全く拒否してしまう）ことになりましょう。それはまた今・ここで自らテキストの呼びかけそのものとなって、別な人に呼びかけたり新しいテキストを創造するという動態をも伴った応答です。ここまで至って、最初のテキストの呼びかけの役割は終了したといえるでしょう。

すなわち、解釈者がテキストに応答するに至って初めて解釈は一段落を見、テキスト自体が完成されるのです。特に霊的テキスト、譬え話などは他者として、読者の未来として迫り、過去や現在を変容さすダイナミズムを秘めています。わたしたちがあるテキストのダイナミズムに巻き込まれるというのはこのようなプロセスを含んだ解釈学的動態なわけです。[55]

この引用においては、さきほどの引用とは逆に、解釈者の主体的・創造的な応答が重視されている。単にテキストを受動的に受容するだけでは、実はテキストを真に受容したとは言えないのであり、解釈者の生の変容を含むような仕方でテキストに主体的・能動的に応答してはじめてテキストの解釈と受容が完成し、テキスト自体がそのことによって完成させられるという側面が強調されている。

だが、テキストの客観的な受容を強調する観点と、主体的・創造的な応答を重視する観点とは、どのようにして両立しているのであろうか。一言で言うと、テキストの自立性を重んじることが、二つの観点の媒介項になっている。宮本教授自身の言葉で言うと、「〔読者は〕テキストの前で、受動的ケノーシスの道を辿りつつ、テキスト自身がもつロゴスの声に聴従する[56]」。そのさい、「このロゴスの声は、テキストの中に主体が恣意的に読みこむ価値観や実存的投影でなく、テキストの『事がら』(Sache)としてある深処の地平を示す言葉である[57]」。そして、「テキスト自体が……読者を変化させる力をもっている[58]」。

読者は、何かを期待して何らかのテキストを読み始めるわけであるが、だからといって、自分の読み取りたいものを読み取ろうとするような主我的な態度でテキストに接してしまうと、結局、自分が読み取りたいものしか読み取れないようなことになってしまう。

それに対して、テキストが、自分の期待するのと重なるとは限らない自立した意義を有した存在だということを認め、そのテキスト自体の有する論理に聴き従おうとすると、次第にそのテキストの内的構造が明確に見えてくる。そして、そのような仕方で他者性を有するテキストを理解しようとする営みは、同時に、読者が有していた既存の理解の枠組みを揺るがし、変容させていく。このような仕方で、自立した意義を有するテキストをありのままに客観的に理解してその導くところに従っていこうとする受動的・受容的な態度自体が、同時に、既存の自己の在りかたを乗り超えて、物事を理解する枠組みや生き方を主体的・能動的に再構築していこうとする態度にそのまま直結しているのである。

こうして、ここにおいては、テキストを読むこと自体が読者の脱自的変容になるという観点が現れている。テキストの読解が読者の脱自的変容に直結するのがなぜかと言えば、それは、テキストが、解釈者から自立したそれ独自の価値と意義を有するものだということが認められたうえで、そのテキストと単に一体化するのではなく、ある種の距離を持ったうえで深い関わりが持たれ、そのような関わりのなかで、解釈者が既存のあり方から解放され、テキストもまた、その秘められていた読解可能性を開示していくことになるからなのである。

換言すると、テキストを読解すること自体が、解釈者の脱自的な営みであり、また、テキストの他者性が他者性として自覚され受容されることによって、テキストが単に突き放されてしまうのではなく、その真の受容可能性も同時に明示されていく、という構造になっている。

慧眼な読者は既に気づいているであろうが、実は、これは、エヒイェロギアの構造そのものなのである。すなわち、エヒイェロギアにおいては、他者を自分の意のままに支配しコントロールしようとするのではなく、カイロス的な仕方で受動的に出会われてくる一人ひとりの他者を迎接することを積み重ねていくことによって、自己の新たな在り方が分節的な仕方で脱自的に形成されてくるとともに、出会われてくる他者が、永遠的に自己との「我―汝」関係にとどまるものではなく、一期一会的な仕方で出会われつつ別れゆくものであることが洞察されてくる。

それとおなじように、テキストを恣意的に読みこんで強引に解釈しようとするのではなく、カイロス的な仕方で受動的に出会われてくる一つ一つのテキストを迎接することを積み重ねていくことによって、読み手の新たな在り方が分節的な仕方で脱自的に形成されてゆき、同時に、そのような脱自性を可能にするテキストが、いまだ自分によって読み取られていない更なるポテンシャルを有するものであることの自覚も深まっていく。

こうして、エヒイェロギアがオリジナルな理論であることと、哲学・神学のもろもろの古典に基づいたものであることとは、相反する性格のものであるどころか、むしろ、一つの根から生じてきている同根源的な事態なのである。古典的なテキストとの関わり自体が、ある種の他者との関わりあいであり、読者のエヒイェ的・脱自的な在り方を呼び起こすものなのである。

むすび

エヒイェロギアに残された今後の課題としては、まず第一に、より広い世界へのエヒイェロギアの発信という課題があるであろう。西洋の伝統的な神学・哲学体系を深層において継承しつつもそれらに対する根本的な挑戦と問題提起を孕んでいるエヒイェロギアを、日本語のみではなく英語やフランス語でも発信することによって、欧米からの受信一辺倒に偏ってきた近代日本の哲学・神学が、欧米を含んだ全世界へと能動的に発信しなおすための橋頭堡を宮本教授にはぜひとも築いていただきたいと思う。

また、第一点とも関連するが、第二に、国内においても、エヒイェロギアを、より広い読者層にどう発信していくかという課題がある。そして、その課題を達成するためには、エヒイェロギアの難解さをどう克服していくか、という問題に取り組む必要があるであろう。エヒイェロギアが、アウシュヴィッツ以後の神なき時代に神を語ることを試みる理論である以上、最終的には、哲学・神学の専門家に対してのみではなく、より広い読者層に対して語りかけうる語り口を形成していくことも必要だと思われるのである。そのさい、「エヒイェ」「ルーアッハ」「ダーバール」といったヘブライ語に由来する耳慣れないカタカナ語や、「脱在」「自同」「存在-神-論」といった難解な術語に対してどのような処理が可能になるか、ということが問題となると思われる[59]。

エヒイェロギアが既存の神観を相対化して新しい神観を提示しようとするものである以上、どうしても、既存の日常的な言語体系には収まらないある種の新奇な術語を使わざるをえないという面があるにしても、このような術語を使い慣れない読者層向けに語りなおす作業は、単なる一般向けの単純化された要約的紹介にとどまるものではなく、エヒイェロギア自体に何らかのポジティブな変容をもたらしうる、エヒイェロギアの更なる発展のための不可欠な一歩となる可能性もあると思われる。このような意味において、宮本教授には、専門書のみではなく、新書などの形で、エヒイェロギアを語りなおす試みをぜひお願いしたいと思う。エヒイェロギアと触れる読者層が増えることによって、脱在の哲学であるエヒイェロギア自体が思いがけない仕方で脱在していくこともできると思われるのである。

そのような意味においても、今回のシンポジウムは、脱在の哲学であるエヒイェロギア自体の脱在の第一歩となる貴重な企画であった。というのも、四つの提題において、旧約聖書学・ギリシア哲学・教父学・プロセス神学といった、エヒイェロギアの関連諸分野の観点から、必ずしも宮本教授のエヒイェロギアと語彙的・内容的に完全に共通するわけではない仕方で、だが深く共鳴する仕方で、それぞれの論が展開されており、それぞれの分野の専門家がエヒイェロギアとどのような出会いを果たすことができるのかということを身をもって示す絶好の機会となったからである。

別の観点から言うならば、「エヒイェロギア」という仕方で宮本教授によって展開されてきた哲学・神学理論が、読者に、そのありのままの受容を求めるものでは必ずしもなく、その根源的洞察の次元で、各分野の専門家の心に刺激を与え、既存の世界理解を裂開させ、それぞれの分野の専門家がそれぞれの語彙を使用しながら脱自的に自らの理論を彫琢しなおしていく起爆剤として機能しうることを、今回のシンポジウムは全体として示していた。

そして、今回のシンポジウムが、予想以上の人数（百人弱）のさまざまな分野の専門家や一般の人々の参加を迎えることができたという事実は、「エヒイェロギア」が、学者・専門家のみではなく、より多くの人々に対しても、そのような起爆剤的な機能を果たしうるものであるというほのかな希望を与えたものでもあった。

「エヒイェロギア」は、明示的に「エヒイェロギア」という仕方で影響をとどめるのみではなく、一種の起爆剤として、「エヒイェロギア」という形では死にながら、他の学問分野や他の理論を、そして日常生活を新たな仕方で生かしなおすという仕方で「復活」する変幻自在な動態として存在している、ということを、今回のシンポジウムは示したと言うこともできよう。「エヒイェロギア」は、単に、脱在性の理論であるだけではなく、「エヒイェロギア」という理論自体が脱在し、更に、他の学問分野や日常生活をも巻きこみながら脱在させていくような力動的なポテンシャルを有しているのである。このような大きな可能性を秘めた「エヒイェロギア」の誕生と、これからの更なる発展をあらためて言祝ぎつつ、本章のまとめとしたい。

註

（1）宮本久雄『存在の季節――ハヤトロギア（ヘブライ的存在論）の誕生』知泉書館、二〇〇二年。
（2）宮本久雄『他者の甦り――アウシュヴィッツからのエクソダス』創文社、二〇〇八年。
（3）宮本久雄『旅人の脱在論――自・他相生の思想と物語りの展開』創文社、二〇一一年。
（4）宮本久雄『ヘブライ的脱在論――アウシュヴィッツから他者との共生へ』東京大学出版会、二〇一一年。
（5）宮本久雄『他者の風来――ルーアッハ・プネウマ・気をめぐる思索』日本キリスト教団出版局、二〇一二年。
（6）宮本教授が「ギリシア的なもの（ヘレニズム）」と「ヘブライ的なもの（ヘブライズム）」とを対比させるさいのインスピレーション源の一つは、後述の有賀鐵太郎と同じように、ボーマンによる下記の研究である。トーレイフ・ボーマン『ヘブライ人とギリシャ人の思惟』植田重雄訳、新教出版社、一九五七年、を参照。
（7）Cf. W. Norris Clarke, *The Creative Retrieval of Saint Thomas Aquinas : Essays in Thomistic Philosophy, New and Old*, New York : Fordham University Press, 2009.
（8）有賀鐵太郎『キリスト教思想における存在論の問題』創文社、一九六九年、を参照。
（9）宮本久雄『他者の原トポス――存在と他者をめぐるヘブライ・教父・中世の思索から』創文社、二〇〇〇年。

(10) 有賀鐵太郎『キリスト教思想における存在論の問題』創文社、一九六九年、を参照。
(11) 宮本久雄『ヘブライ的脱在論』ⅳ頁。
(12) 宮本久雄『旅人の脱在論』ⅴ頁。
(13) 引用は新共同訳に基づいているが、訳語を部分的に変更した。なお、傍点は引用者（本稿筆者）によるものである。以下同様。
(14) 宮本久雄「『神』言語の創る空間と人格」、『聖書と愛智―ケノーシス（無化）をめぐって』所収、新世社、一九九一年、二九頁。
(15) Cf. Abraham Joshua Heschel, *God in Search of Man : A Philosophy of Judaism*, New York : The Jewish Publication Society of America, 1955.（A・J・ヘッシェル『人間を探し求める神―ユダヤ教の哲学』森泉弘次訳、教文館、一九九八年）
(16) 宮本久雄『他者の風来』ⅶ頁。
(17) 宮本久雄「ハヤトロギア（ヘブライ的存在論）の胎動」、『存在の季節』所収、一三六頁。
(18) 有賀鐵太郎「有とハーヤー」、『キリスト教思想における存在論の問題』所収、一八九頁。なお、この言葉は、宮本久雄『他者の甦り』一七八頁にも引用されている。
(19) 宮本久雄「ハヤトロギア（ヘブライ的存在論）の胎動」、『存在の季節』所収、一四八頁。なお、宮本教授は、現在は、「エヒイェ」という表記を用いているが、『存在の季節』の段階では「エフィエー」という表記を用いているので、そのまま引用する。
(20) 同一四九頁。なお、〔　〕内は、本稿筆者による補いである。以下同様。
(21) 同。
(22) 宮本久雄「『アブラハム物語』の現代的地平」、『旅人の脱在論』所収、五七頁。
(23) 宮本久雄「ニュッサのグレゴリオス（Ⅱ）」、『他者の原トポス』所収、一五一頁。
(24) 同一五〇～一五一頁。
(25) 宮本久雄「唯一神から『残りの者』へ」、『旅人の脱在論』所収、一〇六頁。

(26) 同。
(27) 宮本久雄『福音書の言語宇宙』三〇〇頁。
(28) 有賀鐵太郎「聖霊体験の分析」、『キリスト教思想における存在論の問題』所収、二三一頁、を参照。
(29) 宮本久雄「ハヤトロギア(ヘブライ的存在論)の胎動」、『存在の季節』所収、一五一頁。
(30) 宮本久雄『愛の言語の誕生――ニュッサのグレゴリオスの『雅歌講話』を手がかりに』新世社、二〇〇四年、一四五頁。
(31) 同一七四頁。
(32) 同一七五頁。
(33) 同一七四頁。
(34) 同。
(35) 宮本久雄「イエスの譬え」、『旅人の脱在論』所収、一三〇頁。
(36) 宮本久雄「譬え話の解釈と『異化作用・記憶の痕跡』の探求」、『福音書の言語宇宙』所収、一〇八頁。
(37) 同一〇五頁。
(38) 宮本久雄「イエスの譬え」、『旅人の脱在論』所収、一三二頁。
(39) 同一三三頁。
(40) 宮本久雄「譬え話の解釈と『異化作用・記憶の痕跡』の探求」、『福音書の言語宇宙』所収、一〇六~一〇七頁。
(41) 宮本久雄「イエスの譬え」、『旅人の脱在論』所収、一三五頁。
(42) 同一三六頁。
(43) 同。
(44) 宮本久雄「譬え話の解釈と『異化作用・記憶の痕跡』の探求」、『福音書の言語宇宙』所収、一一一頁。
(45) 宮本久雄「ハーヤー存在論と他者のエチカ」、『他者の原トポス』所収、四一三頁。
(46) 宮本久雄「イエスの譬え」、『旅人の脱在論』所収、一三六頁。
(47) 宮本久雄「ハーヤー存在論と他者のエチカ」、『他者の原トポス』所収、四一〇~四一一頁。

(48)宮本久雄「譬え話の解釈と『異化作用・記憶の痕跡』の探求」、『福音書の言語宇宙』所収、一〇七頁。
(49)同一〇八頁。
(50)宮本久雄『愛の言語の誕生』八九頁。
(51)宮本久雄『旅人の脱在論』三二七頁。
(52)宮本久雄『愛の言語の誕生』一七四頁。
(53)三位一体論的に言うと、『存在の季節』は「父なる神」についての論考であり、『福音書の言語宇宙』は、「子なる神」についての論考(イエス論)であり、『他者の風来』は「聖霊なる神」についての探求だと言えよう。
(54)宮本久雄『愛の言語の誕生』一〇八〜一〇九頁。
(55)同一〇九頁。
(56)宮本久雄「ニュッサのグレゴリオス(Ⅰ)」、『他者の原トポス』所収、七六頁。
(57)同。
(58)同七七頁。
(59)現在までのところ、エヒイェロギアに関する、最も入門的な色彩の強い書物は『他者の甦り』であり、比較的平易かつコンパクトな論述によってエヒイェロギアの全貌が語りだされているが、それでもまだかなり難解であり、かつ、同書は「エヒイェロギア」という用語が使われるようになった最初の書物であるため、『他者の風来』にまで至るそれ以後のかなり大きな展開が含まれていないので、これまでの展開全体を踏まえたより平易な書物の執筆が望まれるところである。

困難な隣人

——〈私の真実《アミティ》〉の子ヨナの物語[1]——

竹内　裕

משמרים הבלי שוא חסדם יעזבו

虚しきものを守らんとする者は真実の愛を捨て去ることになる（ヨナ書2・10）

はじめに

ハヤトロギア／エヒィエロギアという本シンポジウムのテーマに沿って、そのロギアの故郷へブライ語聖書からヨナ書を取り上げてお話させて頂きます。

とくにヨナ書を選ぶに至った理由はいくつかありますが、まずは、全部で四章と短いこと、そして比較的平易なことばで（2章の韻文などには数箇所難しいところもありますが）綴られている、という外側からみた理由です。

もちろんのこと、もっと重要なのは内容です。ヨナ書には、〈共生〉そしてハヤトロギア／エヒィエロギアと響き合うと思える特徴が三つございます。それらについて本日は絞ってお話し致したいと存じますが、最初にまずかいつまんでその三点を挙げて、要点を明らかにしたうえで、個々の論点についてヨナ書本文を適宜参照しながら後にもう少し詳しく見ていく、という風に進めてまいります。

一に、ヨナ書は〈われわれの〉ではなく、〈彼らの救い〉について語る書物であることです。神に選ばれた民イスラエルの歴史を紡いだ書物、というのは、ヘブライ語聖書の中身を一言で（かなり無理をして！）述べた場合に、それが大きく誤ったものでないことはご存知のとおりです。イザヤ書[2]やアモス書[3]などに、異邦の民が救済されるモチーフをたしかに見ることができますが、それだけで一書を構成するという例は、他に見当たりません。ニネベという異邦の民の救いが、（少なくとも物語のプロットのレヴェルにおいて見るなら）、ひとつの書物において中心を担っていますが、このようなことは、ヘブライ語聖書では格別のことです。私たちが考察の課題としている〈共生〉という思想が、自分だけが勝てばいい、得をすればいい、とか、そうでなくとも他ならぬ自分がやはり中心にいたい、という考えと袂を分かつ思想であるのであれば、この〈彼ら（悪に染まった敵ニネベの民）の救い〉というできごとを〈わたし（イスラエルの預言者ヨナ）がいかに生きるか〉という問題は、問わずに済ますことのできない問いであるはずです。

ヨナ書の第二の特徴は、神と人間たちが、ともかく、予測を裏切って、というべきでしょうか、それぞれの割り当てられているはずの領分を越えて、読み手の前理解や思いなしを越えて行動する点にあります。この登場者だから、こうするのが当たり前、というような枠を越え、「昨日までこうしてきたのですから！」と昨日までの自分のあり方のまま居直るようなことをせず、つぎつぎとできごとに反応しながら自分を変えていってしまいます。その様がいかにも刻々と変化しながら〈わたしはある〉（エヒィエ）と宣言するごとくであり、抗いがたい魅力を感じます。他者とともにあろうとし、生き、交わり、そして他者を生かし他者に生かされるペルソナ（人格）の道行であるような、エヒィエロギアと交差するような、神と人間の姿が――そしてそうするよう誘われながらいかにしても〈自同〉の凝り固まりから脱することの難しい一人の預言者の姿も併せて――、ヨナ書には描かれていると私には思われます。

それから、ヨナ書を選んだ三つ目のたいせつな理由ですが、それは、この書物の持つ〈生きること〉〈生命《いのち》〉への強い志向です。つまり、この人は生きるが、別の人は死なななければならない、とか、あるいはこの人が生きるために別の人が死ななければならない、のではなく、ヨナ書という言語空間の中では誰も死なない、ということ。ヨナ書は、海の上の船が砕けそうになるほどの大嵐や、大都市の滅びの預言や、酷暑を描いています。ヘブライ語聖書揺籃の地パレスチナの熱風というのは、日本の酷暑とは分けが違います。先達て、5月の比較的快適と言われる時季にエルサレムで学会があり、マサダ砦跡や死海、エン・ゲディなどにも足を延ばしましたが、真夏ではないそんな時季でも、渇きや陽射しや熱風というものの厳しさはたいへんなもので、緑の木陰の悦びに想いをいたす機会となりました。さらには、もっと恐ろしい生命《いのち》の危機、すなわち、絶望についてもまた再三語られています。しかし、そうした様々な生命の危機に満ちているにもかかわらず、誰も生命を落とす者がおりません。（わたしは植物が好きなので、4章に描かれている「とうごまの木」すらも枯れてほしくないとひそかに思いますが）。つまり、ヨナ書は、生命を惜しむ、生命を慈しむ物語なのです。哲学者レヴィナスの術語にならって申し上げるなら、〈存在〉（to ωv/l' existence）ではなく、〈存在者〉（הוה/l' existant）、――すなわち〈顔〉（visage）を持つ、互いに他者として交わりつつ生ける者たち――、の生の側に就こうとするテクストとして、ヨナ書を読み直すことができるように存じます。

1．ヨナ書のあらすじ

さて、全四章と短く、すでに何度も通読されていて、どのような話かはご存じの方もおいでかと思いますが、まずは粗筋をおさらいすることから始めたいと思います。あるいは、大魚の腹の中での改心のくだりのイメージがあまりに鮮烈で、物語全体の結構やその細部については、存外顧みられることの少ない書物であるのかもしれません。[4]

預言者であるアミタイの子ヨナは、神に大都市ニネベへと赴いて、その悪行が神の元に届いていることを告げるよう命じられるが、あろうことか、反対方向の海の方角へと逃亡し、港から船に乗る。神は海に嵐を起こし、大荒れの海にヨナの乗った船は砕けんばかりとなる。必死に助かろうとする船乗りとは対照的にヨナは船底で眠り込んでいる。嵐の原因を突き止めようと船の中の人々がくじを引くと、果たしてヨナに当たり、ヨナは自分の身の上を明かす。ヨナは自分を海に投げ込むことで嵐は収まると言い、船乗りたちはそれでも一度は自力で陸に戻ろうとするが、かなわず、ヨナの神に赦しを乞いつつヨナを海中に投じる（1章）。神は大きな魚に命じて、海中にある逃亡した預言者ヨナを呑み込ませ、絶望していたヨナはその腹の中で神の救いに感謝し、祈りを捧げ、誓いを果たすと言う。すると大魚は神に命じられてヨナを陸に吐き出す（2章）。再び神に命じられたヨナはニネベに赴き、四十日後にニネベは滅びる、と預言すると、（予想に反して！）ニネベの民はこぞって断食をし、粗布を身にまとい、王も率先して悔い改め、家畜までもが断食して神に救いを祈願する。それを受けて神はニネベに災いを下すことを思い直す（3章）。ヨナはこれを不満に思い、神に訴えるが、逆に神にその怒りを質される。ヨナは町の東の外れに小屋を建てて（おそらくはまた悪の道に手を染めてニネベに災いが下るのを期待して）様子を見ることにする。厳しい日差しを避けるため、神は「とうごまの木」（キカヨーン）を生えさせ、木陰を作ってやり、ヨナはそれを喜ぶが、直ぐに神は虫にその木を食い荒らすよう命じ、木は枯れてしまう。厳しい風と太陽でぐったりとしたヨナは怒り、死ぬことを願うが、神はそのヨナに対し、自分で育てたわけでもないたった一本の木を失うことでもヨナは腹を立てているが、十二万人もの人間がいる町を自分が惜しまないわけがないであろうと言う（4章）。

以上のように物語の大筋を確認したうえで、いよいよヨナ書と〈共生〉の思想、ヨナ書とハヤトロギア／エヒィエロギアがどのように響き合っていくのかを以下に考察したいと思います。

2. 受け入れ難い〈彼らの〉救い

まずは、ヨナ書の勘所の第一点目、〈彼らの救い〉ということに関して見ます。この主題については「あらすじ」を一読するだけでも明らかで、種々の注解書もその点を必ずといってよいほど取り上げておりますが、[5] 少し敷衍いたします。ニネベという異邦の民の救い、というできごと、そして、預言者の側からすれば、自分たちを選んだはずの神がそのニネベを救うために自分を遣わす、などというできごとが、いかに、にわかには理解困難なもので、預言者ヨナを動揺させ得るものであったか、次のナホム書からの引用を見て確認しておきたいと思います。

2,9 ニネベは、建てられたときから水を集める池のようであった。しかし、水は流れ出して「止まれ、止まれ」

と言ってもだれも振り返らない（……）
3,1災いだ、流血の町は。町のすべては偽りに覆われ、略奪に満ち　人
を餌食にすることをやめない。（……）
4呪文を唱えるあでやかな遊女の果てしない淫行のゆえに　彼女がそ
の呪文によって諸民族を　淫行によって国々をとりこにしたゆえに
5見よ、わたしはお前に立ち向かうと万
軍の主は言われる。わたしはお前の裾を顔の上まで上げ　諸国の民にお前の裸を　もろもろの王国にお前の恥
を見せる。

ニネベは悪行によってその名を轟かす、小国イスラエルを脅かすアッシリアの都です。そのニネベを救済するために選民イスラエルの預言者が遣わされるというのは、いかにも逆説的なできごとに他なりません。

新約のマタイによる福音書（12・41～42）と、ルカによる福音書の並行箇所（11・29～32）では、選ばれた者にまさる異邦人の典型として、ソロモンを訪ねたシバの女王と並んで、ヨナ書のニネベの民が取り上げられています。マタイ伝12章の方から引用します。

41ニネベの人たちは裁きの時、今の時代の者たちと一緒に立ち上がり、彼らを罪に定めるであろう。ニネベ
の人々は、ヨナの説教を聞いて悔い改めたからである。ここに、ヨナにまさるものがある。
42また、南の国
の女王は裁きの時、今の時代の者たちと一緒に立ち上がり、彼らを罪に定めるであろう。この女王はソロモン
の知恵を聞くために、地の果てから来たからである。ここに、ソロモンにまさるものがある。

この新約による語り直しでは、ニネベも救いに与る、どころか、ニネベの都やシバの国こそが、ヨナやソロモンに代表されるイスラエルにまさって救いに与るにふさわしい、との考えが示されています。福音記者たちによる逆説

が逆説たるためには、ニネベやシバが本来神の救いには与らない、少なくとも周縁的な位置を占めるものであるとの前理解が必要です。

ここで短く整理すると、選びから漏れたはずの異邦の民の救い、というモチーフがあること、これが言うまでもなく重要な点です。そしてもう一方で、先にあらすじで確認しましたように、その救いの使信を携えていたはずのヨナは、〈彼らの救い〉を不満に思い、ふてくされ、逃げ出し、絶望し、死すら願っている。異邦の民の救いという事柄は、にわかには受け入れ難い、容易ならざるできごとであります。この預言者の葛藤こそ、私見では、異邦の民にまで及ぶ神の普遍的な救済という悦ばしき使信にもまさって重要なヨナ書の中心的な主題です。このことに次に注目してみましょう。

3. 困難な隣人ヨナ

ヨナ書の普遍主義とは、よく言われることです。すなわち、民族を超えた救いへの開け、あるいは、同じことを別の見方から言うならば、全世界に君臨し、救いをもたらす〈我が神〉への信頼――。しかし、じつはこうしたことよりも、もっと多くのことをヨナ書は語っています。

そのように考える理由はもちろん、預言者ヨナの葛藤する姿が――3章の5~10節の6節分を除いて――物語の前景をほとんど去ることがない、ということから明らかです。ニネベの救済ということが、真の主題であるなら、それに不満を抱くヨナを描くくだりが何もこれだけ執拗に現れる必要はないはずです。ところで、ニネベが敵の民で、悪行が天に届くほどであった、ということは、彼らがヨナにとって〈共生することが〉〈困難な隣人〉であったことを示唆します。と同時に、そのニネベの救いを受け入れることができず、神の命に背いて（しかも誓いを破って［2・10］！）逃亡するヨナもまた、共生への一歩を踏み出すことのできない、という意味での〈困難な隣人〉、つまり、善きサマリア人の譬えに倣って言うなら、隣人に自ら〈なる〉ことの難しい、たいへんに拘りの強い人物です。ここで、ヨナの預言者としてのあり方とはいかなるものであったかを確認しておきたいと思います。

ヨナは預言者らしからぬ預言者です。なぜなら、預言と呼べるヨナの言動は、3章4節に見られるだけです。それは、「あと四十日すれば、ニネベの都は滅びる」という、まことにそっけないものでした。預言書に分類されているヨナ書全四章の節の数は四八節に及びますが、そのうち預言者ヨナの預言は一節、じつに長さにして2パーセントほどにしかならないものです。内容においても、やはりこれは首を傾げたくなるものです。ヘブライ語聖書のなかで預言者はふつう、どのように人々が道を逸れたかについて具体的に言及し、それに沿って悔い改めの勧告を行い、そして救いの希望をもまた語るものです。しかし、右のヨナの短すぎる〈預言〉にはそういった要素がことごとく欠けています。また、神による召命にしり込みする預言者は、ヘブライ語聖書のなかに幾人も描かれていますが（モーセ、イザヤ、エレミヤ）[6]、逃亡する預言者はイスラエルにおいてヨナだけです。

4. ヨナ、船乗りたち、ニネベの民、神――それぞれの振る舞い

ヨナの振る舞いと心の（落ち着くことや、寛ぐことの無い）有り様は、他の登場者との、強いコントラストのうちに描きとめられています。それを次に見ていきましょう。表にまとめたものをご覧ください〔次頁、表①〕。出来事とそれに対する登場者毎の振る舞いを整理しています。

登場者＼出来事	ニネベの悪	召命	海上の大嵐	災いの預言	逃亡し、怒り、死を願う預言者
ヨナ	救いを望まない	逃亡	船底で眠り込む	投げやりな（?）預言	―
船乗りたち	―	―	祈り、自助努力	―	―
ニネベの民	―	―	―	直ちに悔い改める	―
神	ヨナの派遣	―	―	―	救い、諭す

表①

ヨナを除いてはみな、できごとのいざないに応えて、といったらよいでしょうか、行動的で、今ある出来事のなかに身を投じながら、何とかそのなかに交わりの道を見つけて、自分を拓いていきます。大嵐に見舞われて、ヨナの神に祈る異教の船乗りたち然り。王座から降りて、灰の上に座すニネベの王（高官?）[7]然り。異郷の船乗りだから、悪の都と呼ばれるニネベの民だから、という限定を越えて、固定的な自己同一のもとに留まるのとは別の仕方で〈わたしはある〉と言っているかのように映ります。出来事のなかに生き〈他者とともに〉交わりのなかに生きようとする〈わたし〉の在り方を指し示すかのように描かれています。

ヨナだけは、それができずにますます孤絶の色を深めていきます。あまり、ヘブライ語原典の細部について詳しく見るいとまがございませんが、例えば、1章の3節に二回、5節に一回、そして2章の7節に一回現われる「下った」（ירד）や、3節にやはり繰り返される「ヤハウェの顔を避けて」（מלפני יהוה）という文言は象徴的です。神に選ばれて使命を携えていく、といういわば高みから、ヨナは本来の目的地とは逆の方角に「下り」、船底へ、最後には海の底まで、天に座す神から遠くへ遠くへと離れていきます。レヴィナスの議論を待つまでもなく、聖書において「顔」はいわば〈現存〉を意味しますから、神の人格的な語り掛けを避けて、対話を拒んで逃亡するヨナの様子を表現するのに、この「ヤハウェの顔を避けて」という文言はひじょうに雄弁です。

すなわち、ヨナだけが、現実逃避的で、直ぐに絶望し、他の登場者とは対照的に描かれています。ヨナは受動的です。逃げ、眠り込み、くじが当たって初めて身を明かし、海に投じられ、魚に呑まれる、という具合です。またヨナは自らの感情に閉じこもりがちです。不満を覚え、怒り、とうごまの木が影を作ると一時歓び、それを失うとまた怒り、絶望し、死を願います。

そして、ここで特にもうひとつ強調しておきたいのは、他ならぬ神の、そのようなヨナに寄り添う姿です。何かと言うと自分に閉じこもる、イスラエルの排他的な選び、という〈私の真実〉(amiti)[8]に閉じこもる、そのようなヨナとすら〈ともに〉〈私はある〉と言って教え諭す神。従順でないイスラエルに対しても、これを見捨てることなく、歴史の中に自己を開示し、近みにあって彼らを救い導いてきた〈私はある〉(エヒィエ)という神がやはりここにいます。また、イスラエルの便利な道具に堕することなく、他者として、遠みにいて、それに接する者に〈畏まり〉の心を抱かせる〈私はある〉という神もまた、ヨナに使命や試練を与える姿のなかに見て取ることができるでしょう。

5.〈生命〉をめぐって

次に、今見たことを、もうひとつ別の観点、お話のはじめに挙げた第三点目の〈生命を惜しむ〉〈慈しむ〉という観点から見直して、物語の登場者たちの行いをもう一度整理してみましょう〔次頁、表②〕。同じ行にある上下の欄は一続きのできごとに対する反対の態度を表しています。括弧の中の数字は、ヨナ書における該当箇所の章節を示します。

〈生命〉を惜しむ・慈しむ	〈生命〉を惜しまない・粗末に扱う
神は悪の都ニネベへ預言者を遣わす（1・2）	ヨナは逃亡（すなわちニネベを見捨てて）（1・3）
積荷を投げ捨て、助けを求める船乗りたち（1・5）	嵐の中眠り込み、神に助けを求めないヨナ（1・5）
ヨナを海に（直ぐには）投げ入れない船乗りたち（1・13）	自分を海に投げ入れよというヨナ（1・12）
〔神は荒れ狂っていた海を静める（1・15）〕	——
神は大魚に命じてヨナを救う（2・1、2、7、10、11）	——
悪の都ニネベへ預言者を再度遣わす神（3・2）	改心を求めないヨナの投げやりな預言（3・3）
滅びを恐れて悔い改めるニネベ（3・5～9）	神によるニネベの救いに怒り、そして自らの死を願うヨナ（4・1～3）
神は改心したニネベに災いを下さない（3・10）	
神は死を願うヨナを諭す（4・4、9、10～11）	ヨナは日差しと風にまいり、再び死を願う（4・8）
悪の都ニネベすら惜しむ（4・11）	——

表②

一見してお分かりになるように、上の「〈生命〉を惜しむ・慈しむ」の欄には、神、船乗りたち、ニネベの民の行為が、下の「〈生命〉を惜しまない・粗末に扱う」の欄にはヨナの行為が、それぞれ振り分けられています。ここでもヨナと彼以外の登場者たちには鋭いコントラストが見て取られます。

しかし、そのように対照的な〈生命〉に対する態度にもかかわらず、物語が〈生命〉をどのように扱っているか、ということについてみると、これは一貫しています。大嵐や、災いの託宣、厳しい日差しや熱風、そして深い絶望——これらの危機にもかかわらず、ヨナ書のなかでは、だれも生命を落とす者がおりません。必死に助かろうと祈り、悔い改める者たち（船乗りたち、ニネベの民）のみならず、「もう死んだ方がましだ」と嘆くヨナの生命もまた惜しまれ、誰もが救われています。

ところで、詳しく論じるいとまはありませんが、よく知られた創世記6～9章の洪水物語と、ヨナ書には、いくつかの響き合う点があります。洪水物語を補助線にして、ヨナ書を見返してみると、今見たヨナ書の特徴が浮かび上がってまいります。二つの物語の比較を試みたのが、次の表です（表③）。

災い、霊風（רוח）に象徴される神の力、船、鳩／ヨナ[9]（יונה）、安堵をもたらす植物、人と動物が運命をともにすること、など、二つの物語には意外に多くの共通点があります。

しかし、もっと重要なのは、ここから見えてくる、一つのパラドックスです。その時代において例外的に正しい道を歩んでいた義人ノアとその方舟に乗船した生き物だけが生き延びて、あとはことごとく水に呑まれてしまうのが創世記の6～9章。洪水物語では、生命というものについて選別が行われています。それに対し、神の命に背いて逃亡するような落ちこぼれ預言者ヨナを主人公とするヨナ書では、海の大嵐をはじめさまざまな生命の危機が描かれながら、悪の都ニネベの民も、絶望して自らを助けようとすらしないヨナすらもみな生き延びています。ヨナ書はつまり、徹底して〈生命を慈しむ〉物語である、ということが分かるのです。

	災い	神の力	船	遣わされる者
創世記6～9	洪水、大水	（霊風（רוח）が吹く）原初の混沌へ	方舟	ノアが放つ鳩（יונה）、平和の徴
ヨナ書	海上の大嵐	（大風（רוח）を吹かし）嵐を起こす	船	真実の（אמת）預言者ヨナ（יונה）

	安堵をもたらす植物	滅びのモチーフ	人と動物	主人公
創世記6～9	鳩が咥えたオリーヴの葉	第一時代の生き物	あらゆる生き物	例外的な義人ノア
ヨナ書	日陰を作るとうごまの木	ニネベの民（滅びず）	「人も家畜も」	例外的な劣等生ヨナ

表③

むすび——イスラエルの救い？

ここまで、他者の救い（上記2の項）、脱自的存在者（上記4、またその負の在り方としては上記3）、生命の慈しみ（上記5）、という観点からヨナ書を、急ぎ足ではありますが、見てまいりました。それは、ハヤトロギア／エヒィエロギアという、伝統的な存在論（オントロギア）とは異なる新しい人間の洞察にこれらが深く関わるものと思われたからです。すなわち、私の理解するかぎりの、ではございますが、ハヤトロギア／エヒィエロギアにおいて、〈存在者〉は、単独の生命として自足してあるのではなく、また単に認識し、理解し、周囲のものやできごとを自分に用立てるものとしてではなく、自己の思いなしを超えてある〈他者との交わりをいかに生きるか〉、という課題を引き受けるものであり、そうであるならば、〈私はある〉（エヒィエ）の〈私〉は現在の自己の自己同一に固着して存在し続けようとすることを、ときには大胆に放棄し、新しいできごとや呼びかけのいざないに応じて、生きる者としてあろうとするのであり、さらに、そうした存在者を生かしめる根拠である、いわば大文字の〈私はある〉は、出エジプトの際にモーセに顕現したときのように、私の安直な理解を超えるだけでなく、多様な〈わたし〉を〈生命〉のなかに包み込み、背信の民すらも見捨てようとしない、〈生命〉（ハーヤー）を志向する〈私はある〉であると考えられるからです[10]。ヨナ書における、救われるはずのない者たちの救い、そしてそのために働け、と命じてくる神、という究めつけの他者の顕現、そこに登場する〈存在者たち〉の脱自的あり方、またそれへのいざない、そして徹底的な生きる者たちへの慈しみには、右に見たハヤトロギア／エヒィエロギアの重要な論点と響き合うものが大いにあるように私には思われます。

最後に、少し、まだ取りこぼした感のある、重要と思われる点について一点だけ述べ、そしてお話を終わりたいと思います。それは以上のように見てきたヨナの、端的に言えば、預言者としてあまり芳しくない姿が私たちに何を伝えてくるか、ということについてです。

ヨナ書という預言書の預言書らしくないところ、それは預言者の特異な行動にありました。まず逃亡してしまったこと、次にきちんとした預言を述べないところ。これらについてはすでに先に触れましたが、他の預言書と比べ、もう一つ著しく預言書としてのヨナ書が破格である点があります。それは、ニネベすなわち〈彼らの救い〉というポイントと関係していますが、イスラエルの救いについてヨナ書がいっさい触れていないことです。そのことがヨナの逃亡や、投げやりな預言の、まさに原因でもあったでしょう。

そうすると、ヨナ書の著者はそのこと（イスラエルの救い）にまったく関心がなかったのでしょうか。そうは思われません。それはまずヘブライ語聖書という書物の性格上とても考えにくいことでもあります。私にはむしろ、ニネベが与ることになった、預言を受けての悔い改めと救済、ということにまさる、さらに重要な救いの使信がイスラエルに向けられているように思われます。すなわち、ヨナは一貫して劣等生もいいところですが、神はそのヨナを見放すことなく、試練を与え、学ばせ、諭し、とずっと寄り添い続けています。ヨナは現実から逃避し、生命の危機にも無気力で何もしようとせず、他者を避け、刹那的に喜び（とうごまの木）、怒り、直ぐに絶望し、生命を粗末にしか扱いません。この辛い生き方の根にあるのが、異邦の民の改心と救済を望まない心、すなわち自分あるいは自分たちの仲間こそ救われるべきだ、という自己中心性の病に他なりません。ヨナは自分の救い（例えば2章の感謝の詩、4・6のとうごまの木をめぐるくだり）には歓喜し、他人の救いには怒ります（4・1〜3）。海中で溺れかけたときには、自分が「生きて再び聖なる神殿を見ることがあろうか」（2・5）と嘆き、救われれば「わたしの祈りがあなたに届き／聖なる神殿に達した」と、いわば自己聖化に関心が集中している様子であり、預言を携えて行く先のニネベの人々のことなどはあまり頭にありません。神がそのようなヨナに寄り添いながら教え導こうとしたのは、こうした自己中心性という病からの解放、という意味でのイスラエルの魂の救い、だったのではないでしょうか。

人はふつう、住む土地や、諍いのない平和や、食べるもの、着るものを必要とし、そのようなことにまず満たされていることがたいせつなのは言うまでもありません。しかし、そういったものがまずまず揃っていながらも、自分だけが助かりたい、自分の意見こそ正しい、自分だけは損をしたくない、これまで持っていたものは少しだってけして他人に譲りたくはない、という思いに芯まで捕らわれた生き方は、ヨナの姿が明らかに示しているように、現実逃避や争いや、怒りや無気力、そして死に至る病である絶望に、すぐに結びついてしまいます。ヨナ書の示そうとした救済とは、――本文にその成就こそ記されていないものの――、いわゆる民族の政治的経済的な安寧というかたちとは異なる、このような自己中心性という怖しく強力な病からの解放であるように思われます。

そして、そのような観方からすれば、このヨナ書という預言書は、便利さや効率の追求に明け暮れ、（自分たちの）生き残りという名の下に他者の切捨てを平気で行い、それでいてそのような自己の空しさにくたびれ、しょぼくれた哀しさを刹那的なガジェット（愛玩物）でごまかす、そのような現代の私たちの多くが思い苦しむ、自己中心性すなわち他者の不在という根の深い病理に訴える、そしてそこからの救済の道を示す、特異なそして格別な預言書ということができるのではないでしょうか。

註

（1）本稿は上智大学共生学シンポジウム「ハヤトロギア・エヒィエロギア――「アウシュヴィッツ」「FUKUSHIMA」以後の思想の可能性」（二〇一二年七月七日、於上智大学）の発題原稿に加筆修正を施したものである。

（2）例えば、イザヤ書2・2「終わりの日に主の神殿の山は、山々の頭として堅く立ちどの峰よりも高くそびえる」。本稿の聖書からの引用は新共同訳に拠る。

（3）例えば、アモス書9・7「イスラエルの人々よ。わたしにとってお前たちはクシュの人々と変わりがないではないかと主は言われる。わたしはイスラエルをエジプトの地から、ペリシテ人をカフトルから、アラム人をキルから、導き上ったではないか」。

（4）ヨナ書は、その第2章における大魚の腹の中での改心のくだりがつとに知られている。ユダヤ教の大贖罪日（ヨム・キップール）にはシナゴーグでのヨナ書の朗読が定められている。その理由は、2章におけるヨナの、そして3章におけるニネベの民の改心の場面が、罪の贖いの日にふさわしい、ということによる。新約のマタイ伝（12・38～42）に記された「ヨナのしるし」、すなわち、ヨナが三日三晩大魚の腹の中にいたことを、イエスの十字架の上での絶命から復活までの三日間になぞらえたくだりもことに有名である。近代の文学に目を転じてみれば、例えば、アメリカの作家ハーマン・メルヴィル（Herman Melville, 1819-1891）の『白鯨』（*Moby-Dick; or, the Whale*, 1851）における受容が挙げられるだろう。作中の牧師が直接ヨナ書の内容について説いている。また、イタリアのカルロ・コッローディ（Carlo Collodi, 1826-1890）の『ピノッキオの冒険』（*Le Avventure di Pinocchio*, 1883）のサメの腹の中に入るくだりもヨナ書に由来すると言われる。

（5）例えば、John D. W. Watts, *The Books of Joel, Obadiah, Jonah, Nahum Habakkuk and Zephaniah*, (Cambridge University Press, Cambridge, 1975), p. 73. James D. Smart, *The Book of Jonah, in The Interpreter's Bible*, vol VI (Abingdon Press, New York/Nashville, 1956), p. 872. など。

（6）それぞれ、出エジプト記3・11、4・1、10、13、イザヤ書6・5、エレミヤ書1・6を参照のこと。

（7）ヘブライ語聖書において身の潔白や改心を示す仕草。例えば、ヨブ記2・8、エレミヤ書6・26、エゼキエル書

27・30など。

（8）ヨナ書1・1は新共同訳では、「主の言葉がアミタイの子ヨナに臨んだ」と訳される。このアミタイは、ヘブライ語の子音テクストでは、אמתיで、母音の付し方により、アミティ、すなわち「私の真実／誠実／正義（の）」という意味にもなる。「アミタイの子ヨナ」の文言は、列王記下14・25にも見られる。ヨナ書冒頭の子音テクストに意図的な言葉遊び、すなわち、系図的言及とヨナの性質についての形容という二重の意味（double entendre）があるかどうかは決し難い。本稿の副題（「〈私の真実〉の子ヨナの物語」）は、この後者の読み（アミティ＝私の真実）がヨナの独善的で自閉的な在り方をやや風刺的な仕方にてよく表すものと解して付したものである。ユダヤ教のミドラシュには、בן אמתיを「真実の子」と解して、その呼称こそヨナが預言者として真正なることを示すという解釈がある。Neir Zlotowitz (translation and commentary), *Jonah／A New Translation with a Commentary Anthologized from Talmudic, Midrashic and Rabbinic Sources,* (Mesorah Publications, New York, 1988).

（9）預言者の名ヨナは、鳩を意味するヘブライ語ヨナ（יונה）と同音である。洪水の水が引いて新しい平和の世界の始まりを知らせる遣いとして、――しかも、役割を果たせない烏（オレヴ）との対比のうちに、すなわち優れた遣いとして――描かれる鳩（יונה）（創8・8〜12）と、悪の都に悔い改めと救いをもたらすよう遣わされながら逃亡する預言者ヨナ（יונה）が同じ呼称にて記されており、読み手にアイロニーを感知させるような興味深い対照をなしている。

（10）出エジプト記3・14の神名啓示の場面を参照のこと。この神名をめぐる議論は数多あるが、超越性と協働性の両側面を指摘する論考として、宮本久雄、「『神』言語の創る空間と人格」、（『聖書と愛智』所収、新世社、一九九一）二九〜三〇、三四、四三〜四四頁などを参照。

存在論から脱在論へ

——宮本久雄のエヒイェロギア小考——

金《キン》　山椿《サンチュン》

序文——なぜ脱在論か?

二〇〇一年九・一一テロを筆頭に二一世紀に入っても、人類は以前と比べると相生[1]とは一層距離が遠い相争の時代を生きている。このような〈現代〉の状況で日本における哲学者であり神学者である宮本久雄（一九四五〜）は、二一世紀の相生のための脱在論（Ehyehlogia）を提示した。[2] この論文は、彼の脱在論の形成過程とその実践的方位を理解するために書かれた。筆者は、このために何よりも著者が一番最近に出版した『ヘブライ的脱在論』を中心に考察してみようとする。[3] 宮本は脱在論を提示するまでの十数年間、他者問題に関し物凄い総力戦を広げて来たが、その総力戦には聖書の文学的研究、西洋ギリシャと中世哲学、現代思想、キリスト教思想等が総動員された。[4] それはまるで腿の関節を怪我しながらも、天使（エヒイェ）と格闘を広げたヤコブ（創世記32・23〜33）とも同じ運命であったと著者は結びで回想している。

宮本が脱在論を提示したのは、既に西洋の様々な哲学者によって形而上学の終焉が語られてきたからである。つまり、西洋文化形成の指導原理であった形而上学が、二〇世紀に入りながらこれ以上有効でないということを宣言されるに至ったのだ。ニーチェの言葉どおり「神は死んだ」。実際プラトンからヘーゲルに至る西洋哲学が自・同一性の哲学であったとするならば、二〇世紀の哲学は他・差異性の哲学であると言うことができる。そのためハイデガー、メルロ＝ポンティ、デリダは各々、〈哲学批判〉〈反哲学〉〈哲学の解体〉を語りながらニーチェを継承しているわけである。(5)

一方宮本は、今日の人類的危機と破綻の原点をアウシュヴィッツという根源悪の象徴に発見して、その根源悪の思想的な温床である全体主義的存在－神－論（Onto-Theo-Logia）を批判した後、その脱出（exodos）の糸口を旧約聖書のアブラハムとモーセのストーリー(6)を通してヘブライ的存在論であるハヤトロギア（hayatologia）に探し求めた。(7)ヘブライ的存在は、固定的な普遍ではなく、常に動き協働し創造する。つまりそれは〈真理の差異化〉であり、〈自同的生の異化〉を通して他者との相生へと歩むのである。ここでは存在論と倫理学が切っても切れない関係であるしかない。宮本は『他者の甦り』以降では、ハヤトロギアの代わりにエヒイェロギアという用語を使用する。その理由は、その基本的な内容には違いはないが、物語論的に一人称の物語りの実践を表現するという意味では、三人称的ハヤトロギアよりは一人称的エヒイェロギアという用語の方がより適切であると見たためである。(8)とにかく、筆者にとって『存在の季節』が脱在論の理論的結実であるならば、『ヘブライ的脱在論』はその理論の実践的結実のように見える。

そのため『ヘブライ的脱在論』は（その他の異なる著書らも似たような構成を成しているが）、まず根源悪の象徴であるアウシュヴィッツとその思想的温床である存在－神－論を分析し、その克服の指導としてエヒイェロギア的思索とその方法論であるプネウマ（Pneuma）的解釈が何であるかということを説明する。そうして最後に、エヒイェロギアの地平を開拓し、そのエヒイェロギアを体現した人格達のストーリーを分かち合うのである。これからその一つひとつをより詳しく見ていくことにする。

1. 根源悪の象徴としてのアウシュヴィッツ

宮本の『ヘブライ的脱在論』は、他者の地平を完全に滅ぼす根源悪[9]に対する思索から始まり、どのようにしてその根源悪を超えて他者の地平へと歩むことができるかを探求する。彼はまずアドルノとアーレントに依拠して根源悪の典型をナチスドイツ治下にて発生した未曾有の悲劇、西欧的理性と信仰が創造してきた総体的価値、特に人間の尊厳を滅ぼしたアウシュヴィッツにて見いだしている。

アドルノは『啓蒙の弁証法』の序文で「なぜ人類は真正な人間的状態に入るより新しい種類の野蛮状態に陥ってしまったのか?」と問うが[10]、彼はその糸口をオデュッセウスの帰郷の話から発見する。アドルノによると帰郷は、人間が理性によって神話から脱出し、啓蒙〈主体の確立〉に到達するが、その啓蒙がまた異なる野蛮的神話に成り下がるという人間的主体性の原史(Urgeschichte)を象徴する。その一方、啓蒙とは、人間が理性的自我に目覚め自分の内的自然を倫理的に制御しながら外的自然を支配し、自己保存を目論む世界である。このような神話→啓蒙→他の神話に展開する弁証法的過程がまさに〈啓蒙の弁証法〉である。ここで問題となるのは、オデュッセウス〈理性〉が船員である部下達〈感性的労働者階級〉と分離される点である。そのため大衆社会は、理性と主体を失い無力化し、そして独裁政治の温床となっていく。反対に理性は感性的生命や労働を失い空虚な喪失感に陥り、まるでオデュッセウスが最後の殺戮を起こしたように、その空虚を埋めるため暴力を振るい野蛮へと退化する。感性を失った暴力的な野獣に急変するのだが、それは理性が無い野獣よりさらに致命的である。そこで全体主義は新しい神話として誕生する。つまりこのような野蛮の象徴と現実は、後にナチス政権の下〈絶滅収容所〉、つまり〈アウシュヴィッツ〉として収斂したのだ。アドルノは『否定弁証法』において「アウシュヴィッツ以降、生きて行くことは可能であるか？」という問いを投げかけるが、[11]それだけアウシュヴィッツは西欧の啓蒙的理性が生んだ総体的価値の全面的破綻であったのだ。

そうであるならば、なぜ数多くの野蛮の中でも特にアウシュヴィッツがとり上げられるのか？　それが、様々な民族が経験した抹殺の体験と異なる点は一体何であるのか？　宮本は、アウシュヴィッツの二つの重大な特徴――生の奪と死の奪――について次のように話す。

（1）生の奪

アーレントによると、全体主義国家における抹殺の対象は、法人格を持つ罪人ではなくて、〈生きるに相応しくない者〉、〈生きる資格が無い者〉である。このような者は裁判記録にも残らず、〝まるでこの世に存在していなかったかのように〟抹殺される。[12]そしてそのようにする有効で合理的な方法は〈記憶を奪い抹消する〉ことだ。もちろん死体も墓も無い。それが一般の殺人と異なる点は以下の点である。[13]①人間は囚人番号に還元され、人格の記憶を奪われる。②ガス室にて殺害され、灰として飛散する。③所持品、写真、日記等、本人の記憶を伝える物は、全て焼却される。④当事者の家族や友達も皆抹殺される。⑤絶滅収容所も爆破され、書類も全て焼却される。⑥決定的なことは、奇跡的に生還者がいたとしても、彼は深いトラウマによって収容所体験を回想し証言できなくなるほど人間性が破壊される。[14]そのため絶滅収容所は、まさに記憶奪装置と言えるのだ。一体〈記憶の奪〉とはどのような意味なのか？　宮本はそこに二つの重要な要点があることを指摘する。

一つ目、物語り的自己同一性（identit narrative）。P・リクールはアーレントの言葉を引用して次のように語る。「誰？」という問いに答えるということは、ハンナ・アーレントが力説したように、生のストーリーを話すということだ。物語化したストーリーは、行為の「誰」を話してくれる。「誰」の自己同一性は、そのためそれ自体が〈物語り的自己同一性〉なのである。[15]

ライフストーリーを話すということは、記憶による過去の出来事の想起を必要条件とする。そうすると記憶を奪すること、つまりストーリーの可能性を奪することは、人間の自己同一性の解体、人格の尊厳の破綻を意味する。[16]二つ目、記憶とは他者が自分に対して持つ記憶であり、自分の記憶はまさにその他者の記憶に依拠する。つまり〈私は存在する〉は、コギトではなくて他者の記憶に依拠して成立する。そうすると自己同一性の根拠には、既に他者が一つの構成的契機として存在するのであり、自己は他者無しに存在することができないほど自他の人格的尊厳は連動しているのである。そのため記憶を奪することは、他者との出会いの可能性の破壊を意味する。[17]

(2) 死の奪

アウシュヴィッツの死に対するアドルノの考察。

一人ひとりの人生経験の中、どのような形態であれ、人生の活動を完成するものとして死が現れる可能性は完全に消えてしまった。個人からは彼に残された最後の最も寂しい死さえも奪された。収容所で死んだのは個人ではなく、一つのサンプルであった。[18]

そしてアウシュヴィッツ以降に自分を死者として感じる生還者エリ・ヴィーゼルの証言。

私は向かいの壁にかかっている鏡に自分の姿を映して見てみたかった。ゲットーを離れて以降、私は私の姿を一度も見たことが無かった。鏡の向こうから一人の死者が私を凝視していた。死者が私を睨んでいたその目を、私はいつまでも忘れることができなかった。[19]

宮本はアガンベンの言葉に従って、死が奪された人間を〈生きた屍〉または〈回教徒〉と呼ぶ。歩き回る屍である囚人が地面にうつ伏せになった状態が、まるで礼拝をする回教徒に似ていたからだ。彼にとって回教徒は〈人間が人間であることをやめた時点〉〈生きていても生きてなく、死んでも死んでいない状態〉を指す。このようにして屍までも屍ではなく物（Figura）と呼ばれる。[20] そのためアウシュヴィッツは全体主義の〈死の製造所〉であり、生死を奪われた擬生擬死のグレーゾーンである。アウシュヴィッツは、近代理性の物語の終焉であり、現代の終末論的徴候である。そこでは人間性を育む一切の記憶と物語りは消滅する。[21] このようなアウシュヴィッツを可能にした理性とは一体何であろうか？

2. 存在–神–論（Onto-Theo-Logia）――全体主義の思想的温床

（1）アリストテレス――存在–神–論の成立

宮本によると、ハイデガーは常にアリストテレスの形而上学を存在–神–論の典型的な原型であると示し[22]、存在–神–論の歴史を追っている。

西欧–ヨーロッパ的思惟の歴史を回想してみると、私たちは「存在に関する問いは、存在者の存在に関する問いとして二重的形態であること」を経験する。この問いはまず「存在者としての存在者は、その一般者性の中で何であるか？」を問う。この問いに関わる考察は、哲学の歴史が進行される過程において「存在論」（Ontologie）という名称に到達する。存在者とは何かという問いは同時に、「最高存在者という意味での存在者とは、どのようなものであり、どのように在るのか？」を問う。これは神的なものと神に関する問いである。この問いが及ぶものが「神学」（Theologie）と呼ばれる。このようにして存在者の存在に関する問いの二重的形態は、存在–神–論（Onto-Theo-Logie）という名称として総括される。[23]

そのため存在–神–論は、このように最も普遍的な概念を作り、その普遍領域を統一支配する最高原理（神やコギト）によって全てを因果関係等のシステム内に位置づけ、その存在するものの意義や価値等を決定する思想である。[24] このような古代の存在–神–論の歴史の大転換をもたらすものは、近世の思想的開幕に決定的役割を遂行したデカルトであった。

（2）デカルト――コギト

デカルトが数学的普遍学（mathesis universalis）を構成したことから見られるように[25]、彼にとって最も普遍的な存在者は量化され、物理科学的に、方程式として表象される対象である。一方で第一原理である神の座を占めたのは、そのような事物を対象として操作できる理性、つまり計算し表象する理性である。その結果、後に指摘するように、この世界は物理科学的に再構成され、さらに技術と結合し、理性による世界改造並び産業革命の基盤を成す[26]。このようにして一切を対象化して支配する理性的人間こそが、近代を構築する新しい神になったのである[27]。しかし存在−神−論は、ニーチェからさらに新しいエポックを迎える。

（3）ニーチェ――力への意志

生成に存在の性格を刻印すること――これが力への最高の意志である[28]。

この力への意志こそが、生成を存在へと引き上げ、逆に存在を停滞すること、仮象へと引き下げる。けれども、生成を存在にすることの極限的定式とは何であろうか？　それはニーチェがニヒリズムの極限として語る〈同一するものの永遠回帰〉（die ewige Wiederkehr des Gleichen）である。もちろん、そこには革新も希望も意味も無く、従来の存在（イデア、神）は解体され、回帰の途中で消失する。このようにしてデカルト的理性、旧い神であるコギトが解体され、力への意志が生成を存在へと逆転させる。この生成に存在を刻印させる力への意志こそが新しい神であり、一方で永遠回帰の中で存在に代わる生成こそ、新しい最も普遍的な存在者として登場するのである。けれども、宮本はアガンベンの『アウシュヴィッツの残りのもの』を引用し、ニーチェの存在ー神ー論はアウシュヴィッツの前で破綻すると言う。

悪魔が生き残った者のそばに来て次のように問う。お前はアウシュヴィッツがもう一度、そして限りなく回帰し、収容所のどのような細部にも、どのような瞬間にも、どのようなつまらない出来事が永遠に繰り返し、それらが起ったのと同じ順番に休まず回帰することを望むか？　お前はこれをもう一度、そして永遠に望むか？　誰一人、ニーチェの超人でさえ、このような提案を受け入れることはできない。根本的に人がこの提案を望むことができないのは、それは前代未聞の残酷な悲劇であっただけではなく、アウシュヴィッツが起きることは決して止まらずに常に既に繰り返されているからである。(29)

(4) ハイデガー——技術的存在ー神ー論

ニーチェの権力的存在ー神ー論は、恐ろしいまでに異なる現代の存在ー神ー論の出現を予言し準備していたが、ハイデガーはこれを〈技術学（Technik）〉と呼ぶ。

水力発電所がラインの流れに立たされている（gestellt）。その発電所はその流れを水圧に提供するように立たせ、その水圧はタービンを廻転するように立たせ、その廻転が機械を廻し、その機械の連動機が電流を造り（herstellen）、その電流のために大発電所とその配置網が仕立てられているのである。こうした電気エネルギーの絡み合ってゆく仕立過程の領域の中に、ラインの流れもまた何か仕立てられた（bestellt）ものとして現れている。[30]

引用文を見ると、存在者は用途のために〈立てられている〉ことが分かる。技術社会において、存在者は用途となるように立てられた用材である。そしてその用途は円環を成し、用材の普遍的な用途連関を成立させる根拠としての存在が〈総動員体制（Gestell）〉と呼ばれる。ここでは人間主体さえも、もはや用材を対象化し操作する主体ではなく、一つの用材に過ぎない。この総動員体制（神）と用材（存在者）から技術的存在－神－論という言葉が現れる。[31]この存在－神－論は、存在者を用材化し、その唯一性や固有の価値を奪い、用材は代替され消滅しまた生産される無限な円環の中に置かれ、まるでそれはニーチェ的な永遠回帰の技術版のように見える。ハイデガーは技術支配の危機の後の時代、存在の現存として開示される世界である〈方域（Geviert）〉を示すが[32]、方域とは天、地、神々、人間をあらわす四域の結合体で、ここで人間は尊厳を持って人間的に死ぬ事ができるとされている。けれども、方域はアウシュヴィッツの審問に耐えられずに解体され、そのユートピア性を暴露すると宮本は指摘する。なぜならば、アウシュヴィッツの大地は無意味な死骸で埋まり、その天は焼却炉祭壇で神々に捧げられたホロコーストの煙で覆われていて、人間は決してその死を死ぬ事ができない回教徒になってしまったからである。[33]

（5）現代と経済－技術－官僚政治

現代文明の中でも人間は、病院では機械や器具に囲まれた擬死の横行を、大量消費社会では商品の享受に翻弄された擬生を生きている。世界金融市場という経済、ＩＴ産業という技術、官僚主導の行政という力は、その巧妙な同化的協働によって人間を擬生・擬死というグレーゾーンに押し入れているのである。これを宮本は、アウシュヴィッツ的経済ー技術ー官僚政治（econo-techno-bureucracy）の存在ー神ー論と呼ぶ[34]。このような状況の中で、いかなる新しい生と死の物語りが可能であろうか？　存在ー神ー論それ自体の困難に打ち勝つ手がかりは、一体どこにあるのだろうか？　宮本はその手がかりをヘブライ的脱在論から探す。

4．脱在論（EHYEHLOGIA）の誕生

宮本によると、存在ー神ー論が存在の自同的理解とそれによる定着文明と人間像の空間的構築を企てるのならば、脱在論は如上の存在の差異化と遊牧的人間による協働体の現成を図る[35]。

脱在論は、ヘブライ語旧約聖書中の文学物語り、特に奴隷解放を語る歴史ストーリーである「出エジプト記」（Exodus）に根差しているが、これは「自然学」に始まり、それを「形而上学」にまで展開したアリストテレスの存在とは根本的に異なるのである。「出エジプト記」を見ると、ファラオの抑圧と抹殺政策の下〈アウシュヴィッツの回教徒〉の状況にまで追害されたヘブライ人奴隷の解放のために、神はモーセを解放という歴史的事業に引き入れる。しかしながら、自信が無かったモーセはヤハウェ神に神名を要求する。古代で神名を知ることは、その名の持ち主の力を所有し、それを魔術的に自分の利益のために使用しうることを意味する。そのため神名の開示はタブーとされる。けれども、ヤハウェは神名を開示する。それが今日までも解読が困難である〈エヒイェ・アシェル・エヒイェ（ehyeh asher ehyeh）〉（出エ3・14）である。

宮本によると、ehyeh はヘブライ語存在動詞〈ハーヤー（hayah）〉の一人称単数未完了である。asher は関係詞

であるため（韓国語で）訳すとするならば〈私は脱在することの脱在だ〉という表現になる。[36] この神名は開示されても、依然と謎のままに残っている。そのため、ヤハウェは自由に人間と関係を築くことができた。宮本はエヒイェの特徴を次のようにまとめる。[37]

①エヒイェは自己完結的な自同的存在ではなく、自己を超出していく動態である。つまりヤハウェは、自ら地上に降りて奴隷解放に投身する。それは自己差異化である。②モーセ、イスラエル民衆、エジプト人たちを引き込んで歴史の中に、ある断絶をもたらすという意味で、他者の自己超出をうながす差異化である。③この他者の差異化は、他者との恩恵的関係を創造する。④従って、その差異化は他者と自分との出会いの時（Kairos）を創出し、歴史を創造していく動態である。「出エジプト記」でこの出会いは〈シナイ契約〉関係として表現され、その内実は〈十戒の授与〉とそれによる協働態の形成である。このようにエヒイェは和解と相生の共同体形成の根本的原因なのである。

宮本はこのようなエヒイェの特徴を収斂して一つの脱在論（EHYEHLOGIA）を構成する。それは〈アウシュヴィッツ以降〉の世界とその存在ｰ神ｰ論に対抗する相生の思想になる。[38]

宮本の脱在論の実践において最も重要なことは、何よりもストーリーを他者の物語りとして解釈する協働である。脱在論の体現者――エヒイェ的人格――は、現代の技術的存在ｰ神ｰ論の世界では擬生的文明、つまり奪生と擬死的砂漠、つまり奪死との境であるグレーゾーンで生きながら、まるで証人であるかのようにその自同化し支配する文明の正体を暴露し差異化する。その差異化は、今日の国民国家と難民、食料の独占的市場操作と飢餓、医療産業の生死操作、情報操作と無知、原子力汚染による地球の生態破壊と生命全体の危機等、擬生・擬死の圏域を越境しながら現代的全体主義を告発する。そしてそのような証言は、物語り論的性格を持つ。つまり脱在論は、アウシュヴィッツ的全体主義によって葬られた広義の回教徒のストーリーを発掘し、傾聴して、その複数のストーリーを他者の〈家族的類似性〉の視点で吟味し結集する。[39] 従ってエヒイェは、現代の存在‐神‐論とその物語を暴露し突破できる新しいストーリーの創成にまで脱在していく。宮本は、それが啓蒙的理性の野蛮化が帰結した擬生・擬死のアウシュヴィッツから、生・死を奪還する新しいエヒイェ的知性の到来だと言う。[40] 最後に、このエヒイェロギアによるアウシュヴィッツの脱在の実践に関して考究していこう。

5．アウシュヴィッツの深淵を超えて相生へ

宮本は『ヘブライ的脱在論』第3部第5章「アウシュヴィッツ以降の解釈学」において、人間が相生の断絶をどのように飛び越えてその相生を復活させられるかを、イエスの十字架の死のストーリーを解析しながら考察する。そうして彼は、そこで〈私はあなたである〉という根源悪を超越するエヒイェ的キーワードを発見する。そして第6章「現代における〈異邦人性〉とエヒイェ」では、このキーワードが今日の私たちにどのように体現されるかを〈異邦人〉〈顔〉〈残りのもの〉と言った同義的な言葉を通して度々確認する。

（1）〈私はあなたである〉というキーワード

宮本は「アウシュヴィッツとは何か?」という問いから出発した。一言で言えば、それは西洋のキリスト教と人文主義的啓蒙の文化が〈絶滅の檻（Vernichtungslager）〉内で破壊された歴史であり物語である。それは根源的に人間を形成する一切（価値観、信頼、文化、民主体制、信仰等）の紐帯を切断する。そのため宮本はアウシュヴィッツ

を根源悪の物語のメタファーとして捉え、それを全てのテキストを読解する解釈学的枠として提案したのであった。

彼は聖書からうかがえる様々な十字架的ストーリーを解析しながら、[41] 一つの本質的なキーワードを発見するのだが、彼はそれがアウシュヴィッツの審問を耐えることができるであろうと信じる。それはアウシュヴィッツで、また異なる収容所で起きたまれな出来事で、一片のパンを死にゆく隣人にあげるという、まさに〈私はあなたである〉を表す行為である。更に彼にとってイエスがパウロに話した「なぜ私を迫害するのか？」（使徒９・４）もそのような〈私＝あなた〉を示す言葉として審問を耐え抜けると信じている。なぜならば、その言葉はアウシュヴィッツが絶滅させようとした他者の言葉であり、そのためアウシュヴィッツでは決してあってはならないストーリーであるためである。このようにアウシュヴィッツの審問を通過したアウシュヴィッツ〈外〉の非・自同的ストーリーは、一方で十字架事件を経て誕生した新約的初期キリスト教協働態の創造的仕事であり、アウシュヴィッツ以降の人間の絆を断つ深淵に関する限り、二一世紀を生きる私たちの課題でもある。その深淵で発生した言葉は、まさに〈私はあなたである〉に収斂されると言う。[42] なぜならば、自同的世界においてはあってはいけない、残りのもの（余剰）の言葉・〈私はあなたである〉という究極の言葉・自同的全体主義を破る〈外〉の言葉が、プネウマによって鳴り響かなければ、誰一人として人間の深淵を越え渡ることができないためである。このプネウマの言語によって、エリヤの〈残りのもの〉、エレミヤの〈新しい契約〉、〈肉の復活〉、〈神の国〉は一つの神秘体として再生し、盲目は信仰に、イデオロギーや幻想的な言葉は福音や預言になり、このようにして一即多のアガペー的協働のストーリーが始まることができる。

彼はこのようなストーリーを促していく脱在がまさにエヒイェであると言う。従って〈私はあなたである〉というのは、安易な自同性ないし同一化の表現ではなく、真に〈二つに成ることを確立する一致〉[43] のエヒイェロギア的な現成なのである。〈私はあなたである〉は常に〈私は私である〉という自同性を壊し、私があなたになる躍動態であり、自己を差異化しながらあなたになっていく自己差異化による他者との一致を確立し、無限に自・他を肯定していく時間的自己同一性を表している。宮本はこのような脱在が従来の空間的自己同一性を強調する西欧的存在論に対して、エヒイェロギアの根拠になるとする。そしてアウシュヴィッツ的解釈学がこのようなエヒイェ的な〈私はあなたである〉に根を下ろしたのならば、それは存在を差異化するエヒイェとその差異、空、間（あわい）の中で息吹くプネウマとそこから鳴り響く〈ダーバール〉(44)（dbr、言即事）という三一性に脱在論的に根差すプネウマ的解釈学とも連動すると言う。(45)

（2）エヒイェ的相生のためのプネウマ（Pneuma）的解釈

また第5章で、宮本は先行する解釈学的傾向(46)に対してアウシュヴィッツ的プネウマ的解釈の特徴を幾点か示して見せ、どのように他者と真の出会いを成就することができるのかに言及する。

まず最初に、この解釈はテキストの行間つまり意味的空白やプロットの断絶等の空・間に注目してそこから読み始める。それはまるで、子音のみでできたヘブライ語テキストに母音を加えることで単語が誕生し文章の段落ができて、その段落を読む解読が要求され、時代と場所によって無限に開放的な新しい解釈が成立することと同じである。不断に解釈が要求されるのはテキストが神の降臨の場、受肉可能の場所であるため、テキストを永久に固定化するような解釈は、神をテキスト内に閉じ込める偶像崇拝に陥ってしまうからである。このようにテキストの差異・空間を洞察し、そこで旧い主述関係を切断して新しい主述関係、意味を形成し、そこからメッセージを解読するこの方式を彼は〈プネウマ的解釈法〉と呼ぶ。プネウマは行間や差異の中で息吹きながら音声と言語を鳴り響かせる。(47)

二点目、この解釈は私の歪曲された解釈による自同的物語に外圧を加え、私の物語りの内部に断層や空・間を開いて物語を差異化する。たとえば、大日本帝国のアジア支配を自分に都合良いように解釈した大東亜共栄圏の物語に対してアジア戦争にも見られるアウシュヴィッツ的ストーリーを用い、その物語の矛盾を指摘し、その〈外〉でのアジアにおける平和のストーリーの誕生を促進することである。

三点目、自閉的テキスト理解や自同的物語の根底に隠れている根源悪の物語を自覚し、これを開放的ストーリーに語り直すことである。この利己の差異化においても根本語は、〈私はあなたである〉というプネウマ的言語である。たとえば、「ヨハネによる福音書」19章における「血と水」、つまり愛によって裂かれたイエスの体から流れ出る〈血と水〉は、〈私はあなたである〉という高挙のイエスの愛を示すが、イエスはそれを通じて今・ここに現存する愛の現実（たとえばエウカリスティア）になる。よってこの血と水のしるしの秘跡的体験を通して私たちは全てのダーバール（言即事）において、〈私はあなたである〉を読解し、新たに〈私はあなたである〉というストーリーを創造していく。これと同じ意味でプネウマ的解釈は、全ての人間の出会いの無化と再生の原点である〈人間の深淵〉を根底から越えていこうとしているのである[48]。

四点目、この解釈は意味論的言語的地平に留まらずに、深淵を越えていくエネルギーを他者との出会いから受けて、自ら変容し他者との出会いのさらなる機縁になる。この解釈は自同化の言語やイデオロギーを学的に分析し批判し告発する脱イデオロギー的実践的方向を取る。そうして自他を自同化する虚無を自覚し、そこから浄化される宗教的人間的神秘主義や相生的世界とも連動する。けれども、私があなたになる相生的地平への脱自は根本的にエヒイェに委託する道である。なぜなら私たちは生きている限り〈私はあなたである〉の完全な実現を期待することが困難なほどに自同的罪業に薫習されているためである[49]。

五点目、この解釈は人間の成立を自同の〈外〉から問い、その可能性を一つひとつ審問し探索していく果てしない過程である。その新しいストーリーと相生の現成の根底で活動するエネルギーはエヒイェであるが、実にそのエヒイェの内で目に見えない潜在的な感応道交の世界が開かれる。パウロはその世界を〈キリストの身体〉と呼ぶ。[50]この潜在的協働態の現存とその感受によって人は、〈私はあなたである〉の広大無辺な地平への希望を抱くことができる。

(3) 異邦人、顔、残りのもの(余剰)

宮本は第6章「現代における異邦人性とエヒイェ」において、根源悪のぞっとする諸相を宿している時代を〈現代〉と呼ぶ。またその現代に巻き込まれ他者と出会えないにもかかわらず、そのような出会いを待望している私たちの本来の姿を「異邦人性」と呼ぶ。[51]彼は現代で異邦人であることを見せる典型として難民と無国籍者に注目する。それはハンナ・アーレントの説明によるものである。

無国籍者に用いられる用語まで悪化している。「無国籍者《シュターテンローゼ》」という呼び方の場合には、彼らが自分の政府の保護を失い、彼らの法的身分の保証のために国際的協定を必要としているということが、少なくともまだ認められている。戦後の「ディスプレイスト・パースン」という用語は、無国籍という問題そのそのものを世の中から抹殺してしまう意図で、しかもその意図を公言して戦争中に造られた。このような無国籍の否認が意味するのはつねに本国送還であるが、その「本国」は被送還者を受け入れず市民として認めようとしないか、あるいは逆にそれが亡命者であれば是か非でも連れ戻そうとするかのいずれかなのである。[52]

アーレントによると、人間はアメリカの独立宣言やフランス革命の人権宣言で言われているように一般的に基本的人権を持つ。けれども、ある国の市民が難民や無国籍者に成る瞬間、彼は死にさらされ生きる場を失う。生命権と財産権、自由を奪されるのである。そのため難民や無国籍者は、人間が本来先天的に基本的人権を持つという宣言の虚構性を暴露するのである。

〈人権〉という言葉は、犠牲者、迫害者、傍観者らのような当事者達に絶望的な理想主義や生半可で意志薄弱な偽善の証拠になった。[53]

このように見ると難民や無国籍者は、現代の国民国家から追放された異邦人であると言える。彼らは制度的に見ると生きる資格も価値も使い道もない、いわばレヴィナスが呼ぶ「顔」であると宮本は話す。レヴィナスは、アウシュヴィッツの廃墟にあって人間が他者との絆を再び結ぶ地平を構想した、前世紀最高の倫理学の創始者であるが、彼は倫理学の根源である「顔」について次のように話す。

私の考察では、「顔」は肖像のような形あるものではまったくありません。「顔」との連関は、絶対的に弱きものとの連関であると同時に、絶対的な仕方で外に曝されたものとの連関です。それは、一糸もまとわぬき出しのものとの連関であると同時に、貧しきものとの連関です。「顔」との連関は貧窮との連関であり、ひいては、寄る辺なきもの、死と呼ばれるこのうえもない孤絶を身に被りうるものとの連関なのです。つまり、「他者」の「顔」のなかにはつねに「他者」の死が、それゆえある意味では殺人への誘いが、最後まで突き進み完全に他者を無視せよという誘惑がはらまれているのです。しかし、と同時に、逆説的な事ですが、「顔」は『汝、殺すなかれ』でもあるのです。『汝、殺すなかれ』を、もっと明確に語ることもできます。それは、他者をひとりぼっちで死なせることはできないということです。私へのいわば呼びかけがあるのです。ここが私には重要な点でだと思われるのですが、おわかりのように、他者との関係は対称的ではない。マルチン・ブーバーが言うのとはまったくちがうのです。ある「私」、ある自我にこの私が「きみ」と語りかける場合、ブーバーによると、「きみ」と語りかけられる自我は、私に「きみ」と語りかける自我としてこの私の前にいることになる。つまり、対称的な関係があることになる。ですが、私の考察によりますと、「顔」との関係において確証されるのは逆に非対称性なのです。[54]

レヴィナスのいう「顔」が具体的な肖像を意味しないことは、そのような場合、それは実体化対象化されて他者性を失ってしまうからだ。つまり、自分の視野の中に他者の顔である相手を閉じ込めるという意味である。その場合、顔は自分にとって他者ではなく私有物になってしまう。そのためレヴィナスにとって、顔は対象ではなく対象を超えた〈自分との関係〉であるのだ。その関係は、暴力、特に死にさらされた者との関係である。その顔はこの社会でどのような場所も付与されない異邦人の訴えとして、とにかく直接一方的に私に訴える。そしてこの訴えに対して、私は〈ここにいます（me voici）〉と応答する。この応答すること（rpondre）こそ、顔とされる他者との大切な絆の最初の一歩、倫理学の最初の言葉になり、責任（responsabilit）になった。そしてレヴィナスは、そのような顔に対して私は無限の責任を負うと言った。この顔の他者性、私との非対称的関係、その無限性を表現するために、彼は〈あなた〉ではなく〈彼性（illeit）〉という言葉を用いる。レヴィナスによると、彼性とはこの顔に対して私が応答する時、無限者（神）の栄光が通り過ぎることである。つまり、私が顔に責任を負う時、そこに無限な他者性を認め、その人の中で神の無限を聞き、その栄光を見るということである。[55]

宮本によると、一般的にレヴィナスは一対一の局所的な狭い出会いをよく示すが、第三者が介入してくる世界の考察、つまり国民国家や官僚制、経済政治的組織、司法行政、福祉、技術に関する社会論的組織論に関しては、それほどに考察を展開していないと批判される傾向があるという。そのため宮本は、経済―技術―官僚政治から排斥された人々、つまり無国籍者や難民に注目したのである。彼はそこにおいてこそ、レヴィナスの顔の倫理学が最も力を持つ場所になるであろうと言う。

宮本は一方で、異邦人が他者と出会う出会いは、人間の一般的な友愛的あるいは血縁的な世間や習慣においては、あくまでも「余剰」であると言う。それは神の子であるにもかかわず、人間のそばに降りて受肉化し、〈私はあなたである〉という言葉を鳴り響かせたイエスの火のような到来と十字架の死が、この世の中で大きな余剰であったことと似ている。彼は、イエスの名前はまさに〈余剰〉であったと言う。そのため、この考察のまとめにも『ヘブライ的脱在論』の最後の節で代用するとする。

「現代」は二重構造を持ち、そのうちの表層として一切を自同化するエコノ＝テクノ＝ビューロクラシーは、さらに一切を無用無意味に還元同化するアウシュヴィッツの深層と合体し、何ものをも誰をも余さずに吸収し同化する機構であった。とすれば、その機構の虚無化の働きを突破して、その「外」に、残りの者として他者の地平を披こうとするなら、そのような同化吸収機構に対して、彼の異邦人性と「顔」との出会い方は、全面的な異質であり、さらに徹底してたえず同化吸収されない余剰であり、そしてそうでなければならないのである。そうであってこそ、それはアウシュヴィッツ（という根源悪）にとって忘却の穴に葬り去れぬ余剰であり、生死を奪いきれぬ余剰であり、またエコノ＝テクノ＝ビューロクラシーにとっては、システム化しきれない余剰なのである。

以上の意味でイエスが生前、ローマ帝国やユダヤ神政体制にとって、あるいは「世」にとって余剰であったように、エヒイェと「余剰」的なエヒイェ的生を継承する異邦人は「現代」にとって余剰な異邦人なのであり、余剰な異邦人として相生するように呼ばれているのである。それがまた、彼が現代に残りの者の地平、つまり共生・相生「わたしはあなただ」という地平を披き得る秘儀なのであるかもしれない[56]。

（『カトリック哲学』第17号、韓国カトリック哲学会、二〇一一年、チャン・ソチョン訳）

註

（1）宮本は、共生よりは相生をより好む。前者が人間の併存的な外的関係のニュアンスを醸し出すのに対し、後者は自立した自由な人間の協働の地平を広げてみせるためである。宮本久雄、『旅人の脱在論』（創文社、二〇一一年）ⅶ頁、注（1）を参照。

（2）宮本によると〈脱在〉は、西洋的存在論が実体的思想に傾斜し、心性上歴史上西洋の定着文明の温床になり、下手をすると少数民族や異文化や他者排除の機会になってきた側面に対し、そこから他者の地平へと脱出してそこに参与する意味を持つ。その発想は、古代ギリシャ以来の存在とは異なるヘブライ的存在動詞〈ehyeh〉から由来する。エヒイェは自らを差異化し、絶え間なく未完了的な方式で歴史の中で一期一会を創成するエネルギーであるとも言える。宮本久雄、『旅人の脱在論』、ⅴ頁。

（3）宮本久雄、『ヘブライ的脱在論』Naissace de l'EHYEHLOGIE : De l'Auschwitz à la Convivalit avec autrui（東京大学出版、二〇一一年）。

（4）脱在論に至るまでの彼の主要な著作としては、『福音書の言語宇宙』（岩波書店、一九九九年）、『他者の原トポス』

（創文社、二〇〇〇年）、『存在の季節』（知泉書館、二〇〇二年）、『他者の甦り』（創文社、二〇〇八年）、『旅人の脱在論』（創文社、二〇一一年）等があげられる。

（5）木田元、『反哲学入門』（新潮社、二〇〇七年）二一頁。

（6）宮本は同じ発音の日本語、〈ものがたり〉を文字上〈物語〉と〈物語り〉に区別する。韓国では翻訳するに難しい部分があるが、ひとまず前者は〈話（話されたこと）〉に、後者は〈ストーリー〉に区別される。宮本によると、前者は一般的であり学的な〈物語論〉内で分析される対象としての話（話されたこと）である。例えば明治天皇制が自閉的な自己同一性のために誤用した『古事記』『日本書紀』物語がまさにそれだ。それに対し〈物語る、ストーリーを話す〉という動詞は新しい他者歓迎の世界を拔く言語行為（言語を通してある世界を創造する実践）である。そのため〈物語り（ストーリー）〉は〈物語（話）〉と〈物語る（ストーリーを話す）〉の間で両者を横断する媒介を意味する。即ちその場合、〈物語り論（ストーリー論）〉は、一方で自同的話を批判する論究的正確を持ち、他方ではそこから出て来て自分と他者との出会いを開く言語行為、つまり〈ストーリーを話す〉地平に参与し、両者を媒介し他者の声を聞きながら相生を実践しようとする超出的躍動となる。宮本久雄、『旅人の脱在論』、vii～viii頁。注（2）を参照。

（7）宮本はハヤトロギアの誕生を告げた『存在の季節』のあとがきで興味深い比喩をあげる。即ち、中世形而上学の情熱が大聖堂（cathdrale）へと向かったとするならば、現代形而上学の情熱は摩天楼（skyscraper）へと向かったと言うのだ。不幸にもその摩天楼は、九・一一テロによって崩壊された。一方、ヘブライ語存在動詞であるhayahは、摩天楼に向かうのではなく荒野に向かう。そのため〈ハーヤー〉は西洋の形而上学と形而下学という二分化を克服する無限の地平感覚である。彼は親鸞の言葉を借りて〈ハーヤー〉は存在神論が構築する自同的圏域を突破して新しい次元に向かい横に力強く跳躍する〈横超〉とも同じであると言う。宮本久雄、『存在の季節』（知泉書館、二〇〇二年）二七八～二八〇頁を参照。

（8）宮本久雄、『ヘブライ的脱在論』、二三三頁。

（9）ハンナ・アーレントによると、この根源悪（das radikale Böse）は、その中で全ての人間が他者性を奪われ、全体に同化されてしまう一つのシステムとの関係の中で現れる。アウシュヴィッツは、全体主義の経済－技術－官僚政治を背景にした〈死の製造所〉であり、そこで人間は生死を奪われ、ストーリーを語ることが不可能になり、彼らの生死は擬生擬死になってしまう場所である。そしてそのような他者性を奪う場所を支配する究極的な虚無こそが、まさに根源悪なのである。Arendt, H. *The Origins of Totalitarianism*, イジンウ・パクミエ訳、『全体主義の起源2』(ハンギル社、二〇〇六)二五五頁を参照。

(10) Horkheimer, M. and Adorno, T. W., *Dialektik der Aufklärung*, キムユドン訳、『啓蒙の弁証法』(文学と知性社、2001)、一一二頁。

(11) Adorno, T.w., *Negative Dialektik*, ホンスンヨン訳、『否定弁証法』(ハンギル社、一九九九)四六九頁。「アウシュヴィッツ以降は、詩を書くことができないだろうと言ったことは間違いであったはずだ。けれども、それより文化的でない問い、つまりアウシュヴィッツ以降にも生きて行くことができるのか、偶然それを免れたが合法的に殺害されたかもしれなかった者が、しっかり生きて行けるだろうかという問いは間違いではない。」

(12) ハンナ・アーレント、『全体主義の起源2』、二三〇〜二三二頁を参照。

(13) 前掲書、二四〇頁を参照。

(14) 宮本久雄、『他者の甦り』、一六頁。

(15) Ricoeur, P., *Temps et récit* III. キムハンシク訳、『時間と話3』(文学と知性社、二〇〇四年)四七一頁。[翻訳者は identité narrative を〈叙述的正体性〉として翻訳している。] Arendt, H. *The Human Condition*. イジンウ・テチョンホ訳、『人間の条件』(ハンギル社、一九九六年)、二三八〜二三九頁を参照。

(16) 宮本久雄、『ヘブライ的脱在論』、八頁。

(17) 前掲書、九頁。

(18) アドルノ、『否定弁証法』、四六八頁。

(19) Wiesel, E., *The Night Trilogy*,『ナチスとユダヤ人3部作/夜と霧そして昼』、キムボムギョン訳、ハングル、一九九九年、一四二頁。

(20) 宮本久雄、『ヘブライ的脱在論』、一〇頁。

(21) 前掲書、一二頁。

(22) Aristoteles, *Metaphysica*, 1028b3-7.『形而上学』チョデホ訳解、文芸出版社、二〇〇四年、Ⅶ巻1章参照。
(23) Heidegger, M., *Wegmarken.* イソンイル訳、『里程標2』（ハンギル社、二〇〇五年）、二一六頁。
(24) 宮本久雄、『ヘブライ的脱在論』、一三頁。
(25) Descartes, R., *Regulae ad directionem ingenii.* イヒョンボク訳、『方法叙述・精神指導のための諸規則』（文芸出版社、一九九七年）。特に第4規則を参照。
(26) Husserl, E., *Die Krisis der europäischen Wissenschaft und die transzendentale Phänomenologie.* イジョンフン訳、『ヨーロッパ学問の危機と先験的現象学』（ハンギル社、一九九七年）。特に第2部第9～10節参照。
(27) 宮本久雄、『ヘブライ的脱在論』、二〇八頁。
(28) Nietzshe, F. *Der Wille zur macht.* 〈617〉。カンスナム訳、『権力への意志』（チョンハ、一九八八年）三七三頁。
(29) 宮本久雄、『ヘブライ的脱在論』、一五頁。
(30) Heidegger, M., *Bremer und Freiburger Vorträge* (Frankfurt am Main: V. Klostermann, 一九九四年) 二八頁。
(31) 宮本久雄、『ヘブライ的脱在論』、一六頁。
(32) Heidegger, M., *Bremer und Freiburger Vorträge.*「Das Ding」参照。
(33) 宮本久雄、『ヘブライ的脱在論』、一七頁。
(34) 前掲書、一八頁。
(35) 宮本久雄、『旅人の脱在論』、二二頁。
(36) 宮本久雄、『ヘブライ的脱在論』、二〇頁。
(37) 前掲書、二一～二二頁。
(38) 宮本にとって、エヒイェロギアの着想を与えたのは、有賀鐵太郎の〈ハヤトロギア〉という表現であった。「有りとハーヤー」『有賀鐵太郎著作集4』（創文社、一九七一年）参照。より詳細なハヤトロギアに関しては、宮本久雄、『存在の季節』第4章参照。
(39) 宮本は聖書のストーリー論的解釈から出発したが、最近は日本文学と韓国文学にまで解釈の幅を広げている。例えば、『旅人の存在論』からは、水俣病の公害と魂の回復を扱った石牟礼道子の文学を扱い、「イチョンジュン文学からの恨とハヤトロギア」では、怨恨が晴恨へと高められていく心の軌跡を追うことで、現代世界で必要な和解と共生の糸口を発見する。『UTCP Bulletin』（University of Tokyo Center for Philosophy, 2007）vol. 9, pp.3-12. 及び、宮本久雄、『いのちの記憶』（新世社、二〇〇七年）の第4章と第5章参照。

(40) 宮本久雄、『ヘブライ的脱在論』、二一五頁。

(41) エリヤの物語り（列王記上18～19章）にて〈沈黙の音〉に関する解釈、エレミヤの物語りでの〈告白〉に関する解釈、ヨハネによる福音書19章での〈血と水〉に関する解釈、使徒言行録1～2章での聖霊降臨に関する解釈、パウロの物語り（使徒言行録9章、22章、26章）での〈改心〉に関する解釈等より詳細な解釈は、宮本久雄、『聖書と愛智』（新世社、一九九一年）を参照。

(42) 宮本久雄、『ヘブライ的脱在論』、二〇四頁。

(43) 宮本は鶴岡の言葉を引用しながら、カルトの神秘主義は、神と魂の融合的合一を主張するが、真の神秘主義での一致は、その二つの主体の成立根拠であると語る［二一三頁の注34］。鶴岡賀雄、『十字架のヨハネ研究』（創文社、二〇〇〇年）。特に第3部「合一」参照。

(44) 〈ダーバール〉は、ヘブライ的言語テキストと出来事テキストを同時に示す言葉である。より詳細なダーバール内での出会いの解釈に関しては、宮本久雄、『存在の季節』第4章を参照。

(45) 宮本久雄、『ヘブライ的脱在論』、二〇五頁。

(46) 宮本によると、ガダマーの地平の融合、歴史実証主義、ブルトマンの実存論的解釈等は、深淵を通過することが難しいという点を前提にしている。

(47) 宮本久雄、『ヘブライ的脱在論』、二〇七頁。より詳細なプネウマ的言語に関しては、宮本久雄、『福音書の言語宇宙』（岩波書店、一九九九年）第2部参照。

(48) 宮本久雄、『ヘブライ的脱在論』、二〇八頁。

(49) 前掲書、二〇九頁。

(50) 宮本久雄、「身体を張って生きた愚かしいパウロ」、『南山神学』32号（南山大学、二〇〇九年三月）一～三〇頁。パウロの関心は、自分と同じ極悪無比な罪人のためにイエスが全身で十字架の道行きに生きたということであった。それにもかかわず、彼は「死ぬはずのこの身にイエスの命が、栄光が現れる」（二コリ4・6～11）、「この罪深い私の体が、イエスの栄光の身体と同じ形に変わっていく」（フィリ3・21）と言う。これまで誰もパウロのように〈身体においてのキリストとの一致〉を明確に話した例はなかった。「第一コリント書」12章27節には〈キリストの身体〉という有名な表現が出てくる。さらに「一つの部分が苦しめば全ての部分が共に苦しみ、一つの部分が尊ばれれば、すべての部分が共に喜ぶのです」（12・26）は、あくまでも身体的兄弟愛（somatic fraternity）として相生する協働態を示している。パウロにとっては、卑しい身体こそ、まさに人間が変容していく原点であった。彼は、私たちが生涯を通して経験する失敗、病、苦痛を通して、キリストの身体に参与する世界があることを、自らの身体をかけて神の愚かさとして示してくれた。

(51) 宮本久雄、『ヘブライ的脱在論』、二一五頁。
(52) ハンナ・アーレント『全体主義の起源2』（大島他訳）みすず書房、二〇〇三年、二五二頁。
(53) 前掲書、四九三頁。
(54) 「哲学、正義、愛」『われわれのあいだで』（合田正人他訳、法政大学出版局、二〇〇一年に所収）、一四七頁。
(55) 宮本久雄、『ヘブライ的脱在論』、二三七頁。
(56) 前掲書、二四一頁。

根源悪からのエクソダス
――エヒイェロギア（ヘブライ的脱在論）の構想――

宮本　久雄

序

エヒイェロギア構想の根本的動機は、現実の人間世界を支配している根源悪（das radikale Böse）とそれを背後から支えている全体主義的思想・存在神論（Ontotheologia）の超克、あるいは旧約聖書風に言うならば、根源悪からのエクソダスである。

方法論的には、ギリシア・西欧哲学の思索ではなく、セム的ヘブライ的文学の物語り論的解釈に拠る。特に「アブラハム物語り」と「モーセによるエクソダス（出エジプト）物語り」の解釈を主軸とし、そこから「エヒイェロギア」という思想を導き出そうとするわけである。エヒイェロギアとは新造語であって、ヘブライ語の存在を表わす一人称単数未完了形である。後述するように、このエヒイェに拠って、存在（オン）論がもつ全体主義的問題性を明らかにしようとする。方法論は物語り論を用いるが、エヒイェロギアはすでに現実実在の次元においてある。実在とは、西田哲学でいう純粋経験のこと（言即事）の次元で、言うならば「色を見、音を聞く刹那、未だ主もなく客もない」現前であると言える。つまり、いわゆる経験論、科学的客観論、知覚論、社会歴史学、精神分析、存在論などの解釈がほどこされる以前のことである。この純粋経験は、後述するように「エヒイェ」の経験である。このエヒイェの経験と物語り論的解釈を通して、純粋経験をさえぎり、虚無化する根源悪からのエクソダスが、現代的文脈（アウシュヴィッツ、原子力巨大科学機構）において問われるわけである。そしてその際、このエクソダスに関わるエヒイェ的人格（ペルソナ）と根底的にエヒイェを体現することそのことが考究される。それはエヒイェ的人格と協働態が、今日どのようにしたら実現可能であるかという問いに連動してくる。

本論は、以上のような問いを抱えつつ構想されるエヒイェロギアを、大略次の五章（目次参照）にまとめて開陳する試みとなる。

目次

第一章　日本的伝統における悪理解と現代における根源悪
――南北朝正閏問題とアウシュヴィッツおよび巨大科学

我が国で神学をはじめとしおよそ思想に携わる場合、西欧起源の言葉を用いて思索したり、表現せざるをえない。今その言葉を列挙してみれば、自由、人権、ペルソナ、民主主義、人格神、主体、市民、形而上学などであり、本特集の「悪」に関係する言葉としては、サタン、原罪、根源悪（das radikale Böse）などが挙げられよう。同じ様に「神学する」に関連する特殊分野でも、すでに列挙を超える神学・典礼用語が用いられている現状である。

以上のような言葉を用いる場合、いわゆる神学者・キリスト教徒をも含めた知識人は、ある種の居心地の悪さ、つまり如上の言葉が意味する世界と日本の心性・文化・社会との齟齬を感じないであろうか。その一因には、如上の言葉が明治以降の造語であるということもあろうが、根はもっと深いように思われる。なぜなら、例えば「悪」の場合には、「悪」に関わる日本人の根本的な伝統的了解や感じ方が、西欧的なそれと単に違うというだけでなく、全く異質な様相を呈すると思われるからである。

そこで次に「悪」「根源悪」について、それがどのような意味で日本的なのか、西欧的なのか、あるいは両者は全く別なのか、重なりうるのか、日本にもし西欧的意味での悪の問題が不在であるとしたならば、それはどのような帰結を我が国の文化・心性・社会にもたらしているのか、以上の問いを問いたいのである。それでは、日本における悪の問題にまずふれてみたい。

第一節　日本的伝統における「悪」「悪人」の物語――南北朝正閏問題

日本においては「悪」に関する形而上学的思索はほぼ皆無といってよいであろう。むしろ「悪人」「悪」（わる）が語られ、人間の相互的社会関係の中で「善人」になったり、あるいは祭神として祀られる場合が多いようにみうけられる（仏教における提婆達多、菅原道真など）。従って日本における悪を考える場合、悪人についてまず考察することがよいと思われる。このことは、悪と同様に、ギリシア的真、善、美、存在の思想や発想が、我が国古来からの伝統に乏しいことから推しても理解されよう。また仏教哲学における中観思想や唯識思想も外来のもので、本邦に土着しているとは思えない。そこで悪人論に注目すると、ここに「悪」を悪人の視点で考察した啓蒙的な論文がある。それは中村生雄「〈悪人〉の物語――南北朝正閏問題と足利尊氏〈逆臣〉論の帰趨――」である。[1]本論では、中村氏の論文を主軸に悪人論を考察してみたい。

まず「正閏」について『広辞苑』を調べてみると、「正統と閏統、正位と閏位」とある。そして「正閏論」は、中国の歴史にあって漢の正統的後継者とは、魏・呉・蜀三国のうちどこかという論争が起源となって起こり、その正統・閏統の問題が日本にあって南北朝に適用されたわけである。

ただしここで念頭におくべきは、中国での正閏問題が「易姓革命」という伝統的な政治思想の枠組みで論ぜられている点である。すなわち、天命を受けて支配する王朝（姓）といえど、そこに不徳の王が出た場合には、他の王朝に易《か》えられるという思想である。

まずこの点を念頭において「南北朝」について簡単に整理しておきたい。後醍醐天皇（在位一三一八～一三三九年）は、忠臣新田義貞が武家中心の鎌倉幕府を滅ぼして後、公家中心の建武新政を敷いた（一三三三～三五年）。しかし足利尊氏が光明天皇を擁立し（北朝成立）、征夷大将軍として室町幕府を開くと（一三三六年）、後醍醐帝は吉野に逃れ（南朝成立）、楠木正成、北畠親房などの忠臣を通して捲土重来を期した（南北朝並立時代）。

南北朝正閏問題は、明治末（一九一一年）に『読売新聞』の社説が、南北朝並立を記す国定教科書への糾弾に端を発するという。その歴史的経緯は省略するが、要は幕末の尊王攘夷運動から始まる明治期の絶対天皇制確立の政治にとって、第一に、徳川幕府および武家支配は否定されるべきであること、第二に、天皇制のモデルとして後醍醐帝による建武新政が範型となるということの二点が注目される。この明治政権とそのイデオロギーの枠組みにおいて、一方で建武新政の忠臣、例えば楠木正成は祭神に祭り上げられ湊川神社が建立され、逆に足利尊氏は逆臣の刻印をおされることになった。そして南朝正統説が学界、言論界、大衆一般そして教科書に至るまで定着してゆく。忠臣楠公と逆臣尊氏のコントラストはますます強調されていったのである。その文脈の中で尊氏は、『臣民の道』や『国体の本義』をはずれた悪人であるとされた。すなわち、大衆的にかつて人気を集めたスサノオや悪路王などの悪人ではなく、国家、お上の目から見た悪人とされたのである。そしてその時、悪人とは、お上に逆う逆臣という新しい意味を担った。中村論文は、以上の消息を次のようにまとめている。

「天皇を絶対的な統治の主体として戴く維新政府の物語は、〈神武創業〉の精神に立ち帰ることであり、〈建武中興〉の理念を継承することであったから、新たな〈悪人〉に冠するもっともふさわしい名として〈逆臣〉が選ばれるのは必然だったのである。こうして〈忠臣／逆臣〉パラダイムは創出された」（三一一頁）と。(2)

以上から我が国における悪の意味とは、大略すれば天皇・お上、そしてその支配に随順する臣民的世間に背き逆うことであるといえよう。そこには根源悪や人格的自由から発する虚無化や罪悪の思想は見えない。

第二節　現代世界における根源悪の諸相

周知のように根源悪（das radikale Böse）の近代的洞察はカントによってなされた。カントの「実践理性」の世界にあっては、普遍的な道徳律を自己の格率として生きることが、最高格率であり、自律の原理として人間に要請される。これに対し、人により様々で主観的な幸福を至上としてそれを自己の格率とすることは、幸福などという他律の原理に生きる自己愛であり、まさに最高格率の倒錯であって、これこそ根源悪に外ならない。このようにカントにとって根源悪は、社会組織上の矛盾や抑圧のシステムでもなく、キリスト教の言う原罪のような超越的な外傷でもなく、極めて実践理性的で内面的な意味での自己愛なのである。

それではわれわれが、エヒイェロギア構想の根本的動機の一をなす根源悪という時、それはカント的根源悪やキリスト教で言う「在るべき善の欠如」と異なって、一体どのような性格特徴を帯びているのであろうか。

今日のわれわれ人間は、その宗教的信仰の如何を問わず、どの国家・民族に属するかをも問わず、あるいは大企業体や官僚組織の成員であれ、逆に難民や無国籍者であれ、さらには野辺の小花、大洋の鯨などの自然も含めて、地球規模の終末論的な危機的状況に置かれていよう。そうした考えは、何か唐突な断定に見えるかもしれない。だがこの状況こそ、根源悪に由来すると思われる。そこでわれわれはこの由来を尋ね、根源悪の主要な特徴を差し当たって二点挙げてみたい。

第一に、一部人間による世界の全面的支配とそれによる他者の他者性の剥奪が挙げられよう。この根源悪の特徴は、例えばギリシア古典文化において、古来神々に対する人間の傲慢（ヒュブリス）とも、あるいはヘブライ旧約においては「神のようになろう」とする倒錯的意志であり、従って神と人間と自然との共生的秩序の虚無化である（創世記三・1〜4）と解釈されてきた。

第二に、この虚無的意志あるいは虚無の具体化としての「エコノ＝テクノ＝ビューロクラシィ」（経済＝技術＝官僚）機構の力と論理が挙げられよう。経済は今日、世界を支配する金融資本主義に翻弄され、技術はＩＴ産業によってコンピュータ支配の文明を形成し、官僚制度は政治権力を媒介に市民生活の隅々に至るまで組織化しつつある。その機構は、他者を自己に同化するか、同化し得ない場合は排斥する実体的（ウーシア）自同（閉じられた自己同一性）の働きであって、それは全体主義の本質である。その実体的自同の論理は従って同一律、矛盾律、排中律であろう。

このように根源悪は、語り尽くせない暗黒のような虚無と巨大な具体的機構の二重性によって特徴付けられよう。そこでわれわれは、次に二〇世紀において根源悪の現象した典型的な様相を「アウシュヴィッツ」に求め、具体的に根源悪の実験場に思索の足を踏み入れてみたい。

⑴ Ｈ・アーレントを手がかりに——アウシュヴィッツと悪の陳腐さ（Ａ・アイヒマン）——

二〇世紀で倫理的責任を問うた傑出したユダヤ系哲学者、Ｈ・ヨナス、Ｅ・レヴィナス、Ｈ・アーレントにとって「アウシュヴィッツ」こそ、根源悪が現象する場であった。またナチズムに対して「服従することなき同行者」とされた第一級の哲学者ハイデガーが、アウシュヴィッツ的根源悪に対し、倫理的地平を抜きえなかったことも、二〇世紀の根源悪の底知れぬ虚無性を示すことであったといえよう。この根源悪の考察にむけてわれわれは、アーレントの『全体主義の起源3』[3]第三章の「全体的支配」と後期思想にあたる『イェルサレムのアイヒマン——悪の陳腐さについての報告[4]——』とを参照したい。

① アーレントは、アウシュヴィッツなどの強制収容所は、全体主義の実験場であるという。彼女によると「全体的支配は、……〈望ましからぬ者〉および〈生きる資格のない者〉という新しい概念を持って来たのだ。……生きる資格のない者は、あたかもそんなものは嘗て存在したことがなかったかのように地表から抹殺してしまうのである」[5]。この抹殺のために、彼らを知り、愛し、共に生きていた人々の記憶を彼らと共に消し去ることが秘密警察の重要な任務となる。

そしてこの一切の記憶の消去の実験場が、「忘却の穴」としてのアウシュヴィッツなのである。この忘却の穴に陥った類型の人々をＰ・レーヴィが「回教徒」(Muselmann)と呼んで次のように描写している。

「彼らの生は短いが、その数は限りない。彼らこそが溺れたもの、回教徒《ムーゼルマン》であり、収容所の中核だ。名もない、非人間のかたまりで、次々に更新されるが、中身はいつも同じで、ただ黙々と行進し、働く。心の中の聖なる閃きはもう消えていて、本当に苦しむには心がからっぽすぎる。彼らを生者と呼ぶのもためらわれる。彼らの死を死と呼ぶのもためらわれる」と。[6]

回教徒は記憶も言語も奪われ、自らの物語り的同一性を生きうることもなく、人間としての生死を忘却している。だからアーレントは、アウシュヴィッツとは、人間としての人間を余計なもの、無用とするというわけである。収容所はこの無用な回教徒製造のために三段階のプロセスを用意している。第一段階は、人間の法的資格の抹消に存する。それは収容所への囚人の供給の出鱈目さを端緒とする。その出鱈目な囚人供給のためには、支配下のすべての人々の市民的権利を奪う。つまり、彼らは無国籍者などと同様な非合法者とされて、自由な同意も奪われて収容所に単なる番号・数としてたたき込まれるのである。生ける屍製造の第二段階は、道徳的人格の破壊にある。道徳的人格とは、人間が相互に尊敬し信頼し合い、連帯して生きる人間《じんかん》的根拠である。収容所の親衛隊（SS）は、その連帯を断ち切ろうとして、善か悪かの選択でなく、この殺人かあの殺人かを迫る。「このような状況は、カミュが引き合いに出している実例、自分の三人の子供のうち誰が殺されるかを自分で決めろとナツィに命じられたギリシアの婦人の例を見ればいっそうはっきりするだろう」[7]とアーレントは語る。誰が一体このような選択に耐えられようか。人間としての人間を余計・回教徒にする第三の段階は、個体性さらに自発性の抹殺である。自発性とは「環境や事件に対する反応では説明され得ない或る新しいものをみずからすすんで創始する能力」（出生性）を意味する。その自発性の抹殺は、人間の本性を改変することに狙いがある。つまり、空腹のときにではなく鈴が鳴ったときにのみ餌を食うように仕込まれたパブロフの犬のように、人間性がねじまげられてしまうのである。このようにして「すべての人間を常に同一の反応の塊りに変え、その結果これらの反応の塊りの一つ一つが他と交換しうる全体的支配」が完成する。アウシュヴィッツとは、すべての人間をひとしなみに無用、無意味、余計にする死の装置なのである。以上のような仕方で、他者を無用化、虚無化することを自己目的化する装置自体が、無用・虚無なのではなかろうか。なぜなら、虚無のみを目的とすることは虚無以外の何ものでもないのだから。この点についてアーレントは次のように述べている。

「人間の常識は、全く従順な群衆に対して、巨大なテロル装置は無用だと懸命に抗議するが、これに対して全体的権力の保持者は、正直に言う気があるなら次のように答えることができよう。『この装置が君たちには無用に見えるのは、それが人間の無用化のためのものであるからにすぎない』と」[8]。

アーレントはさらに、この死の装置は密かに現代の「経済＝技術＝官僚機構」を通してわれわれを支配していることを示唆して語る。「強制収容所という実験室の中で人間の無用化の実験をしようとした全体的支配の試みに極めて精確に対応するのは、人口過密な世界のなか、そしてこの世界そのものの無意味性のなかで現代の大衆が味わう自己の無用性である[9]」と。アウシュヴィッツは、二一世紀にもその魔手を伸ばしているのである。

② 後期アーレントは、最早「根源悪」という言葉を語らず、むしろ「悪の陳腐さ」の思想に移行したといわれる。実際に『イェルサレムのアイヒマン』で彼女は、全体主義的支配の中心的機能「忘却の穴」を事実として認めつつ、次のように相対化しているからである。

「完全な忘却などというものはあり得ない……かならず誰かひとりが生き残って見て来たことを語るだろう[10]」と。

それでは「悪の陳腐さ」とはどのようなことか。同著からまず引用して考察したい。「アイヒマンはイヤゴーでもマクベスでもなかった。しかも〈悪人になって見せよう〉というリチャード三世の決心ほど彼に無縁なものはなかったろう……完全な無思想性、それが彼があの時代〈ナチス全体支配・アウシュヴィッツの時代、論者注〉の最大の犯罪者の一人になる素因だったのだ。このことが〈陳腐〉であり、またいかに努力してみてもアイヒマンから悪魔的な底の知れなさを引き出すことは不可能だとしても、これは決してありふれたことではない[11]」。

われわれは「悪の陳腐さ」に関するこの引用を基に、悪についての考察を進めよう。

まず第一に、「悪の陳腐さ」は正邪をある日常的状況で判断できない無能力で、無思想を意味する。それはまさに、アウグスティヌス、カントが考えるように悪行が深い程、悪しき動機・意図が深いのだという罪悪論を無効にする。

第二に、アーレントがアイヒマンから学びえたのは、「一つの教訓」であると語っているように、「悪の陳腐さ」は悪の本質定義ではなく、その一様相なのである。むしろ引用内の論者注が示唆するように、それは『全体主義の起源』で示された根源悪・アウシュヴィッツのパラダイムを前提とし、その枠内で理解されよう。

第三に、根源悪は、その中で人間一切を無用にする一つのシステム（アウシュヴィッツなど、論者注）との関係で現象するとアーレントが語るように、根源悪とはそれ自体は説明も正当化もされぬ測り知れなさといえる。従って根源悪を測って説明しようとするあらゆる弁神論や思想は挫折せざるをえない。

第四に、アイヒマンは、ナチス組織の一歯車だったのだからその悪行に責任はないという免責説に対して、犯罪者は責任から逃れえないと言わなければならない。というのも、一言でいえば、彼は人間であるからだ。歯車説は、あくまで犯行の情状としてのみ考慮されるにすぎない。恐怖に面しても屈従しない人々もいるのである。そこに人間の自由の問題が新たに浮上する。その点については後に考察するとして、次に根源悪のもう一つの根本的現象、二〇～二一世紀に顕著となった巨大科学について考究したい。

(2) 巨大科学と新しいパンドラの災厄――高木仁三郎を手がかりに――

二〇世紀以降、今日に至るまで根源悪のもう一つの位相・具体的現象は、原子力に求められると思われる。原子力以前のエネルギーについてギリシア神話では、タイタン族のプロメテウスがゼウスの許から火を盗み、人間にその火の使用法と技術を教えたと語っている。この物語には続きがある。つまり、プロメテウスの所業に怒ったゼウスは、人間の女パンドーラを造った。そして彼女に「開けるなかれ」との命令と共につぼを贈与し、プロメテウスの弟エピメテウスの許に送った。だが、彼女は遂につぼを開け、そこからあらゆる災厄が引き起こされ、人類を悩まし続けたというのである。この神話が象徴するように、人類は化石エネルギーを用い、それと技術力によって産業革命を通し、巨大な物質文明を築いてきたが、同時に帝国主義間の世界大戦、他国や他民族の植民地化、難民の輩出とエイズやエボラ出血熱のような新しい致死的な疾病などの災厄を引き起こし、いまや地球規模の破滅に直面している。

さらに、この災厄に追い撃ちをかけるかのように、人類は第二のプロメテウスの火である原子力の利用と巨大科学を樹立した。

そのいきさつは次の通りである。ナチス・ドイツは第二次世界大戦（一九三九年）を起こし、連戦連勝の進撃によって英米連合国側を脅かしていったことは周知のことである。その大戦前夜、ドイツの物理学者O・ハーンなどが、ウランの核分裂反応の現象を発見した。その報は、たちまち世界の原子物理学者の間に広まり、この核分裂反応から人工的に原子力の巨大エネルギーの火が創造できると予測された。この原子力の火は、ウラン二三五の原子核に中性子を人工的に当てて、核分裂の連鎖反応を起こし、そこから得られる全く人工的な巨大エネルギーであって、それは化石燃料の技術的開発によって得られるエネルギーの比ではない。しかも、この核分裂反応によって放射性物質のゴミ（死の灰）が生ずる。例えば、プルトニウムは、それまで自然界にほぼ生じ得ない有毒物質である。それ以上にプルトニウムは、容易に原子爆弾の原料となる。

このようないきさつにあってアメリカは、ナチス・ドイツが原爆を製造し、世界支配を企図することを怖れ、国家的な原爆製造プロジェクト・マンハッタン計画を打ち立てた（一九四二年）。その計画は、すでに三・一一における原発の暴走を予言した核化学科学者高木仁三郎博士によると「可能な限り破壊力と殺傷能力の大きい原爆を造る」ことを目的とした。そして博士によると、このマンハッタン計画こそ、「巨大科学」誕生の具体的端緒になったのである。それはどういうことであったのか。

高木博士によれば、この計画においては、大量の放射能を扱う巨大システムの建設は、莫大な富を要求し、原子炉建設やプルトニウムの化学分離などはあらゆる知の集中を必要とした。従ってこの計画実現のために、また官僚、産業界、軍の協働を可能とする国家的権力の介入がなされ、ここに富・知・権力が一極集中する巨大科学（技術）が誕生したわけである。しかし、このいわば全体主義的な絶対的遂行プロジェクトの実現は、「労働者の安全や環境に対する放射能の影響、〈核〉のもつ社会的意味などへの考慮をほとんど切り捨てて進んだ」[12]とされる。その結果が、広島や長崎への原爆投下の人類史的な悲劇であった。

ところが、この悲劇を反省することもなく、戦後の米ソ間の冷戦と核開発競争および、核の管理への大国間の思惑を背景に、原子力の平和利用・商業利用が呼びかけられる。その呼びかけは、一九五三年の国連総会におけるアイゼンハウワー米大統領の「アトムズ・フォー・ピース」の演説で始められた。ところがである。原子力の平和利用計画、原子力発電プランそのものが、すでにマンハッタン計画の巨大科学的事業の影響下にあった。高木博士は、この消息について次のように説明している。「基本的に同じやり方が、その後の国家目標となったエネルギー計画としての原子力開発でも踏襲された。核からエネルギーを引き出すこと、そしてそれを産業として成立させることが至上命令とされ、その最短コースをめざして、富と力と知が集中されたのである。だが、この、いわゆる原子力の平和利用には、マンハッタン計画と同じような『成功』が待っていたとは言いがたかった」[13]と。

このようにして、今日の原子力の平和利用は巨大科学となり、その利権に群がる官僚・政治家、経済界、科学技術者は、いわゆる「原子力村」を形成して「原子力神話」という大きな物語を人々に吹き込みながら、新しい人類「ホモ・アトミクス」の到来を実現しているのである。ホモ・アトミクスの時代は、高濃度放射性廃棄物をその処理技術も開発しないままに地球上にばらまき、将来世代に汚染の危険と解決できない問題を押し付けようとしている。ドイツの反原発の旗手、トマス哲学者で前教皇ベネディクト一六世の友人R・シュペーマンは、その著『原子力時代の驕り』の中で、現世代が原子力のリスクを無力な将来世代に押し付けていることに警鐘を鳴らしている。

以上のように考えてくると、われわれは今日いわば終末論的な危機状況に置かれているといえよう。というのは、このプロメテウス的原子力の火が、一方で核爆弾に利用され、広島・長崎の悲劇をもたらし、いまや世界全体が核戦争の可能性の中にあるからであり、これに加えて、原子力発電が世界各国で利用される方向にあり、現実にすでに原子力の暴走（チェルノブイリ大事故、FUKUSHIMAなど）となって地球規模の破壊をもたらしうるからである。

また従来のいわゆる終末論は、イスラエルの歴史において危機を打開すべく預言者が警告する局所的なものであったり、西欧中世におけるフィオーレのヨアキムの終末論のように地域的な歴史観であった。しかし、今日では、全く誇張もなく人類全体の最終的な生命圏であるこの地球・水惑星全体が荒廃し破壊される全面的な終末的危機が問題となる。さらに、それ以上、如上で触れたように人間はヒュブリスによって神のような全能者となってしまった。人は「アウシュヴィッツ」の暴力の前に「神は沈黙した」、そして「神は死んだ」と言った。H・ヨナスのように、神の憐れみを認めつつも、その全能の喪失と無力を強調する哲学者も現れて久しい。このように、人類が神の全能を奪い、しかも自滅の道を辿りつつある徴候を見る時、現代の終末は決定的に従来のそれと異なると言えまいか。にも拘らず、原子力人間は、何も考えずにいるようにみえる。第二のアイヒマンたちのように。

大略以上の意味で、現代の根源悪の虚無とそれを具現化した機構の破壊力は、全面的最終的な性格を帯びていると言えよう。

(3) 根源悪の思想　存在-神-論（Ontotheologia）

この根源悪の論理および思想の温床として、存在ー神ー論が問題視されてきた。われわれは、存在神論の構造と特徴の解明を、M・ハイデガー、E・レヴィナス、J－L・マリオン、H・アーレントなどに拠りながら進めてみたい。

ハイデガーは、例えば『道標』においてアリストテレスを存在ー神ー論の原型の創始者と考える。そして彼は「存在するもの（to on）への問いは、存在するものの存在への問いとして二つの形態を採る」という点から論じ始める。第一の形態は、存在するものは存在するものとして一般に何であるかとの問いに導かれて存在論（Ontologia）を形成する。その際、存在するものは、実体（ウーシア）として問われ、実体の究明をめぐって、形相―質料、現実態―可能態などの存在論的言語が語り出されてくる。

第二の形態は、「存在するものは、最高の存在するものという意味においては如何なるものであり、また如何にあるか」との問いに導かれて、神や神的なものを究明する神論（theologia）を形成する。こうして存在するものの存在への問いによって、存在ー神ー論（Ontotheologia）が成立してくる。従って、この存在ー神ー論の性格は、存在論と神論の両方から導出される。すなわち、それは一方で「存在するもの」という最も普遍的な概念によって、万有の領域を対象にすることができるという普遍性をもつ。無だとて存在するものの欠如としてこの普遍的領域に組み込まれてしまう。

他方で存在ー神ー論は最高に存在するものとしての神（第一原因）を立てる。この第一原因がそれ以下の原因と結果の系列を動かし、結局在るものはすべてこの第一原因から発する因果関係のうちに布置される、つまり結果として支配されるわけである。そこにまたシステム全体とその部分という支配＝被支配構造も成立してくる。すなわち、存在ー神ー論は如上の意味で、万有をその内に支配する全体主義的特徴、上述の自同的特徴を帯びると言えよう。他にデカルト的な表象する理性やニーチェ的な権力への意志などを核（神）とする存在－神－論の歴史が考えられるが、今は現代の技術学（Technik）を今日的時代を画する技術的存在－神－論として瞥見しておきたい。

技術社会にあっては、文明の便利な生活に向けて事物はみな役立つもの、用立てられるもの、あらゆる形や意味での商品、つまり「用材」として仕立て上げられる。用材は、それ自体、かけがえのない価値をもつものではない。それはニーチェの永遠回帰のニヒリズムの只中に登場する、意味も目的も認識も何もない生成物の系譜に属する。またこの用材には、一見その支配者と見える人間主体も結局人的資源として組み込まれる以上、そこではデカルト的な理性主体さえも消滅している。ハイデガーによれば、このように一切の事物を用材として駆り立てる力は、「総駆り立て体制」（Gestell）と呼ばれる。

この「総駆り立て体制」は現代における神として、一切の在るものを用材として支配する全体主義的性格を帯びている。例えば、第二次世界大戦中に敷かれた「国家総動員体制」が挙げられよう。ところで、こうした存在－神－論的全体主義が、国家体制を支え、そこで具現された場合、この用材思想は恐ろしい帰結をもたらす。H・アーレントの『全体主義の起源』を参考にして考えると、用材たりえぬ存在者は、無意味な遺棄されてもよい廃材になる以外にはない。ところで人間的廃材は直ちに「生きる資格のない者」というレッテルを貼られるのである。極悪の殺人者でも、法的犯罪者である限り、法の下で裁かれる権利をもつ。

これに対し、「生きる資格のない者」とは、裁かれる権利さえ持たず法の埒外に置かれたいわば非人間を指すのである。例えば、ナチス支配のドイツ第三帝国下にあってユダヤ人は「生きる資格のない者」として「絶滅の檻」たる「忘却の穴」に葬り去られた。また難民も人権（生命権、所有権など）を保持しないまま、「エコノ＝テクノ＝ビューロクラシィ」の外に廃棄されているに等しい。

以上から存在－神－論は、人間を遂には「生ける屍」「無意味な廃材」として虚無化し、その他者の他者性を奪い、具体的には永遠に「忘却の穴」に遺棄するか、あるいは他者をその全体主義的自同に同化させて用材化し、何よりも実体的自同を目指す権力思想だと言える。その意味で、存在－神－論は、根源悪の虚無性と自同的権力の二重性格を見事に反映すると言えよう。この根源悪からのエクソダスに向けて、第二章から「エヒイェロギアの構築」を、第三章から「エヒイェ的人格」の考察に入りたい。その前に今ここでは、エヒイェロギア的メッセージに関わる自由な言語主体（ペルソナ）に触れて、第一章の「むすびとひらき」にしたい。

むすびとひらき

根源悪が測り知れず人間的概念で説明されえぬ虚無であると述べたが、その無に自由の決断が秘める底知れぬ説明できない無が対応するのではないか(14)。すなわち、そもそも自由を生きない、さらに正邪を判断・選択しないという行為の底には、精神分析学や社会心理学などの説明を超える虚無が働いていると考えられるであろう。以上から、全体主義的根源悪の虚無化と悪の陳腐さから窺われる自由の虚無化との間には、共通の働きとして無用化、虚無化が潜んでいると考えられる。そうした虚無化は、神学的説明や国家やお上の権益を超えるといえる。他方で自由は虚無化の方向に働くと同時に、また責任と善の方向にも働く測り知れなさを宿す。われわれはこの自由を担う人を、今は人格《ペルソナ》として考え、根源悪や自由の虚無に対してあるメッセージと超克的働きを働き出す地平を垣間見たい。周知のようにペルソナは、ペル（〜を通して）とソナーレ（音声が響く）との合成語である。そこからペルソナとは、その人を通して生命的善が響く媒体（善の似像）でありかつ生命的根源のメッセージを伝える主体でもある。それではそのメッセージとは日本も加えた今日世界において、どのようなメッセージでありうるのであろうか。

われわれはこのメッセージを本質論的に定義して言表はできない。丁度、悪が本質的にどこでも同じだとして思索することができないように。もしそのメッセージが、全体主義的根源悪と判断の無能性に抗するものであるなら、まずそれは人間が世界において余計ではないこと、他者と相生する居住の場を創造するよう招かれていることを呼びかけるであろう。同時にそれは自由なペルソナが、国家やお上に随順せずに、逆に逆臣の汚名をきても他のペルソナと共に創造的な相生を不断に開闢してゆくことへの呼びかけとなろう。そのメッセージは、その時代と地理に根源悪の現象として人々を生ける屍とし判断の無能力者とする悪の新しい形式と内容への洞察を絶えず深めることの呼びかけともなろう。この呼びかけに対するわれわれの応答が、エヒイェロギアの構想を促すのである。

第二章　エヒイェロギアの構築へ

第一節　エヒイェロギアの構築へ⑴　有賀鐵太郎博士のハヤトロギア

ギリシア語の「存在」(to on)の用法に対して、ヘブライ語の「ハーヤー」(三人称単数完了形の存在動詞)や「エヒイェ」の用法や意味の特異性を考察し、オントロギアに対してハヤトロギアを提唱したのは、歴史神学の泰斗・有賀鐵太郎博士であった。勿論、博士はTh・ボーマン等のギリシアとヘブライの言語・思考法の比較研究にも拠っているのであるが、ハヤトロギアは、今日でも人類的な哲学・神学・聖書学・救済史学などを統合し、ある新たな思索の地平を開拓した金字塔的業績と言える。ギリシア思想とヘブライ思想の出会いはすでにユダヤ教の知恵文学や黙示録時代に実現しており、その他複雑な歴史的経過があるわけであるが、ここでは有賀博士のハヤトロギアをめぐるギリシア・ヘブライの思索の展開をかなり図式化して確認しておきたい[15]。

有賀はヘブライ語動詞「ハーヤー」の「生成する、有らしめる、働く、在る」などを一如として含む動的歴史的創造的な性格から「ハヤトロギア」をヘブライ思想の核心として提唱した。このハヤトロギアはしかし、イエスの出現によって一度中断され、再び新しい形で甦るという。すなわち、イエスの十字架での死の後に弟子達に生じたイエスの復活と聖霊の体験とがハヤトロギアの「論理の中断」となって、従来のハヤトロギアがそこからプネウマトロギア（聖霊論）として甦り、転換されたというのである。この新しいハヤトロギアは、後にギリシア的オントロギアと出会い、そこにキリスト教思想（神学、教義、哲学的思索など）、つまり「ハーヤー」の「ギリシア的ロゴス化」・存在論化が生じたとされる。従って、この新しいキリスト教的思想は、ハヤ・オントロギアと呼ばれ、教父・西欧中世思想を経て、今日に至るまで西欧的思惟の基調となって影響を与え続けているという。

われわれは当面有賀の言うキリスト論的な「論理の中断」にそれを課題として留意しつつ（第五章参照）、エヒイェの用法と意味に簡潔に触れるため、「出エジプト記」のモーセの召命と神名啓示の物語りを読解したい（三・6～16）。モーセの神名啓示への求めに対し、神は余りにも有名な「エヒイェ・アシェル・エヒイェ」を示す（14節a）。有賀によると、もしこのアシェルを関係代名詞ととれば、「わたしはあるだろう、そのわたしはあるだろう」と訳され、このアシェルを接続詞ととれば「わたしはあるだろう、だからわたしはあるだろう」と解される[16]。14節bでは、「『わたしはあるだろう』（エヒイェ）が、わたし（モーセ）をあなたたち（エジプトにおけるヘブライ人奴隷）に遣わされた」、続く15節では「あなたたちの先祖の神、アブラハムの神、イサクの神、ヤコブの神である主（ヤハウェ）が、わたしをあなたたちに遣わされた」とある。ここでは「エヒイェ・アシェル・エヒイェ」と「エヒイェ」そして「ヤハウェ」の関係が問題になるが、文脈的に言えば、14節bと15節は明らかに両節の主語である「エヒイェ」と「ヤハウェ」の同一性を示している。こうしてイスラエルの神ヤハウェは、根源的にエヒイェ的性格を帯びていることが了解されよう。そのことは旧約テキストにおけるヤハウェに関わる物語りや言語用法が、エヒイェの性格を、各々の文脈、パースペクティブで示しており、それはエヒイェロギア構築の重要な解釈学的機会を提供することを意味する。この点に留意しておきたい。

それではエヒイェとはどのような特徴を示すのか。神名についてまずわれわれは、ハーヤーよりもはるかにエヒイェ、さらにはエヒイェ・アシェル・エヒイェに関心を持つ。有賀自身もエヒイェについて次のように述べている。「現象は過去的なものとしてハーヤーという完了形がそのまま適用されているのであるが、神は常に働く者として、エヒイェという未完了形が、しかも絶対的主体として働くものであるから一人称が、用いられるのは当然である。……主体がまず存在して、それが働く、と考えられているのではなく、むしろ働くことのうちに主体が自らを啓示するのであって、主体・即・働き、働き・即・主体なのである」と。またわれわれは、エヒイェが神固有の独創的主体を示し、汝というイスラエルとの間に「我―汝」関係、つまり契約を実現する点に留意したい[17]。

ここで有賀の学的立場とハヤトロギアの特徴について大略言及しておきたい（他に第五章参照）。

一つは、有賀の学的立場は組織神学などの神学ではなく、歴史神学である。それは一方では実証的学的歴史学によるヘブライ思想の研究に向かうと同時に、他方で、信仰者、殊にキリスト教信仰者として歴史に信仰的共感を以てのぞむ。そこに客観的学と信仰・価値観の対比と協働の作業が要求されるわけである。しかし、今日の解釈学的循環を考えれば、おしなべて価値に関わる人文、社会、心理学などは、学的実証と価値的了解の両者の中で思索しなければならないのであり、価値中立的といわれる自然科学でさえ、「パラダイム理論」（Th・クーン）や「理論負荷性」（ハンソン）などの科学哲学によって、理論と実験を媒介とする科学的進歩説は揺らいでいる。ましてや、巨大科学のシステムの中での科学的中立性にも疑義が寄せられている。

二つ目は、如上の歴史神学によるハヤトロギアは、創造的はたらきを核とし、イエスの神の国運動によって極みまで純化されたが、その十字架刑による死によって終止符はうたれた。しかし、イエスの復活と聖霊のそそぎの体験を通して、新たにキリスト教が誕生した。イエスによるこのハヤトロギアの中断と甦りが、「論理の中断」「聖霊体験」と呼ばれる。そして、有賀はこの聖霊体験の論理をプネウマトロギアと呼び、それは新しいハヤトロギアとしてギリシア的オントロギアと出会い、その出会いによって、ギリシア教父思想以降のキリスト教思想、つまり、ハヤ・オントロギアが成立・展開するとし、歴史神学を構築していったのである。

われわれは以上のスケッチを念頭に置き、エヒイェロギアとプネウマトロギアおよび歴史神学との関係を後に考察し、エヒイェロギアの特徴や問題意識を明らかにしたい。

それでは次に、エヒイェロギアの解釈学的方法として「物語り論」を取り上げよう。

第二節　エヒイェロギアの構築へ(2)　物語り論的解釈学

先に考察した「忘却の穴」から記憶と新しい物語りを通して他者を奪還するために、われわれには何よりも存在−神−論とその機構体を内部から炸裂突破し、外から告発審問できるような思想が要請されよう。その手掛かりとして、われわれは、非インド・ヨーロッパ語族のセム系文学・旧約聖書テキストとその発想に霊発（inspiration）されたコイネー・新約聖書テキストの解釈に着手したい。その解釈法は、現代聖書学が用いる歴史的方法をも参照するが、基本的には物語り論的（narratological）解釈法である。

なぜ物語り論的解釈なのか。以下にその動機、理由、目的などを列挙したい。

①　われわれは存在−神−論における実体的空間的自同性の論理に対して、旧約・新約文学にそれとは別な歴史

的ノマド的エヒイェ（脱在）的なある思考と論理を見出したいのである。というのも、例えば旧約文学は「創世記」や「出エジプト記」を瞥見しただけで、多彩な神話や歴史物語りで成っていることがわかる。他方で、ギリシア哲学はソクラテス以前の「自然（ピュシス）」に関わる愛智から始まり、アリストテレスにおいて諸学、殊に「自然学」（ta physica）を土台とした「形而上学と神学」（ta meta ta physica）に極まるわけであるが、その哲学の土台は自然宇宙の観察に求められる。その限りで、存在者の表象は定義（種＝類＋種差）として空間的同一性の表象および論理となろう。同一律、矛盾律[18]などが時間的表象を排する由縁である。これに対してわれわれは、ヘブライ的歴史物語りから、非空間的な歴史的表象や発想を期待できよう。例えば「エヒイェ」も後に省察するように「ト・オン」と全く異なる歴史的脱在的思索の地平を披きうるのであるように。

ここで物語り論的見地から、存在論的同一性と歴史的脱在（エヒイェ）的非実体化をよく表わす二つの物語りを取り上げて解釈してみよう。

西欧的存在神論とエヒイェロギアの相違は、物語り論的に図式的に示せば、前者は「オデュッセイア」に、後者は「旧約・アブラハム物語り」によって象徴されよう。「オデュッセイア」ではトロイア戦争（前一二〇〇年代の中頃）に参加するため、智将オデュッセウスはイオニア海の故郷イタケを出発して、はるか彼方のエーゲ海のトロイアに遠征する。戦いは十年も続くが、最後はオデュッセウスのたてた「トロイの木馬」の策略でトロイアは陥落する。すなわち、巨大な木馬の腹に兵をしのばせ、木馬をトロイア城内に運ばせるように仕向け、夜、トロイア軍が寝静まった時に、木馬から出て味方を城内に引き入れ、敵を討つという策略である。戦勝後部下と共にオデュッセウスは帰郷の船出をする。途中単眼の巨人の手から奇智によって脱したり、歌う魔女セイレンの誘惑を理智によって克服したり、魔の淵を越え出たりして故郷イタケに帰還する。その間愛人たちの求愛を拒み続けた妻とそして成長した子と再会し、愛人たちに復讐し、英雄として幸福な生を送る。その生涯は冒険と試練に満ちているが、理知的によく困難を乗り越え、故郷イタケからイタケに回帰する自己同一的な物語だといえる。

これに対してアブラハムの生とはどのようなものであろうか。アブラハムは「汝の生まれ故郷、父の家を離れて、わたしが示す地に行きなさい」（創世記一二・1）という神の命に従って行方もわからぬ旅に出る（前二〇〇〇年～一六〇〇年の間頃か）。それはユーフラテス川上流のハランから出発して、カナン地方へ、そしてカナン地方を縦断しながらエジプトへ、そしてエジプトから再びカナンへと旅する死と背中合わせの旅であり、また和解・相生を目指した旅であった。しかも神からの祝福の継承者である息子イサクの犠牲（ホロコースト）を神から命ぜられる。その絶望的危機をのりこえたのである。結局、アブラハムのノマド（遊牧）的な旅の果ては異邦の地であり、その生涯が非回帰的に辺境、異郷を越え続ける意味で、自分の在り方をも超えゆく運動を特徴とする。

他方でTh・アドルノは、西欧思想の観点からオデュッセウスを次のように解釈している。つまり、彼によるとオデュッセウスの生涯は、呪術や自然力が支配する自然神の世界を、その合理的策術によって解体し克服して、啓蒙的西欧文明の世界に改造した原歴史を示すのだという。しかし、その啓蒙的技術文明は逆に人間の内的生命をも疎外し、生命は抑圧され空虚となった。理性はこの人間の空虚を埋め合わせようと、他者や自然の収奪そして戦争という暴力（ヒュブリス、ギリシア語で傲慢という意味もある）を用いる。この野蛮な暴力が二〇世紀に現象した典型が、ナチスドイツと人間の非人間化の収容所「アウシュヴィッツ」であろうし、二一世紀では「第二のプロメテウスの火」である原子力と原子爆弾と考えられよう。そして先述したように、現代の全体主義的暴力の思想的温床は正に存在−神−論に外ならない。

② 従ってわれわれが旧約・新約物語りを読む時、聖書を思想書として読むのでもなく、あるいは原理主義者のように一字一句を啓示の書として読むのでもなく、物語り全体における「エヒイェ」の振舞い、また様々なプロットの転換における「霊・気」（ルーアッハ）の振舞いに注目し、それらがどのような新たなダーバール（言葉・出来

事）を引き起こすかを分析し、エヒイェ＝ルーアッハ＝ダーバールの三一的関係の文法を考究するのである。

③　われわれはまた、今日的な聖書学の歴史批判的方法の内在的限界に挑戦する仕方で、物語りにおいて歴史内在的であり、かつ超越的な地平にも配慮する。プネウマ（霊・聖霊）、復活、栄光のキリストなどの言葉で示唆されている地平である。そこでは歴史的事実（Historie, Historia）よりもむしろ人間の真実（Geschichte, Theōria）が注目される。例えば、史的イエスの再構成よりも、ヨハネ的に語ればパラクレートス（聖霊）によって今・ここに現存するイエスに関わろうとするわけである。

　そのイエスは今・ここにユダヤ神政体制やローマ権力によって「忘却の穴」に一時は葬られたが甦って現存し聖書の生命的意義を教えつつ、他者の他者性への愛（アガペー）を現実化させ、同時に協働態（エクレーシア）に共在し、秘跡的しるしを通して働き、あるいは無告の民（病、貧困、飢餓、拷問、暴力の下に踏み拉かれている人々）の一人ひとりの顔となっている。これが今・ここにおけるイエスの真実である。[19]

④　この物語り論的解釈は、教父たちの聖書解釈法の一つ、比喩的予型論的解釈をも含む。というのも、比喩的解釈は修徳行と共に解釈者の実存的な生を導くだけでなく、彼をいわば脱在論的に栄光から栄光へと変容させる契機であって、そこから解釈者の「神化」（テオーシス）の地平も拓かれうるのである。このような変容は、ギリシア教父やヘシュカストの伝統にあって「タボル山のキリストの変容の光」の体験とか、八日目の光への参与として霊的伝統の中核となった。この光の体験は、上述の「聖霊体験」に根差すといえよう。またこの変容の消息は、ニュッサのグレゴリオスのエペクタシス論によく窺いうることである。[20]

⑤　この物語り論的解釈はまたユダヤ教ラビのタルムード解釈にも関心を持つ。なぜなら、彼らは子音から成る文章に母音を付しながら不断にテキストを新しく再読し、そこに倫理的実践的規範を見出そうと試みているからである。われわれは直接この解釈の実践はできないが、Ｅ・レヴィナスやＭ－Ａ・ウアクニンなどのルーアッハ的な

『タルムード講話』などによって霊感を得る。例えば、彼らによると解釈はヘブライ語・テキストに内在する間《あわい》を見出し、そこから新しく母音を付す霊感を得て、倫理的実践的生への励まし（息吹き）と示唆を与えてくれるという。[21]

⑥　最後に根源悪とその全体主義的機構が人間から彼の記憶と物語りを奪って、つまり人間らしい生と死を奪い、「生ける屍」にして、その他者性を剥奪する以上、それに抗する物語り論的解釈は、他者の真実に関わる記憶や物語りを奪い返すという実践にならざるをえまい。従って、物語り論的解釈者は、聖書以外にもあらゆる他者の物語りを発掘し、他者を中心項とする多種多様な他者論を類比的に結集しようと試みるのである。例えば、韓国に伝承するハン（天地人の全一的調和とその働き・気）の物語りと真実に参与するという風に。この結集の営為は、解釈者の協働態創成の霊機[22]となって働くと思われ、それはまた全体主義的根源悪の正体の暴露・告発に連動しよう。

このようにわれわれは殊に旧約・新約テキストを読みながら、エヒイェ、ルーアッハ、ダーバールの文法と振舞いを考究し、エヒイェロギアを構想するわけであるが、その際に主に物語り論的解釈を方法とする。その解釈のカノンと言えば、根源悪とその具体の正体を洞察し暴露すること、他者の他者性を奪還することの二点に尽きよう。その際、その悪が現代においてどのような具体的形態をとり、日々どのように他者が「忘却の穴」から甦って相生・共生を実現しうるかは、このカノンの実践的適用となろう。

以上は物語り論的解釈の概要であった。今はそこから導出されるエヒイェの次元、つまり実在的次元、エヒイェの純粋体験の次元へ転位していきたい。

第三節　エヒイェロギアの構築へ(3)　「出エジプト記」テキストをめぐって——エヒイェロギアとオントロギア

物語り論から示されたこのような「主体が語り創造する」というエヒイェ的視点と、これに実在論的視点も加えて、われわれはここにエヒイェロギアを提唱するに至ったのである。すなわち、われわれはエヒイェ・アシェル・エヒイェの用法に留意し、エヒイェが常に自己完結的自同を差異化し、自己から超出し歴史に介入し、また他者（モーセや預言者、「出エジプト」においては奴隷）をも差異化、自己超出化させ、彼らと相生的にエヒイェ「〜と共にある」[23]し、こうして歴史の時（カイロス）を契約などによって刻んでゆくことを示した。われわれはエヒイェにおける、この他者への自己超出を「脱在」[24]と呼んだ。実にそれは他者を新たな未来に生かすための脱在なのである。この脱在は、定着的実体的文明を求めてその偶像である金の子牛とそれの作像に加担した人々を告発し、その自同を突破・解体しようとする（出エジプト三二）。そして最も小さな貧しき者の幸いを求めるのである。[25]

さてエヒイェが自己差異化する時、自己の同一性に差異、つまり間《あわい》が生じ、その間《あわい》から自己脱在のエネルギーである気・霊（ルーアッハ）が発出する。この気のエネルギーが歴史を世界を創造すべく出来事や言葉、つまりダーバール（言・事）に成るのである。その意味でエヒイェは、永遠に天球空間を魅了しながら自己観照に陶酔する神（例えば、アリストテレスの不動の動者など）ではない。プラトンの善のイデアもアリストテレスの第一目的因たる神も、直接自己を超出して歴史に降り、奴隷に語りかける神ではない。従ってその存在は、不動な第一実体を理想とする。オントロギアが成立する由縁である。これに対して、エヒイェは、エヒイェが語り、そして人が聴くという時間性を披く。このエヒイェが語るダーバールに契合して啐啄同時的に人間が聞いて応答しうる。それがエヒイェの純粋体験であり、その場合には、契約が成立し、以降歴史は契約によって時（カイロス）を得て分節化される。われわれは、ノア、アブラハム、モーセ、ダビデ、エレミヤやエゼキエルなどがエヒイェ体験をし、そこから新しい契約（ダーバール）によって旧約の歴史が跳躍的に創成し、持続したことを知ることができる。

他方で、もし人間がエヒイェの語りかけを聴かない（parakoē）場合、そこに根源悪が生じてくる。そのことは「創世記」第三章で、蛇の語りかけによって神の言葉を聴かない人間の不聴従に明らかとなる。つまり神の誡命を逆に言い換え、「汝は神の如くなるであろう」という倒錯的虚無と傲慢に誘った蛇の語りかけを女が聴き応答した時、エヒイェと人間、人間と人間、人間と自然との絆は破綻し一切は虚無化するのである。[26]

われわれはエヒイェの如上の自己超出的歴史内在的なダーバール（出来事化、語りかけ）性が、いわば受肉的な性格を強めていくことを記憶しておきたい。その受肉性は預言者などに体現されて歴史的生命となって働くのであるが、決定的な典型となったのはイエスというダーバールにおいてであろう。有賀の言うハヤトロギアのイエスを通しての「論理の中断」とその転換は、エヒイェの歴史受肉的なエネルギーの究極・限界点として語り直されるだけでなく、エヒイェの自己差異化の、自己否定の極限的遂行として「自己に死んで自己に生きる」という甦りの「事・論理」として解釈できまいか。しかしこの問いは依然として課題である。

第四節　エヒイェロギアの構築へ(4)　時間（カイロス）と歴史

① 西欧的時間性の特徴の一つには、アリストテレスの定義「時間とは前後に関して数えられた運動の数である[27]」が示すように、線状的量的クロノス的性格が挙げられよう。そこでは時間がまず線状的斉一的に過去から現在点を通って未来に広がってゆくと考えられ、人間はそのパースペクティブの中で過去を後にし、未来を前にして自分の物語を形成しながら生きる。この過去―現在―未来という線状的発想の一つの根拠は、インド・ヨーロッパ語族が過去形、現在形、未来形の動詞的時制を持ち、人間の言葉と思考をそうした時制の枠において支配しているからであろう。実に時制に関わる言葉が思考と意志を特色付け、あるいは限界づけるからである。こうした時間性は、クロノス的と言われ、そこからクロノロジィ、つまり編年体・年代記も生じてくる。

こうして歴史や物語は、時間的因果関係として表象され記述される。あらゆる出来事は、歴史内在的な影響・布置関係によって説明されて、その関係の中で各々がその意味と存在の位置を得るわけである。例えばヘーゲルの弁証法的歴史は、否定の否定は肯定という方位で統一に向う線状的展開を見せるが、その歴史は絶対精神の自己実現として、自由の開花するプロセスであり、そのプロセスにとって人間的個も唯一的出来事も絶対精神の自由開花の一契機にしか過ぎない。それは絶対精神を神とし、歴史的個を存在者とする歴史的存在–神–論に外ならない。その意味で、そこでは歴史的全体主義のプロセスに人の他者性は奪われてゆくといえよう。

他方で、諸天球の永遠の回転において経過する円環的運動と時間は、ギリシア的時間のもう一つの特徴を示し、古典的な世界の理想であった。なぜなら円は、円周上のどの点も始点あるいは終点になり得、これに対して始点と終点を持つ有限な直線に比し永遠を示唆しうるからである。しかしこの円環運動と時間を極限にまで推し進めれば、その形態はまさにニーチェの言う「同じものが同じ仕方で無限に反復される永遠回帰」になるであろう。そこでは生成が存在に、存在が生成に逆転する価値の転倒、すなわちニヒリズムが成立する。なぜなら人間はその時、「永遠回帰」という全く未来を望めない無価値で無意味なニヒルとなり、全体主義的生成的存在の回帰に呑み込まれ消滅するからである。こうしたニヒリズムを通し人間は廃材、つまり「生きる資格のないもの」と見なされて「忘却の穴」に葬り去られてゆくわけである[28]。ニーチェ的永遠回帰も存在–神–論の一形態である。

② この西欧的時間性に対して、ヘブライ的時間性はどのような特徴を示すのであろうか。その手がかりはやはり時間に関わる言葉にある。というのも、ヘブライ語動詞は、大略未完了形と完了形に分別されて用いられるからであり、その両形を決めるのは時制ではなく行為だからである。行為主体が行為をすでに遂行したなら完了形を用い、今遂行中であるか、これから遂行するのであれば未完了形の動詞・言葉を用いる。従って行為主体によって過去や未来の言葉と出来事（ダーバール）が拓けてくる。だから有賀に拠れば、時はなにかの時、なにかをするため

の時（エート、ēth）としてなにか特定の行為や出来事と結び付くわけである。[29] だからまた前の時の行為や出来事の質と内容が、後から生ずる時のそれらと同じであるなら、いわゆる時間的距離があっても、前の時と後の時は「同時」とされる。そこから「同時代性」や「現在化」の観念も可能となる。[30] 例えば、イエスの福音的生とわたしの信仰における福音的経験とが相似するなら、イエスとわたしの「同時代性」が実現するとも、イエスが今・ここにわたしに現存するとも言えるわけである。こうした「同時代性」において、イエスの最後の晩餐とキリスト信徒の間で為されるエウカリスティアは、同時であり、あるいはイエスがエウカリスティアに現存するとも言えるわけである。だから、過去—現在—未来という線状的時間性においてイエスとの「同時代性」を思索したキルケゴールは、非常に難解な説明をしなければならなかったわけである。エヒイェロギアにおいては、この「同時性」と共に、「自由」と「歴史」とが深く関連する。

「創世記」一章1節の「初めに神天地を創造し給えり」は、ギリシア的存在論に出会ったギリシア教父によって「無からの創造」として解釈された。H・アーレントは、この解釈を通して、必然的因果系列や潜在的可能的条件を前提としないで、全く新たなことが生ずるという思想が可能になったと語っている。[31] 彼女はその思想がさらに自由意志の地平を人類に開示したという。すなわち、ある目的実現に向けて可能的な選択肢の中から美しく有効な手段を選択する選択意思（Liberum Arbitrium）を支え、それよりも根源的な「未来のための器官としての、また新たなことを始める力としての自由意志（voluntas）」の地平をわれわれ人間に披いたと述べている。さらに加えてわれわれは、無からの創造の後に展開する創造行為の六日間によっても、ヘブライ的時間の特徴を挙げることができよう。この六日間の一日一日は、勿論神話的物語りにあって今日の二十四時間を意味するわけではない。ここでは詳細な分析は拙著にゆずり、[32] その一日一日は神とその都度創造される美しく好い（トーヴ）被造物との出会い、しかも生命的な被造物とのいわば出会いの時（エート、カイロス）を意味しよう。とすれば、この一日目～六日目に向かう日付は、神が創造行為によって新たな世界を招来してゆく歴史として理解されよう。このようにしてヘブライ的時間は、人間主体が他者との出会い・新しいこと（ダーバール）を引き起こすという創造的行為の世界を示し、それによって、必然的宿命や永遠回帰を突破しうるカイロス的な歴史の地平を披いたのである。われわれは、歴史におけるそのような創造的で自由な主体を、後にエヒイェ的主体として示したい。ここではヘブライ語の完了形と未完了、ハーヤーとエヒイェの働きからヘブライ的時間性、すなわち全体主義的自同の時間を突破し、他者との出会いが拓かれる時間的可能性に留意しておきたい。

第五節　エヒイェロギアの構築へ(5)　エヒイェ的三一性
――エヒイェ＝ルーアッハ（霊・気）＝ダーバール（言即事）

先に触れたようにエヒイェは、自己差異化による自己超出の動態であり、歴史の中で他者に出会い共在しようとする主体であった。その自己差異化において、エヒイェの内に間《あわい》、つまり、自己内に一種のずれとしての無の空間が生ずる。そこに息吹気、霊風（ルーアッハ）が霊発し息吹く。このルーアッハは、例えばエゼキエルが枯れた骨の復活のシーンで語るように（三七章）、膠着したり滅亡した歴史に間《あわい》を創るように息吹きつつ、そこから新たな生命的協働態を創る。新約では、ルーアッハはプネウマに転じ、「使徒言行録」が語るように（二章）ペンテコステ（五旬祭）において息吹き、新たな協働態の創成をもたらす。このように新約的プネウマは旧約的カーハール（ユダヤ教的信の共同体）を中断し、歴史の中に新たなエクレーシアを創成する息吹気なのである。

このエヒイェの間《あわい》に息吹くルーアッハは、気として響きつつ、こと（言即事・ダーバール）をもたらす。ダーバールは、例えば預言者の言葉となって頽落した民に回心を勧め、同時に預言者の行為や彼らの出来事と成って歴史の転換をもたらす（預言者的終末論）。新約でヨハネは、エヒイェのダーバールを承けて、そこに神の子というペルソナ的意味を込めてダーバールをロゴスと呼んだわけである。このロゴス・キリストは、福音を告げ自ら十字架と復活の出来事となって歴史を転換していった。ヨハネはこのロゴスが、神と共に天地創造の時に立ち会ったことを、「万物はロゴスによって成った」と述べて表現している（一・3）。その意味では、ロゴスは旧約「知恵の書」（九章）における万物創造に立ち会った知恵と共鳴し重なり合うのである。とすれば、ロゴスや知恵は万物創造の理・理法、さらに万物の生成消滅を司る理法・法則とも解されうるであろう。

以上のように、言、出来事、理法、知恵などの意味を持つ新約的ロゴスは、ギリシア的ロゴスと言や理という点で重なり、共通の対話・交流の場を見出した。こうして有賀に拠るとロゴスを媒介にハヤトロギアとオントロギアが出会うことができ、ハヤ・オントロギアが成立し、それはその後、東方ビザンティンや西欧で形成・展開されていくことになる(33)。

このエヒイェにおける間《あわい》とそこに発出し言葉を創成さすルーアッハは、またヘブライ的解釈法に重要な役割を演じる。というのも、ヘブライ語テキストは、子音を連続とした形でベタで区切りもなく書かれており、解釈者はその子音の連続に母音を付加することによって、子音を区切り分節化して文章にする。その際、解釈者は、子音の連続に間《あわい》・空を見出し、そこを分節として母音を付し、こうしてテキストを文章化して読むわけである。この点を理解すべく、今はユダヤ教のラビM–A・ウアクニンのトーラー・テキスト理解を紹介したい(34)。すなわち、モーセは全トーラーをその第一行目から最終行まで書いて一つの連続する総体として完成した。そのトーラーは、四種類に区別されるという。

その一は、「神のトーラー」であって、区切りも余白も全く無いので、語成立前のエクリチュールである。それゆえ、何も意味しないトーラーである。神名を表わす神聖四文字（ＹＨＷＨ）のように。だから、それは一つの無・

限（in-fini）であり、無・意味（in-sensé）である。

その二は、「モーセのトーラー」であって、「神のトーラー」の連続を語を創るために区切り、間、余白を入れたトーラーのことで、トーラーが表現や交流へ向かう第一歩となる。その交流の一例を挙げると、「切る」は、語を区切って表現的交流を創り、誕生させる。と同時に、「切る」は「割礼」を意味し、男子を社会人とする交流の第一歩を意味するのである。

その三は、「人間のトーラー」であって人間に向けられ、人間が読み解釈できるトーラー。ベタで連続する子音のテキストが区切られて語と意味が生成してくるトーラーである。解釈者は、歴史の中で絶えず新しい歴史を創るべく新しい語と意味を見出していく。この解釈作業がタルムードに結晶化する。

その四は、「メシアのトーラー」である。メシア時には、書かれた黒い文字の間に、白い文字（空、間《あわい》自体）を読解できるので、解釈者はメシア時を希望して、テキストの空間、行間からメシア的意味と解釈を得る。

解釈者は単にテキストの意味の確定のため如上のような解釈ゲームをするわけではない。ヘブライ的解釈は、あくまでトーラーから倫理的メッセージを引き出すためになされる。だから解釈は、他者との相生行為として他者に動機付けられる。言い換えると、他者を迎えるために解釈者は常に自らの旧来の固定的解釈・自同を炸裂させなければならない。こうしてテキストの中に、その間《あわい》・空に他者から他者への霊感が生まれ、それは激しい気息（ルーアッハ）となって新たな倫理的言葉・メッセージを響かし、相生に向けた実践を生み出すのである。他者に向けられた十誡の文字でさえ、石板を貫いて与えられた空虚、間《あわい》として、石板たる物体の中の間であり、人はその間《あわい》を読んで初めて十誡を理解できるという。レヴィナスの『タルムード講話』はそうした解釈の実践であり範型であろう。以上のように、エヒイェ＝ルーアッハ＝ダーバールは、歴史の中で働き、その働きのため人間に三一的に体現される。それでは、次にこの三一的エヒイェの体現者としての解釈者・行為者の多様な姿をエヒイェ的人格として示したい。

第三章　エヒイェ的三一性の体現者

第一節　エヒイェ的人格(1)　イエス、パウロ

われわれは、神学的キリスト論の探究のためではなく、エヒイェ的人格としてのイエスに関心を持つ。そのイエスがローマ帝国やユダヤ神政体制によって「忘却の穴」に葬り去られたが、今日に甦ってわれわれと関わりうる鍵として差し当たって三点を挙げておこう。

その一点は、新約聖書文学である。新約文学においてわれわれは、史的イエスがどのように新約文書に反映しているかを研究して「イエスの歴史的再構築」を構想し、歴史的事実を検証することよりもむしろ彼の「真実」に関心を持つ。その真実とは、第一のパラクレートス（慰め主、弁護者）としてのイエスが神の国の福音を告げ、父なる神の愛を体現して人間愛を愛敵にまで高め上げ、受難を通して人々に復活の地平を披いたその生自体である。そのような生は、今日のわれわれにも同時代的な人間の真実として現前する力をもつ。すなわち、われわれも生の絶望、精神的死の経験とそこからの再生を生きる時、イエスの死と生の現存・真実に励まされ、死中に活を得るのである。その意味で、彼はこの「真実」として「忘却の穴」から現代に甦り得るのであり、われわれ現代の人間の真実の範型を示し得るのである。ヨハネ福音書は、イエスの現代への現存を、第二のパラクレートスである聖霊（プネウマ）の働きに帰している。言い換えると、イエス（の生）のエヒイェ的な真実を証しする者が聖霊なのである。[35]

その二点目は、いわゆるキリストのエクレーシアとその生の伝承である。そこでは、罪悪の業と聖性への望みと

の矛盾を抱えながら、イエスの真実のドラマとケノーシスを生き、神支配の実現を希求している人々の群れが、人類史の中で地下流のように密かに結ばれている。彼ら自身がエヒイェ的人格として、イエスの真実を証しして彼を「忘却の穴」から呼び返し、今日まで生きている。遂にイエスは彼らの間に、彼らを通して今日に現存する。勿論アウグスティヌスも語るように、彼らのエクレーシアが神の国と地上の自同的な国との両性格を抱えながら歴史において光と闇を経験してきたにしても、である。

いずれにしても、イエスの真実は、エヒイェの完全な体現・範型中の範型としてエヒイェの受肉として解釈されよう。

第三点目に、如上のような仕方でイエスの今日的現存との交わりが可能であるのは、先に時間性において言及したように、われわれがイエスの同時代人になりうるという地平が拓けているからである。つまり、聖霊によるのであるにしろ、信によるのであるにしろ、われわれがイエスということ（人格、言葉、事件、歴史伝承）に相似化し、同型化する時に、われわれは彼の同時代人として生きうるのである。このことを実証しているのが使徒パウロである。彼は生前のイエスを知らなかったが、特に彼の苦難を通して受難者・復活者イエスと同型化し、イエスと同時代人になったのである。そこでそのことを示す彼の言葉に傾聴してみたい。

「わたしは、キリストとその復活の力とを知り、その苦しみに与って、その死の姿にあやかりながら（その死と同型化しつつ、筆者補足）、何とか死者の中からの復活に達したいのです」（フィリピ三・10〜11）。

「わたしたちは皆、顔の覆いを除かれて、鏡のように主の栄光を映し出しながら、栄光から栄光へと、主と同じ姿（エイコーン）に造りかえられていきます（エイコーンと共なる形に変容させられる、筆者補足）。これは主の霊の働きによることです」（二コリント三・18）。この栄光は、イエスの死の体を纏うことと深く関係しよう（二コリント四・1〜17）。「わたしは、キリストと共に十字架につけられています。生きているのは、もはやわたしではありません。キリストがわたしの内に生きておられるのです」（ガラテヤ二・19〜20）。

以上の引用句に類似したパウロの多くの言葉は、彼がイエスの死生と同じ時を生き、いわばエヒイィェ的三一性を体現したことを証しする。つまり、彼は自己を差異化し、そこにプネウマの気を受け、福音を響かせ、歴史においてイエスの出来事となって働いたのである。

第二節　エヒイィェ的人格(2)　アブラハム、預言者、神秘家（フォーティケーのディアドコス、ニュッサのグレゴリオスに拠る）

エヒイィェ的人格としてまた預言者として先にアブラハムとモーセについていささか言及した。その他、神の苦しみを自らの苦しみとして共苦した（sympathētikos）ホセア、旧いシナイ契約に死んで「新しい契約」の地平に生きたエレミヤ、第二イザヤの「苦難の僕」などがエヒイィェ的人格として挙げられよう。たとえ、「わが神、わが神、なぜわたしを見捨てられるのか」（詩篇二二、1a）と叫び、人間的罪人の絶望よりもさらに深く絶望と苦悩を生きたイエスには及ばないとしても、である。

われわれは、預言者から目を転じて、今はイエスの愛にあやかって、神と隣人への愛にプネウマを通して変容していった修道士たちに注目したい。そこで次に、三一的エヒイィェが歴史上で体現された人格の霊性と思索について触れながら、エヒイィェロギアの実践・身体化の面を考究してゆく。まずは砂漠の師父と「フィロカリア」の伝統を担うフォーティケーのディアドコスとギリシア教父ニュッサのグレゴリオスの中にエヒイィェ的人格を洞察していこう。

五世紀の神秘家ディアドコスにおける霊的修徳的成熟は、エイコーン（神の似姿）からホモイオーシス（神との類似性）に向う全人格的変容の歩みに外ならない。その歩みの端緒は、神愛の恩恵的エネルギーとわれわれとの協働であって、その際修徳者は、聖霊の照明を蒙って霊的知性（ヌース）と霊的感覚を通して、愛の類似性に高められていく。今はディアドコス著『霊的（gnostica）百断章』の『第八九断章』に拠って修徳行におけるその変容の大要を黙想したい[36]。

八九　再生の洗礼を通して聖なる恩恵は、われわれに二つの善美なる恵みを授ける。そのうち最初の恵みは、他方よりもはるかに勝る。最初の恵みは直ちに授けられる。なぜなら、それは水そのものにおいてわれわれに新生を授け、そしてわれわれの罪の汚れを浄めて霊魂のあらゆる特質、つまり神の似姿を輝かせるからである。他の恵みは神に類似すること（homoiōsis）で、われわれの協働を待っている（syn hemin energeiai）。というのも、知性が聖霊の恵みを深く感受して（en pollēi aistheēsei）味わいはじめるとき、恩恵によって神の似姿の上にいわば神への類似性が次第に書き加えられることを知らなければならないからである。それはちょうど、肖像画を描く画家がまず単色で人物の輪郭をスケッチし、次に色を塗り重ねながら、次第に人物の類似像を細部に至るまで描く（homoiographein）ことに似ている。同様に神の聖なる恩恵はまず最初に洗礼を通して、人が創造されたときそうであったと同じ神の似姿を授ける。次に神は、人が決然として神の類似像の美を欲し、その日の創作画室に裸で静かに立っているのを見るとき、霊魂の姿を徳に徳を重ねて飾り、栄光から栄光へと高めつつ（二コリント三・18）、霊魂に類似の刻印（charactēr tēs homoiōseōs）を授けようとするのである。このようにしてわれわれは類似の姿に形造られたことが完成によって明らかとなる。しかしわれわれが類似の完全性を覚知するのは照明に拠る。というのも、知性は言い表せない度合いとリズムに従って進歩しながら、感覚を通してあらゆる徳を受け取るのだが、人が霊的な愛を獲得するのは、聖霊のあふれるような照明に拠らなければ不可能だからである。実際に知性が神的光に拠って完全に類似性を受容しないならば、たとえほとんど徳を獲得できるにしても、完全な愛に至らぬ状態にとどまる。人が神の徳に類似するとき（わたしは、人が神に類似できるかぎりにおいて、と言おう）、神の愛の類似性を身に帯びる。なぜなら、肖像画において他の色より最も華やいだ色が似像に加えられると、その微笑に至るまでモデルの類似性を保持するのだが、それと同様に神的恩恵によって神の類似像が描かれる人々にあっては、似像に加筆された愛の照明こそ、似像が完全に類似像に達したことを証明するのだから。実際に愛以外のどんな他の徳も、霊魂に不受動心（apatheia）を授けることはできない。なぜなら、「愛は律法を全うするものであり」（ロマ一三・10）、その結果、愛の味わいにおいて「内なる人は日々新たにされていき」（二コリント四・16）、愛の完全性に満ちるからである。

以上のように修徳行を支えるのは、聖霊（プネウマ）のエネルギーであるが、今はそのエネルギーと協働する「イエスの御名の祈り」について大略触れてみたい。この祈りは、単純にイエスの名を呼び続ける射祷と言える。その際、二点に注目したい。一つは、この名を呼吸のリズムに合わせて唱えつつ、知性が心臓（心）の中で観想するという点である。後代にはこれに身体的な特別な祈りの姿勢を加え、呼吸、唱名、心（臓）への注意、姿勢という身体的要素を総動員して祈るヘシュカズムが成立したのである。その形態は多様であるが、そこには霊性（知性）やプネウマの働きに人間の身体性が参与し、その霊的エネルギーに拠って、先駆的に復活に与ろうという受肉的思想が窺われるのである。

二つは、この御名の祈りに拠って修徳者の霊魂と霊的知性とが浄化され、知性は鏡が太陽の光を映すように神的な光を分有し、自己に映じた神的光を体験するという点である。この光の体験は、東方キリスト教にあって「タボル山のキリスト変容時の光」の体験、八日目の光への参与とされ、今日に至るまで東方的霊性の核心をなしている。[37]

今はディアドコスの『第五九断章』を引用し、イエスの祈りと光の体験に参照したい。

五九　われわれが神の想起によって知性の〔働きの〕出口をふさぐとき、知性はその働きの必要を満たす仕事をわれわれに断固として求める。だから知性の目的を完全に満たす唯一の仕事として、主イエスの御名の祈りを与えなければならない。実に「聖霊によらなければ、誰も〈イエスは主である〉と言えない」と語られている（一コリント一二・3）。その際、知性がその内的神殿・心（臓）の中で絶えずこれら〔祈り〕の言葉を観想して、何らかの想像に陥らないようにしなければならない。なぜなら、その聖なる栄光にみちた御名を心の内奥で絶えず黙想する人は、いつか自分たちの知性の光を見ることができるからである。御名は、知性の働きによってしっかりと配慮され感受されると、霊魂の表面についたあらゆる汚れを焼き尽くしてしまう。実にわれらの神は、邪悪な汚れを「焼き尽くす火である」と述べられている（申命記四・24、ヘブライ一二・29）。だからこれ以降、主は霊魂の中に、主の栄光に対する愛を呼び起こすのである。なぜなら、この栄光に満ちた大切な御名は、知性の想起によって心（臓）の火（熱）の中に保たれると、それ以降はこの御名の善さを愛する習慣を、何の妨げもなしに心に植え付けるからである。この御名こそ「高価な真珠」であって、人はそれを全財産をすっかり売り払って手に入れ、それを見出したので言い知れぬ喜びにひたるのである（マタイ一三・45参考）。

神への類似に向かう変容の歩みは、以上のような光の体験をもたらすにしても、それが愛（人間のために受肉し受難した神愛）への類似である限り、隣人愛へ、そして協働の生活へと横溢してゆく。ディアドコス自身は、フォーティケーの司教であって多くの人々と交流し、また何人かの同志や弟子たちと修徳行的な生活を生きたと思われる。

続いてエヒイェ的人格の内実と思想を探るためにニュッサの司教グレゴリオス（四世紀）に触れたい。グレゴリオスは兄バシレイオスから霊的学問的な薫陶を受けた。そのバシレイオスと言えば、司教として貧者や病者の救護施設を建設し、弱者の救済にあたると同時に、隠修士型の修道生活に代えて共住型修道制を東方に確立し、そのカノン「修道士規定」を定めた。その意味でエヒイェを体現して生きたわけである。他方で弟グレゴリオスは、内省的な傾向を持ち晩年には聖書の観想に沈潜し、「出エジプト記」の注解である『モーセの生涯』や「雅歌」について復活節に至る四旬節になされた講話、つまり『雅歌講話』を著した。(38)

ここでまず『モーセの生涯』を取りあげ、グレゴリオスのエヒイェ的思想と実践を概観してみよう。この著作は神の顕現に遭ったモーセがヘブライ人奴隷を率いて荒野を横断し、神の山シナイ山に登攀し、暗雲・暗黒に覆われたその頂上で神の現存と出会い、地上の幕屋（エクレーシア）のモデルとなる天上の幕屋を啓示されるという物語り（historia）に比喩的解釈（theōria）を施したものである。

今その比喩的解釈に従っていこう。まず「序」において、人はモーセを範型として修徳的な無限な道行（エペクタシス）を辿ることが勧められている。人はまず無知の闇（スコトス）から神顕現、つまり真理の光へと回心するよう促されるが、光を直視できないので、雲の下に導かれるようにして神的観想への道行き（シナイ山登攀）の手ほどきを受ける。そのためには第一に、この世に属するものや情念を離れ、無限なる神を自分の理性的で有限な概念で把握しようとする認識法を棄て、神の声（聖書の言葉や師父の教えなど）に聴従してゆかなければならない。すなわち、視覚的対象認識から離れ、愛に拠る聴従の境に入るのであり、これは暗黒（グノポス）における神の現存への与りであり、それこそ真の観想であるとされる。この観想において神的他者の現存を自覚し、同時に多くの人々と出会う実践的愛智（philosophia pragmatikē）の地平が拓けてくる。そこでは人間相互が徳の範型として交わり協働する協働態の歴史と伝統が成立するわけである。(39)

このような人間の変容と出会いは、またグレゴリオスの『雅歌講話』においてやはり、男女の相聞歌をめぐっての比喩的解釈を通して物語られている。すなわち、そこで若者は若鹿のように跳躍しつつ、花のような乙女を訪れる。しかし彼はまた隠れ去り、こうした出会いと退去の経過のうちに二人は愛の歌を交わし、一致してゆく。しかも、その出会いの道行きは決して完了することなく無限である。その道行きこそ、神と霊魂、あるいはエクレーシアとの出会いのエペクタシス的な道行きとして解釈される。今霊魂は神からの愛の矢を受け（キリストの受肉）、その愛に感動して、著者であるキリストの言葉に聴従してゆく。その聴従において不断に霊魂は自我・自己中心的自同から脱在し（キリストと共に葬られ）、新しい徳の姿に再生して再出発する（キリストと共に甦る）。このようなケノーシス（自己無化）と再生の無限な歩みを通して、霊の実、つまり愛、喜び、平和、寛容、柔和などの徳を自らに結ぶ（ガラテヤ五・22）。こうしたエペクタシスの道行きは、同時にエクレーシアのオイコノミア（経綸）としても示される。そこにはエヒイェ的人格と協働態の姿が、観想と実践の次元で躍如として示されている。

この『雅歌講話』の伝統は、主にオリゲネスの『雅歌講話・注解』によって始まり、グレゴリオスを経て、西方ラテン教父アンブロシウス（四世紀）、大グレゴリウス（六世紀）、クレルヴォーのベルナール（一二世紀）、そして中世の婚姻（愛・ミンネ）神秘主義において開花し、そして近現代の西欧の神秘家、文学者、思想家、一般読者に多大な影響を与え続けている。(40) 最後に、作家、精神分析医として『雅歌』を解釈し、そこで若者・花婿に賛歌を捧げる乙女・花嫁の愛の体験を人間の再生・自律として語るジュリア・クリステヴァに傾聴したい。

その合法的で言挙げされた、よこしまでない愛において語り、そして相手の王的主権と肩をならべる者こそ花嫁です。恋するこのシュラムの乙女は、恋人の前で自律した最初の女性なのです。一組の男女の愛に捧げられた讃歌として、ユダヤ教はこのようにして、はっきりと女性の最初の解放となりました。恋し語る者という主体の資格を持った女性において。シュラムの乙女は、その叙情的で舞うような演劇的な言葉を通して、またその従順を情念が持つ暴力と適法性に結びつけるという冒険によって、近代的個の原型なのです。彼女は女王でもないのに、その愛と愛の実現するディスクール（言説）によって王のように堂々としています。悲壮でも悲劇的でもなく。この花嫁——一人の女性は、透明で激しく、分裂しておりすばしこく、公正で苦悩しており希望しているのですが、彼女こそ、その愛から発して近代的な意味で主体となった、最初のしかし普通の個なのです。（若者の現在と不在を同時に求めるほど）分裂して病んでいるにも拘らず、堂々として自律しています。「エルサレムの乙女たちよ。わたしは黒いけれど愛らしい。ケダルの天幕、ソロモンの幕屋のように。……その人はわたしを宴の家に伴い、わたしの上に愛の旗を掲げてくれました。ぶどうのお菓子でわたしを養い、りんごで力づけてください。わたしは恋に悩んでいますから。あの人が左の腕をわたしの頭の下に伸べ、右の腕でわたしを抱いてくださればよいのに」（一・5、二・4～6）。今や民全体がシュラムの乙女、神に選ばれた女人のように自律して生きます。この宗教的感情のクライマックスはまた、それがエロチックな情熱と前例のないレトリックによって支配された自由へと直接に移ってゆく通過に外ならないのです。

以上の意味で「雅歌」の乙女は、エヒイェ的人格なのである。

第三節　エヒイェ的人格⑶　現代、石牟礼道子、水雲崔済愚（東学の始祖）

それではこれまでのエヒイェロギアやエヒイェ的人格の考究は、現代においてどのようなエヒイェ的人格の特徴と実践の方位とを示しうるのであろうか。

まず第一に、新旧約文書の物語りを参照する範囲内で言えば、現代のエヒイェ的人格の成熟のためにはイエスの真実が範型となる。この範型を核としてそれと類比的に諸々の預言者の生全体の真実が模範となってくる。

聖書的に言えば、それは「キリストを着る」（ガラテヤ三・27）ことであり、肉の業ではなく霊が結ぶ実をその身に受けることに外ならない（ガラテヤ五・19～27）。現代でこのエヒイェ的人格を、ユダヤ・キリスト教の伝統において求めれば、マザー・テレサ、シャルル・ド・フーコー、J・ヴァニエ、E・シュタインなどであろう。第二に、その人格を聖書以外の文学において探求すれば、それは仏陀やソクラテス、孔子、ガンジー、水雲崔済愚などを範型として生きることであろう。本邦では文学者石牟礼道子のアニマ的体験がそれであろう。

第三に、この人格は、全体主義的な文明・エコノ＝テクノ＝ビューロクラシィ・独裁社会などにおいて、異邦人あるいは（精神的）遊牧者（ノマド）として生きるであろう。[41] これは自同から脱在するエヒイェの体現がもたらす必然的生であると言える。例えば、文明と砂漠の間を往復・越境してゆくノマドのように、全体主義の機構とそこから遺棄された地の間に生き、文明を告発し、無告の民の代弁者を志向することとなろう。これは自同において新たな息吹気（ルーアッハ）と霊感を発出させ、人々と霊感を共有することに深く連動する。こうしたエヒイェ的歩みは、例えば、H・アーレントの『全体主義の起源』の言説に結実し、その言説は、全体主義の本性を暴き、批判の道標となっている。

そのことは第四に、他者の真実とその物語りに出会いつつ生きることを促すと思われる。すなわち、諸種の「忘却の穴」に葬られた人々（アイヌ、難民、少数民族、殉教者、ハンセン病患者など）の真実と物語りを発掘し、他者の物語りを類比的に結集し、新しいメッセージを創生させ、全体主義的文明を告発・突破する。それが開闢的な出来事となるように。こうしてエヒイェ的人間は、ダーバールを生きることができまいか。本邦では石牟礼の『苦海浄土』がその範型として挙げられよう。

第五に、現代的なエヒイェ的人格は、以上のように、三一的エヒイェを生きるが、そのことは直ちにエヒイェを蒙って生きる人々との協働の創生を促すと言える。このエヒイェのエネルギーは、様々な宗教や文化的心性に息づいている。その例として、東洋的心性における気、殊に韓国に伝承されるハン（天地人の全一的和解と生命のエネルギー）や石牟礼のいうアニマ的母層が挙げられよう。(41) エヒイェ的人格はさらに自然という他者に注目し、消費産業や原子力の消費によって汚染され破壊された自然の再生と、その自然と人間の調和を求める。その意味で如上の協働は、今日地球的スケールの拡がりとなって展開する（ロマ八）。それでは次に、この協働をヘブライ的カーハールと新約的エクレーシアの視座で概観してみたい。

第四章　エヒイェ的協働態、イエスの神の国、キリストの身体（パウロ）、石牟礼文学におけるアニマのクニなど

第一節　カーハール（Qāhāl）・エクレーシア

われわれはカーハール（呼び集められた協働態）の典型を、ヤハウェ（エヒイェ）がモーセを通して呼び集め、シナイ契約に拠って奴隷から自立させた、ヤハウェに聴従する「聖なる民」（レビ記一九）のうちに窺うことができる。それはまた「新しい契約」へのルーアッハによって呼び集められ生かされた人々（エゼキエル三七）、あるいは自らのダーバールの実現を見張るヤハウェによって告知された新しいイスラエル（エレミヤ三一・31〜34、一・4〜19）である。(43)

新約的なエクレーシアの典型を求めれば、イエスの神の国運動がまず挙げられよう。それはあらゆる罪人とされた人々を迎える食卓協働態運動とも言える。その系譜においてパウロによって呼び集められたカリスマ的協働態が挙げられよう。その協働態はプネウマのカリスマによって結ばれ育まれる。と同時にそれは「キリストの身体」と呼ばれるように、エウカリスティア（キリストの肉と血に与る典礼祭儀）を中心に一致する「食卓協働態」である。[44]

ギリシア教父にあってわれわれは、ニュッサのグレゴリオスの『雅歌講話』で若者と乙女が相互に賛美する身体がエクレーシアとして比喩的解釈を受けたこと、あるいは『モーセの生涯』における地上の幕屋の柱や灯明や祭司の衣服などが、使徒たちおよび彼らによって参集する人々として解釈されたことを知っている。

さらにエヒイェ的人格の成熟と隣人愛の実践のために呼び集められた修道的円いを忘れてはなるまい。東方ではパコミオスや大バシレイオスを通して共住的修道制が確立していったが、西方では彼らの影響を受けてアウグスティヌス、ヌルシアのベネディクトゥス、フランチェスコやドミニコ、イグナチオ、シャルル・ド・フーコーの協働態が創生し、今日ではジャン・バニェのラルシュ（箱舟）やフランスのテゼなどの協働態に注目すべき円いの姿が窺える。[45]

というのも、フーコーはイスラームに身を投じて和解と相生のために殉教したし、ラルシュは障害を持つ子供たちと共なる協働態であり、テゼはプロテスタントやカトリックなどのエキュメニカルな修道院であって、いずれも現代の地球化の苦悩と希望を担っているからである。その意味では、ヒンドゥー教的アシュラム、仏教や儒教の協働態との協働も切実なものとなっている。

現代的相生論に関して言えば、アリストテレスのポリス論とそれを継承するトマス・アクィナスの共通善思想、[46]さらに彼らに拠る現代の共和主義（republicanism）、H・アーレントの公共論や活私開公を目指す公共哲学など、いずれも現代の相生的協働に向けて強力なメッセージを発信している。なぜなら、現代における文明間の衝突や民族的抗争、エコノ＝テクノ＝ビューロクラシィの抑圧的支配などによってエクレーシアや公共的生は分断・抹殺され「忘却の穴」に葬られているからである。この穴からどのようにして無告の人々が呼び集められ、エクレーシアの創成に向いうるかが根本的な問いだからである。われわれもそのような問題意識によって、エヒイェロギアのカーハール・エクレーシア的可能性を今日に問い続けるのである。

第五章　ハヤトロギアとの対比におけるエヒイェロギアの特徴

最後にわれわれは、これまでの考究のまとめおよび展望として、有賀のハヤトロギアとの対比を主にしたエヒイェロギアの特徴を略示しておきたい。

その一点目は、エヒイェロギアは何よりも根源悪・全体主義とその思想である存在－神－論の超克・脱在に向けられ、その脱在的拓けにおいて他者の地平を披くことを目指す。そこにはエヒイェ的行為的人格の共育の問題も同時に課題となっている。

その二点目は、如上の目的のため現代における根源悪の現象、つまりアウシュヴィッツ的虚無と巨大科学を中心としたエコノ＝テクノ＝ビューロクラシィの分析がなされる。

その分析のため、神学、有賀のハヤトロギア、哲学、倫理、歴史学などのあらゆる思想的資源が結集され、従って根源悪からの超出・エクソダスは総力戦の趣きを呈しよう。

第三点目は、考究の素材となるテキストは特に有賀同様に新・旧約テキストであるが、その際、方法は現代ドイツ聖書学の歴史批判的方法も参照するが、基本的には物語り論的方法、およびルーアッハ的解釈に拠る。

第四点目は、この物語り論的解釈から洞察される場は、実在の場であって、そこはエヒイェ＝ルーアッハ＝ダーバール的三一の純粋体験の場となる。それが可能であるのは、テキストのルーアッハ的解釈において、解釈者はすでにある種の聖霊（プネウマ）の現存に与っているからである。

第五点目は、如上の三一的エヒイェを歴史世界に体現するエヒイェ的人格（ペルソナ）の共育とペルソナ的協働態が目指される。なぜなら、エヒイェは「他者と共に在る」主体として常に汝と契約を結ぶ力働を秘めるからである。

第六点目は、エヒイェロギアは時空を超えてあらゆる人々と出会い、協働しうる地平を自覚する。すなわち、すでに述べたことであるが、歴史に生きる人々のその都度の行為（ダーバール）の質と内容が同じであるなら、いわゆる未来と過去の時制が超えられ、今・ここのダーバール（カイロス）においてあらゆる人々が「同時代人」として出会いうるのである。そしてそのカイロスのダーバール（ケリュグマ、預言、行為など）の質を決め、生み出すのは、ルーアッハ・プネウマなのである。従ってあらゆる人々が今・ここに結集し、協働できるのはプネウマに拠るのだと言える。パウロの言う「キリストの身体」とは、そうしたプネウマの場といえよう。

このようなプネウマ（気）やカイロスに盲目となり、自己を実体化する自同や構成的理性やクロノス的な時間と生活にとらわれる時、そこに全体主義が君臨してこよう。

われわれは有賀の「キリスト論的中断」「聖霊体験」が、過去＝現在＝未来のクロノス的時制における中断とは考えない。むしろエヒイェロギアに拠って、その中断に介入する聖霊・プネウマが場となって、いわゆる過去のソクラテスも釈迦もアブラハムも、またいわゆる未来世代の人々がその場に結集し、対話し、そこから根源悪の支配する世界と歴史を開闢する霊機が生まれると考える。エヒイェロギアは、従って常にプネウマの現存とその体験を根源とするわけである。

むすびとひらき

人間は「どこ」に呼ばれているのであろうか。われわれはその「どこ」を他者との相生に求めた。他者とは、エヒイェであり、かつ隣人である。しかし、この相生を虚無化する悪の力は現代を支配している。そこでわれわれはまず根源悪の問題から考究を始めた。その根源悪は、人間が自然をも含めた他者を全知全能の神のように支配しようという傲慢（ヒュブリス）・倒錯した意志から生じた。その倒錯は、有限な人間が無限者の立場を占めようとする意味で、一種の虚無と言える。この虚無の具体化は、現代にあってエコノ＝テクノ＝ビューロクラシィ機構に外ならない。その機構を示せば、金融資本主義とプロメテウスの火〈その極みの形態が原子力技術〉および官僚的支配によって象徴されていると思われる。そして人間が「神」となるような如上のヒュブリスを基に、この機構が地球的スケールで支配し、諸国家やEUのレヴェルにまで至る経済市場の破綻、そして核戦争や放射能の高度汚染の危機をもたらし、われわれの最終的避難所であるこの水惑星の破滅を引き起こしつつある以上、現代の根源悪は終末論的様相を帯びているのである。

われわれはまずこの根源悪からの思想的エクソダスを試み、根源悪の思想的温床を存在－神－論に求めた。そのエコノ＝テクノ＝ビューロクラシィ的具体化が「アウシュヴィッツ」であり、「FUKUSHIMA」であった。そこでは「神の沈黙」が問われるほど、人々の絶望も深まり、他面「絆」「倫理」の重要性が自覚されたのである。本論はこの自覚に支えられ、根源悪と存在－神－論から、どのように他者の他者性が取り返され、絆・相生の地平が拓けるかを問うたわけである。その問いの闡明《せんめい》の手がかりとして、われわれは有賀鐵太郎博士の提唱する「ハヤトロギア」に拠り、さらに物語り論や諸種の発想を加えて「エヒイェロギア」を構想・構築しようとしているわけである。

この構築の途上にあって、果たしてこの思想とその実践者であるエヒイェ的人格が、この終末時においてどのように他者性と相生のエクレーシア、神＝人間＝自然の一と多の秘義・全一的調和[47]に協働できるのか、という問いと昏迷はいよいよ深まるばかりである。けれども天使と必死の格闘をして神名を問うたヤコブのように、われわれもエヒイェ・アシェル・エヒイェに如上の問いを必死に問い続ける以外に途はあるまい。

註

本論はエヒイェロギア構想の概説であるので、エヒイェロギアに関わる拙論、拙著および関係諸氏の論文著作を註に簡単に挙げ、諸兄の参照用に供した。

（1）『原初のことば』（宮本久雄・金泰昌編、シリーズ物語り論2、東京大学出版会、二〇〇七年）に所収。

（2）お上支配の思想はすでに聖徳太子の「十七条憲法」（六〇四年）に示されている。「一に曰く、和なるを以て貴しとし、（天皇に）忤《さか》ふることなきを旨とせよ」等々。

（3）H・アーレント『全体主義の起源3』大久保和郎・大島かおり訳、みすず書房、一九七四年。以下、『全3』と記す。

（4）H・アーレント『イェルサレムのアイヒマン――悪の陳腐さについての報告――』大久保和郎訳、みすず書房、一九九四年。以下、『ア』と記す。周知のように、A・アイヒマンはユダヤ人絶滅計画のために数百万のユダヤ人を集め、強制収容所への輸送の綿密な計画を練った「机上の殺人者」といわれる。戦後アルゼンチンに潜伏中、一九六〇年に拉致され、イスラエルで、主に「人道に対する罪」の名目で裁判にかけられ、死刑判決を受けた。
(5)『全3』二三二頁。
(6)『アウシュヴィッツは終わらない』竹山博英訳、朝日選書、一九八〇年、一〇六~七頁。
(7)『全3』二五四~五頁。
(8)『全3』二六二頁。
(9)『全3』二六二頁。
(10)『ア』一八〇頁。
(11)『ア』二三一頁。
(12)高木仁三郎『プルトニウムの恐怖』岩波新書173、一九八一年、一八頁。他に、同『原子力神話からの解放』講談社+α文庫、二〇一一年。
(13)前掲『プルトニウム』一八頁。
(14)「アウシュヴィッツ以降のわれわれは、カントが個人のなす道徳的選択を究極的には測り知れないと見たことがどれだけ洞察力に富んでいるかを学んだ。分析を突き詰めれば、アントン・シュミット(ユダヤ人パルティザンを援助したドイツ軍曹長)のような個人に悪に抵抗することを要求するタイプの判断ができた理由を測り知ることはできない。この測り知れなさは――カントがわれわれに教えるように――自由で責任のある人格であることが意味するものの核心にある」。R・J・バーンスタイン『根源悪の系譜――カントからアーレントまで――』(阿部ふく子他訳、法政大学出版局、二〇一三年)三七二頁参照。同書は根源悪についての卓越した思索書の一つである。
(15)『キリスト教思想における存在論の問題』(有賀鐵太郎著作集4)創文社、一九八一年。ハヤトロギアを評した論文として、水垣渉「有賀鐵太郎のハヤトロギアの構想、特質、及び問題点」(『基督教学研究30』二〇一〇年)に所収。
(16)註15の『同』一八四~一八九頁。神名の多様な解釈については、R・ドゥ・ヴォー『イスラエル古代史――起源からカナン定着まで――』(西村俊昭訳、日本基督教団出版局、一九七七年)四七五~五〇九頁参照。
(17)前掲、有賀『キリスト教思想における存在論の問題』一八九頁。またエヒイェ、ハーヤーについては次著を参照。

P. Ricoeur, A. LaCocque, *Penser la Bible*, seuil. 1998, pp. 305-335.

(18)これらの消息については、拙著『存在の季節――ハヤトロギア（ヘブライ的存在論）の誕生――』（知泉書館、二〇〇二年）一四三～一五五頁。矛盾律はアリストテレスによって「同じものが同時にまた同じ事情の下に同じものに属し、かつ属さないことは不可能である」と定式化されている（『形而上学』第四巻三章）。排中律は「あらゆるものは必然に肯定される（真）か、否定される（偽）かのいずれかである」と定式化される（『同』第三巻二章）。

(19)事実と真実、イエスの歴史的再構成とプネウマによるイエスの現存などの問題については、拙著『他者の風来――ルーアッハ・プネウマ・気をめぐる思索――』（日本キリスト教団出版局、二〇一二年）第四章「ヨハネによる福音書のパラクレートス論とアウシュヴィッツ証言論」、また、伊吹雄『ヨハネ福音書注解Ⅲ』知泉書館、二〇〇九年、一七四～二〇六頁を参照。

(20)ヘシュカズムの光の体験の伝承やタボル山の光については、久松英二『祈りの心身技法　十四世紀のビザンツのアトス静寂主義』（京都大学学術出版会、二〇〇九年）。Ｖ・ロースキィ『キリスト教東方の神秘思想』（拙訳、勁草書房、一九八六年）、拙著『福音書の言語宇宙』（岩波書店、一九九九年）第二部を参照。

(21)前掲『他者の風来』第三章「他者相生をめぐるヘブライ的解釈学とルーアッハ」を参照。

(22)「霊機」の出典は、中国唐代の詩人王勃の『王子安集』である。

(23)山我哲雄「〈有りて有るもの〉――出エジプト記、三・14の解釈への試論」（『文学研究科紀要　別冊第九集』早稲田大学大学院文学研究科、一九八二年）に所収。

(24)脱在については、拙著『他者の甦り――アウシュヴィッツからのエクソダス――』（創文社、二〇〇八年）、および『ヘブライ的脱在論――アウシュヴィッツから他者との共生へ――』（東京大学出版会、二〇一一年）。

(25)申命記七・6～8参照。

(26)前掲『ヘブライ的脱在論』第二部。

(27)『自然学』第四巻一一章、219b1～2。

(28)前掲『他者の甦り』五三～五八頁。

(29) 伝道の書三・1〜8参照。
(30) 有賀鐵太郎「存在――ヘブライ思想をふまえて――」（『著作集五、信仰・歴史・実践』創文社、一九八一年）に所収。
(31) H・アーレント『精神の生活 下』佐藤和夫訳、岩波書店、一九九四年、三五〜四二頁。
(32) 拙著『他者の原トポス――存在と他者をめぐるヘブライ・教父・中世の思索から――』（創文社、二〇〇〇年）第五章参照。
(33) 前掲『キリスト教思想における存在論の問題』二六五〜二六九頁。
(34) M. A. Ouakunin, *Les dix Commandements*, Éditions des Seuils, 1999, pp. 39-49. 前掲『存在の季節』一五五〜一七二頁。
(35) 前掲『他者の風来』第四章。
(36) 『霊的百断章』原典：*ΦΙΛΟΚΑΛΙΑ ΤΩΝ ΙΕΡΩΝ ΝΗΠΤΙΚΩΝ*, ΤΟΜΟΣ ΠΡΩΤΟΣ, ΑΘΗΝΑΙ, ΤΟΥ ΑΥΤΟΥ ΜΑΚΑΡΙΟΥ ΔΙΑΔΟΧΟΥ ΕΠΙΣΚΟΠΟΥ ΦΩΤΙΚΗΣ. 翻訳：Diadoque de Photicé, *ŒUVRES SPIRITUELLES*, trad par Édouard des Places, s. j. Sources Chrétiennes 5bis. Les Éditions du Cerf, 2011.
(37) 前掲『キリスト教東方の神秘思想』第一一章「神からの光」、サーロフのセラフィーム『モトヴィーロフとの対話』参照。
(38) 拙著『愛の言語の誕生――ニュッサのグレゴリオスの「雅歌講話」を手がかりに――』（新世社、二〇〇四年）を参照。
(39) 拙論「ニュッサのグレゴリオスにおける神の似像」（『宗教言語の可能性』勁草書房、一九九二年）に所収。また宇宙論的射程をもつ協働に関しては、谷隆一郎『人間と宇宙的神化――証聖者マクシモスにおける自然・本性のダイナミズムをめぐって――』知泉書館、二〇〇九年を参照。
(40) クリステヴァも含めた「雅歌」解釈の歴史を辿った書物として次のものを参照。*Le Cantique des Cantiques, Du Roi Solomon à Umberto Eco Anthologie*, par Anne Mars, Les Éditions du Cerf, 2003. Julia Kristeva, *Histoires d'amour*, folio essais, Éditions Denoël, 1983.

(41) 前掲『ヘブライ的脱在論』第六章「現代における異邦人性とエヒイェ」。
(42) ハンについては前掲『他者の風来』第六章「水雲崔済愚の神秘体験」、アニマについては前掲『旅人の脱在論』第八章「たましい（アニマ）への旅──石牟礼文学から始める──」を参照。
(43) 拙著『聖書と愛智──ケノーシス（無化）をめぐって──』（新世社、一九九一年）、第一部二「エレミヤの〈告白〉」を参照。
(44) 前掲『存在の季節』第六章「食卓協働態とハヤトロギア」、および拙著『身体を張って生きた愚かしいパウロ──身体（ソーマ）と他者──』新世社、二〇〇九年。
(45)『宗教的共生の思想』（宮本久雄編、教友社、二〇一二年）、第二章「修道会の会憲・会則にみる」を参照。
(46) 拙論「協働態的公共圏の諸相とペルソナ──トマス・アクィナスの共通善哲学を手がかりとして──」（『公共哲学の古典と将来』宮本久雄・山脇直司編、東京大学出版会、二〇〇五年）に所収。
(47) 宇宙論的歴史的一と多の全一的世界を示しえたのは、ロシアの宗教的神秘家ソロヴィヨフである。その宗教哲学を見事に開示した書に次のようなものがある。谷寿美『ソロヴィヨフの哲学』理想社、一九九〇年。

ディオニュシオスのエロス論とエヒイェロギア

袴田　渉

はじめに

本論考において、筆者は偽ディオニュシオス・アレオパギテース（以下、ディオニュシオスと略記）なる人物によるエロス論の読解と、同論とエヒイェロギアの比較考察を試み、そこから両論についての新たな理解を提示したい。エロス（恋愛・性愛）論については古今の著作家によって数多く著されているが、ディオニュシオスのそれは、プラトン、オリゲネスの思潮に連なるものである。ただし、ディオニュシオスのエロス論をいわゆる「プラトニック・ラブ」の枠組みだけに局限して理解しえないのは、そこに旧約聖書的な神観の影響が見られるからである。それは、『出エジプト記』などに描かれる「妬む神」、すなわち不実の妻に擬えられたイスラエルの民に性愛の信義を問う神のモティーフである。ディオニュシオスに見られるこの「ヘブライ的」要素は、彼のエロス論を独特なものとし、さらにはエヒイェロギアとの比較の足掛かりになるものと思われる。

ここで、ディオニュシオスについて言及しておきたい。今日の学界で「偽」の字を付すことを通例としている彼の名は、『使徒行伝』（一七章三四節）のパウロのアテナイ宣教において改宗したとされるアレオパゴスの議員ディオニュシオス（新共同訳では、ディオニシオ）に由来している。その名を冠した一連の文書群『ディオニュシオス文書[1]（*Corpus dionysiacum*）』が世に出回り始めたのは、パウロの伝道旅行からおよそ五〇〇年後の教義論争に震撼する地中海世界、とりわけシリア＝パレスチナ地方においてであった。同文書は、一九世紀末に偽書であることが証明されるまで、とりわけ中世を通じて、証聖者マクシモスやトマス・アクィナスをはじめとする東西のキリスト教著作家たちに様々な影響を与えたとされる。

その思想の歴史的意義は、しばしば後期新プラトン主義をキリスト教思想にもたらしたことにあると言われる。実際、彼の思想は、プラトン派の学園アカデメイアの学頭プロクロス（四一二―四八五）からの強い影響の下に成立しており、とりわけ「悪」概念についての議論では、プロクロスの論をほとんどそのまま用いていることも手伝って、極めてプラトン主義の色彩が強い[2]。しかしながら、管見によれば、ディオニュシオスの思想の根本的な意義は、神について語るための方法論に最初の体系的な反省を試みた点にあると思われる。現代思想のシーンでもしばしば言及される「否定神学（希語では *ἀποφατικὴ θεολογία*、英語では apophatic theology）」という言葉は、ディオニュシオスによる「神（θεο-）についての語り（*λογία*）」のための方法論を表す用語であり、その意味するところは、「否定命題をもって神を語る方途」に他ならない。従って、ここでいう「神学」とは、キリスト教教義を組織的に研究する学問のカテゴリーの一つとしてのいわゆる神学とは異なることに注意が必要である。彼は、この「否定神学」の他にも、「肯定神学（*καταφατικὴ θεολογία* / cataphatic theology）」と「象徴神学（*συμβολικὴ θεολογία* / symbolic theology）」という三つの「神学[3]」を体系的に構想し、自らの著作において実践してみせたのである。ディオニュシオスのエロス論が語られているのは、彼の主著にして「肯定神学」の実践の書としての『神名論（*De divinis nominibus*）』においてである[4]。

そこで、本論では、まずディオニュシオスのエロス論のコンテクストをなす『神名論』について必要な限りで概観する。次いで、エロス論をテクストに基づいて読解し、そこから抽出されるエロス概念の特質を考察し、その後に、エロス論とエヒイェロギアとの比較考察を試みて、両論に通底する意義を示すと共に、それらのもつ可能性を抜き見たい(5)。

第一節 『神名論』について

エロス論を含む『神名論』は、その題名からも明らかなように、神の名について論ずることをテーマとする。ただし、同書は以上のようなテーマから直ちに連想されるような、通常の意味での神学的論文なのではない。というのも、既に触れたように、同書はディオニュシオスに独自の「肯定神学」を実践するものだからである。そこで本節では、エロス論の具体的なテクスト読解に入る前に、その枠組みとなる「肯定神学」と、『神名論』の構造について概観しておきたい。

肯定神学

「肯定神学」とは、端的に言えば、神について肯定命題を用いて語ること、ないしその語り方を指す。これは、やはり神について否定命題でもって語る「否定神学」との対比で捉えられたものである。ただし、肯定神学は、「神の何でないか」を言う否定神学とは反対に、「神の何であるか」を問題にするものなのかといえばそうではない。なぜなら、ディオニュシオスにとって、神の「何であるか(=本質)」は原則として問うことができない(対象化できない）事柄だからである。しかし、ディオニュシオスは、神の本質を知ることができなくても、神の何らかの「発出」や「力」は、人間に経験されうるとした。このため、彼は、人間に様々な仕方で経験された（与えられた）神の「発出」や「力」を神の「名前」として、これを論ずることができると考えたのである。[6] 従って、「善」や「美」や「存在」といった神名は、神の属性を表すものではなくて、人間に経験された神の発出・力であり、それらに基づいて人間はこれらの神名を形成するのだといえる。だから、『神名論』ないし肯定神学は、神の何であるかを問うものではなくて、人間にとって神がどのような意味や価値を有するのかを問題とする。このことは、ディオニュシオスの問題意識が、神を対象化してその本質を問う形而上学的問いにではなく、人間において神を「善」や「美」などとして経験するその根拠への問いにこそあったことを表している。この「根拠」への問いは、神を何らかの形で規定するものではなく、人間に善や美などとして経験される神へ向かう探求・希求という方向性を持つ。このため、ディオニュシオスは肯定神学を、他の「神学」と同様に、神へと上昇する道程とした。

『神名論』は、以上のような意味での肯定神学の実践をその特質とする。従って、同書に含まれるエロス論は、「エロスとは何であるか」を問うものではなくて、むしろ人間の内に確かに経験される「エロス」を神の名として論じることで、神へと至ろうとする営みなのである。

『神名論』の構成

次に、本論考で問題とするエロス論がどのような文脈で展開されるのかを確認したい。エロス論のコンテクストとなる『神名論』は、その枠組みとして二人の人物を巡って構成される。一人は、ディオニュシオスの師ヒエロテオスであり、[7] もう一人は、彼自身の弟子ティモテオスである。[8] ディオニュシオスは、師ヒエロテオスから学んだ秘義的な事柄を解釈・再構成して、自らの弟子ティモテオスのためにある種の「伝書」を著した。それが、『神名論』である。このような枠組みは、同書によって実践される「肯定神学」にとって本質的な意味をもっている。というのも、このことは肯定神学が師と弟子の間で行われるものであり、孤独な観想とは異なる、他者との協働において実現される営みであることを表すからである。

『神名論』にこのような枠組みのあることを踏まえつつ、以下に同書の内容を構成する章立てを瞥見しておきたい。

第一章　序論
第二章　神の統一的名称と個別的名称（三位一体論）
第三章　師ヒエロテオスへの弁明および祈りについて
第四章「善」、「美」、「光」、「エロス」および悪について
第五章「存在」
第六章「生命」
第七章「知恵」
第八章「力」
第九章「大」、「小」、「同」、「異」、「類似」、「非類似」、「静止」、「運動」
第一〇章「全能者」、「日数を経た老人」
第一一章「平和」
第一二章「聖なる者のなかの聖なる者」、「王のなかの王」、「世々に今に至るまで統治する者」、「主権者のなかの主権者」、「神のなかの神」

第一三章 「一」、「完全」

以上の構成をもつ『神名論』は、まず第一章から第三章までに神名を扱うための予備的論考のなされた後に、第四章から第一三章にかけて具体的な神名についての論が展開される。その際、第四章から始まる神名の選定や順序付けは、多くの学者たちの解釈が示しているように、恐らく無作為になされているのではない[9]。というのも、一つには、これらの神名がすべて聖書に典拠をもつからである[10]。そして、いま一つには、章ごとに論じられる神名の概念上の水準が異なり(例えば、第五章の「存在」という神名は第六章の「生命」よりも根源的な概念であり、後者は前者に包摂される)、とりわけ第四章から第七章までの神名の順序は、プロクロスの『神学綱要』において示された存在階層論上の形相の順序とほぼ重なるからである[11]。さらに、『神名論』全体の構造は新プラトン主義的な発出と還帰のモティーフに貫かれており、概念として最上位にくる「善」から始まって(発出して)、より下位のものへと順に並べられ、再び最高概念としての「一」と「完全」が考察されて論が閉じられる(還帰する)という、発出—還帰の円環構造となるように、恐らくはかなり意図的に構想されている。このことの意味については、紙幅の関係上、本論考で論じることはできない。ただし、ここでは、『神名論』の構造自体のもつ聖書的(従って、ユダヤ=キリスト教的)伝統とギリシア思想(とりわけプラトン主義)との重なり合いや、そこに孕まれた緊張関係の中に、ディオニュシオスのエロス論が付置されていることに注意を喚起しておきたい。また、「エロス」が「善」・「美」といった概念上最も根源的な神名と同じ章の中で扱われており、そのことは「エロス」概念の「善」・「美」に匹敵する根源性を示唆することを確認しておきたい[12]。

本節の終わりに際して、次節以降でディオニュシオスのエロス論のテクストを挙げる前に、問題の箇所に至るまでの『神名論』の論旨を若干説明しておきたい。著者は、第一章で絶対超越的な神の名を人間が語りうることの根拠として、啓示の書たる聖書や神の内在性について論じて『神名論』の方法論を提示し、次いで第二章では父・子・聖霊という神名を彼の三位一体論を交えて考察する。さらに、第三章で、著者の師ヒエロテオスの著作を差し置いて、自らの論を展開することについて弁明をほどこした後、第四章において、善と美の名がエロスと同格のものとして考察される。以上の議論を踏まえて、問題の箇所が論じられることになる。

第二節　エロス論のテクスト分析

本節では、問題となるディオニュシオスのエロス論が最も体系的に論じられた『神名論』第四章第一〇節と第一三節のテクストを便宜上三つに分けて提示する。[13] なお、テクストを扱うに際して、筆者はテクストに語られた内容それ自体に注目するよりも、著者のディオニュシオス自身がその内容を書く仕方に着目したい。というのも、前節において指摘したように、『神名論』というテクストは「肯定神学」の実践の書という特質を有しているため（つまり、通常の意味での神学書と異なるため）、彼のエロス論を読んでも、そこで語られた内容からエロスに関する何らかの実定的な知識や学術的に有意な情報を得ることはできないと思われるからである。しかるに、著者が肯定神学によるエロス論をどう書いているか、すなわち書く仕方は、彼自身の同論に対する（恐らくは無意識の）思考の跡を色濃く反映するゆえに、彼の思想を理解する上でしばしば本質的な意義をもつと思われる（『神名論』自体、肯定神学という「神を語る仕方」を伝えるテクストである）。そこで、ここでは、エロス論におけるディオニュシオスの思考を抽出するために、彼がエロスについて述べる際の表現方法（動詞の時制や態、用いられる例え、頻出する用語など）に着目して、彼の「思考の足跡」の分析・読解を試みることとする。[14]

最初に挙げるのは、エロスと万物の創造の関係を描く場面である。

（引用一）真理の言葉は、次のことを腹蔵なく語るだろう。すなわち万物の原因なる方ご自身が、過剰なまでの善性によって万物を愛し、万物をつくり、万物を完成し、万物をまとめ、万物を還帰させる。そして、まさに神的なエロスは、善のゆえに善《よ》きものであり、善きものへ向かうのである。なぜなら、善のなかに溢れるばかりに先在している万物に善なる働きをなすエロス自体は、かの方《かた》が何ものも生み出さずに自らの内に留まることを許さず、一切のものを生み出す豊かな溢れによって行為することへとかの方を動かしたからである。（『神名論』第四章第一〇節）

ここでは、『神名論』の中で論じられてきた「善」という神名との関係に基づいて、神的エロスが「万物の原因なる方」（すなわち神）を万物の創造へと動かしたことについて語られている。古註は、ディオニュシオスのこの教説を、「驚くばかりに述べている（θαυμαστῶς λέγει）」と評して、その特異さと、それのもたらす衝撃のほどを伝えている。(15) というのも、伝統的なキリスト教神学において、神は理性的な「意志（βούλησις / boulēsis 或いは θέλημα / thelēma）」の決定によって万物を創造したのであって、(16) エロスというある種の情動によって万物を創造したとは考えられていなかったか、或いはそのことが想定されていたとしても、敢えて記述されることはなかったからである。

ディオニュシオス自身、こうした事情は恐らく十分に理解しており、「腹蔵なく語るだろう」という表現がそのことを示唆していると思われる。この言葉の原語は、文法的に言えば、ギリシア語動詞‘παρρησιάζομαι / parrēsiazomai’の未来形三人称単数であり、文字通りには「すべて（πᾶς / pās）を語る（ῥῆσις / rēsis）」ということを意味する。そこから、「率直に語る」とか「自由に語る」といった意味が一般的に用いられた語義として派生してくる[17]。しかし、ここでは「真理の言葉（λόγος／logos）」が語りの主語であり、内容的にも神の創造に関わる秘義的な事柄であるため、同動詞は隠されていた真理の啓示・開示を意味すると思われる。ここで注目したいのは、同動詞が未来形を採っていることである。というのも、著者がこの「真理の言葉」の語りの内容をここで書き表せている（つまり、知っている）ということは、著者にとって「真理の言葉」による言表は未来に起こるだろう出来事ではなく、過去のある時点ないし著者が上の文章を書き表している時点（著者にとっての現在）の事柄だからである。このような「未来の出来事を表さない未来表現」はしばしば、著者の書き表された事柄に対する、断定を避けた控えめな態度を表出する[18]。ディオニュシオスは恐らく、自らの書き表す事柄が大勢の見解とは異なることを十分に意識しつつ、万物の創造にエロスが関与したという自らの立場をある意味で「慎重に」ここに打ち出していると思われる。それは、神の「愛する」（原語は、エロスの動詞形三人称単数現在 ἐρᾷ／erāi）という情動、エロスの動きが、創造の意志に先立つとする立場である。つまり、ここでディオニュシオスは、神の意志が発動する手前の、エロスという情動に世界創造の原理を見ている。しかも、このような神的エロスは、神のみに関わる情動ではなく、被造物にも関与するものである。次に挙げる引用では、エロスの性質とその被造物との関係について述べられる。なお、引用中の亀甲括弧〔　〕は、筆者による補いである。

（引用二）神的エロスは脱自的であり、愛する者たち《エラスタイ》が自分自身に属してあることを許さず、〔彼らを〕愛さ《エロ》れる者たち《メノイ》に属させる。そして、〔万物の内で〕より高位のもの〔被造物〕たちは、より低位のものたちへの摂理によって〔このことを〕表し、同位のものたちは相互のつながりによって、また下位のものたちは最高位のものたちへのより神的な還帰によって表す。そこで偉大なるパウロは神的エロスに心を奪われ、その脱自的な力に与って、神に満たされた口で次のように言っている。「生きているのは、もはやわたしではありません。キリストがわたしの内に生きておられるのです[19]」と。彼は、真に愛する者として、すなわち彼自ら言うように、神のために「正気を失った者」として、彼自身の生命ではなく、愛する方のどこまでも愛すべき生命を生きたのである。(『神名論』第四章第一三節)

神に世界創造を促した神的エロスは、ここでその性質を「脱自的(ἐκστατικός / ecstaticos)」と言われる。というのも、ディオニュシオスにとって、神の世界創造は神自身の「何ものも生み出さずに自らの内に留まる」という自己同一的な様相から出る(脱する)ことを意味するからである。さらに、この神的エロスは「愛する者たち《エラスタイ》」と「愛される者たち《エロメノイ》」という複数の存在者にも関わるものとして、神のみに帰される愛ではないことが明らかにされる。そのようなエロスの関与する領域は、神の内部のみならず、「より高位のものたち」や「より低位のものたち」、そして「同位のものたち」といった用語で言い表される、存在階層論的に理解された万物のひしめく世界内でもある。ここで存在階層論と呼んでいるのは、前節で触れたように、プロクロスら後期新プラトン主義者によって整備された「存在を超えるもの」と「存在するもの」の階層的秩序を表す体系のことを指しており、「善・一者」を頂点として「存在」や「知性」などのイデア的原理および動植物や無生物といった具体的な類を経て、「質料(ヒュレー)」にまで至るもののことである[20]。

エロスはこうして、ギリシア思想に淵源する宇宙論的な広がりの中で考えられていることが分かる。そして、この様な壮大なパースペクティブの中で、エロスは、ここではパウロという一個人に関与する。パウロは、神的エロスに与った、「真に愛する者」の範例としてここに登場しているのである。彼は、エロス的関係にあるキリストの生命を生きることで、自己の存在仕方を変容させる者として描かれている。この存在仕方の変容と脱自とは、エロス論の中心的なテーマであり、後の節で詳しく考察していく。

本引用の最後の箇所で、ディオニュシオスは真に愛する者たるパウロに関して重要な指摘をしている。それは、彼を「正気を失った者」とした点である。この表現は、先の『ガラテア書』からのディオニュシオス自身の引用とは異なる、『第二コリント書』(五・一三)が念頭に置かれており、そこでは、パウロの愛する神、キリストへの「狂気」について語られている。エロスの「狂気」的性質は、プラトンの教説にも見られるものであり、ここにも聖書的伝統とギリシア思想の重なり合いを見出すことができる。プラトンによれば、エロスにおける「狂気」とは、日常の自己同一的な在り方を破って、彼方なる「真の美」へと向かう超越的「欲望」に他ならない。(21) なお、この「正気を失った者」という言葉の原語は 'ἐξεστηκώς / exestēkōs' という動詞 'ἐξίστημι / existēmi' の現在完了分詞形であり、「脱自的 (ἐκστατικός)」という形容詞と同根の語である。このため、「正気を失った者」という言葉は、「脱自した者」とも訳しうるものであり、ディオニュシオスは恐らくこのことを意識して引用していると思われる。(22)

エロスの孕む「欲望」は、ディオニュシオスのエロス論において重要な役割を果たす。次に挙げるテクストでは、このエロス的「欲望」の契機について論じられる。

(引用三) そしてまた、真理のためには敢えて次のように言わねばならない。すなわち、万物の原因なる方ご自身でさえも、万物への美しく善きエロスによって、エロス的善性の溢れの故に、存在するすべてのものへの摂理によって、ご自身の外に出るのだと。そしてそれは、あたかも善と愛情《アガペシス》とエロスによって魅了されているかのようであると。かの方は、万物を超え、万物からかけ離れた状態から、万物の内にある状態へと降りて来るのだが、それは脱自的で存在を超えた、ご自身から歩み出ることのない力によるのである。それゆえ神的な事柄に長《た》けた人々は、かの方を「妬む者[23]」と呼ぶのだが、それは存在するものたちへの豊かな善きエロスのためであり、かの方のエロス的欲望を妬みにまで高め、かの方を妬む者として示す〔エロスの〕ためである。そして、その方によって欲望されるものたちは、妬まれるものたちであり、そのように言わば、かの方によって摂理される存在者たちは、妬まれるものたちなのである。包括的に言えば、愛するものとエロスとは、美と善に属し、美と善の内にあらかじめ置かれていて、美と善のゆえに存在し、かつ生成するのである。（同上）

先に引用一の分析において、「未来の出来事を表さない未来表現」について指摘したように、ディオニュシオスはここでも、冒頭の箇所で「敢えて言わねばならない[24]（τολμητέον εἰπεῖν）」と断ることである種の「ためらい」を示しつつ、大勢の見解とは立場を異にする「エロスによる創造」を語り出している。そうして語り出された創造は、一見して、「善性の溢れ」や「万物への下降」といった新プラトン主義的な流出・発出のモティーフに彩られていながら、その実、エロスによって万物を「欲望する」という、およそ新プラトン主義の図式からは導出されえない「人格（ペルソナ＝ヒュポスタシス）[26]的」な神の行為として描かれていることに注意が必要である。そして、この「欲望する」人格神のイメージを支えるのは「妬む者（神）」という名に他ならない。ディオニュシオスは、この「妬む者」という名を、神のエロス性を表すものとして、また「エロス的欲望」の高まりを示すものとして解釈するのである。この「欲望（ἔφεσις / ephesis）」の契機は、『ディオニュシオス文書』全体の中でも、エロスについて考察される『神名論』第四章にその用例が集中していることからも分かるように、エロス論と密接な関係にある[25]。それは、後に詳しく論じるように、エロスの特質たる「希求性」を表すものであり、ほとんどエロスと交換可能な概念であるといえる。このため、本論では、「エロス」概念と「欲望」概念をほぼ同義なものとして扱う。

ここでもう一点注目しておきたいのは、引用三の最後の箇所において、神に「欲望されるものたち」が「摂理される存在者たち」と言い換えられている点である。同様に、引用三の前半部分にも、「万物への美しく善きエロス」という表現と「存在するすべてのものへの摂理」という言葉が並置されている。さらには、先の引用二で「より高位のものたち」が「より低位のものたち」へ向けてエロスを表す際には、「摂理」というかたちをとると言われていた。これらの用例は、著者が「エロス・欲望」と「摂理（προνοίαι / pronoiai）」とを何らかの類概念と捉えていたことを示している。しかし、エロス・欲望という一種の感情と、摂理という（神の）理性的・知性的な計画に基づく配慮とは、通常、根本的に異なる概念と見なされる。それにもかかわらず、著者は、敢えてエロス・欲望と摂理をある意味で等置している。それはなぜなのだろうか。

このことを考える上で重要なのは、プロクロスの摂理概念からの影響である。というのも、プロクロスは、自らのエロス論を展開した『第一アルキビアデス註解』において、やはりエロスと摂理とを並置して論じているからであり、また先に指摘した「『より高位のものたち』が『より低位のものたち』へ向けてエロスを表す際には、『摂理』というかたちをとる」という定式は彼に由来するものだからである[27]。彼は、プラトンの『第一アルキビアデス』の中で、エロス的主体としてのソクラテスによって示された、エロスの対象たるアルキビアデスへの配慮にダイモン的・神的摂理の顕れを見ている。ここでいうダイモン的・神的摂理とは、宇宙的な存在階層の中で上位を占める、神々やダイモンの位階にいる存在者によってより下位の存在者（人間の位階を含む）へ向けて示される配慮のことであり、その配慮は下位の存在者を秩序付けると共に、彼らをより上位の存在者に結び付ける（還帰させる）働きである[28]。

ディオニュシオスがエロスと摂理の両概念を等置した背景には、恐らく以上のようなプロクロスの摂理理解があったと考えられる。ここで、ディオニュシオスのプロクロスにおけるエロス・摂理論を採り入れることによる帰結に注目するならば、以上のような摂理概念とエロス概念とが等置・置き換え可能であるということは、後に詳しく見ていくように、エロス概念のもつ基本的な意味からは導出されない、意志的・知性的な要素をエロスに付加することになると思われる。

以上のテクスト分析から、ディオニュシオスの描くエロスには、「欲望」、「脱自性」、「創造性」、「摂理性」という特質のあることが析出された。そこで、次節では、これらの特質について考察し、彼のエロス論の理解を試みたい。

第三節　エロスの特質

欲望

ここでは、まずエロスにおける欲望の契機について考察を加えたい。「エロス的欲望」といえば、一般的には「過剰であるゆえに、抑制されるべき危険な衝動」という否定的なイメージを持つ言葉だと思われる。しかし、ディオニュシオスはこの言葉を極めて肯定的に用いている。

はじめに指摘しておきたいのは、ディオニュシオスにおける「欲望（ἔφεσις）」の概念と「欲求（ἐπιθυμία／epithumia）」の概念は区別されなければならないという点である。ディオニュシオスは、プラトンによる魂の三部分説に従って、欲求を生理的要求や欠乏を満たそうとする本能的・自然的感情として魂に具えられた能力と理解しており、それ自体悪しきものと考えているわけではない[29]。ただし、欲求は、それが理性を欠いた状態にある場合、「物質と結合しようとする無分別なある傾向」であり、「可変的なものに関して激しく生じるもの[30]」であるとされ、容易に、生滅・変化する物質的な世界に執着し、その世界の根拠となる神や神的な事物からの頽落に陥るものとして捉えられている。

これに対し、欲望は「生理的」なものでも「本能的」に具わっているものでなく、主体に「与えられる」ものである。[31]また欲望は、欲求と異なって「完結性」をもたない。つまり、欲求が対象をある意味で自己へ取り込み、生理的要求や欠乏を満たすことによって治まり、完結するのに対して、欲望はその対象を「めがける」ことはできても、それを自己に取り込んで欲望を満たすことができない。なぜなら、欲望の対象となるものは、主体にとって常に「他なるもの」であり、「他者」であるからだ。[32]例えば、人間にとって、欲望の対象とは「神的な事物」、究極的には「万物の彼方なるもの」・「善」(すなわち、神)であり、神にとってその対象となるのは被造物である。[33]このような欲望のもたらすある種の「不満足感」を、引用三で見たように、ディオニュシオスは「妬む者」という神名に託している。それは、「欲望されるもの」が「欲望する主体」を充足させることがなく、むしろ「妬み」と言われるまでにますます欲望を高めるという事態を説明する。

欲望の特質のもう一つの点は、それが主体を対象へ向けて「引き寄せる」ことにある。このとき、欲望による「引き寄せ」は、欲求と異なり、主体に対象を取り込むという自己中心的な方位をとるのではなく、むしろ主体が自己から出て対象に向かうという方向性を持つ。ディオニュシオスはこのような欲望の方向性を「脱自的」と呼んだ。そこで、次にエロス・欲望における脱自性について考察していく。

脱自性

前節の引用中に示された「善」としての神とパウロとがそうであったように、エロス的主体は脱自する。しかし、この「脱自（エクスタシス）」は、行く当てのない「忘我・自失（エクスタシー）」なのではなくて、或る行く先をもつ。それは、エロス・欲望の対象であり、「他者」である。だがそれは、どのような事態なのだろうか。

エロス・欲望における脱自を言い表す際、ディオニュシオスはある独特な表現を用いる。それは、「所属」の表現である。彼は、前節の引用二冒頭に次のような一文を記していた。すなわち、「神的エロスは脱自的であり、愛する者たちが自分自身に属してあること（ἑαυτῶν εἶναι τοὺς ἐραστάς）を許さず、〔彼らを〕愛される者たちに属させる」と。ここで「属してあること」と強調的に訳された箇所は、文法的には、《動詞 εἶναι（英語のbe動詞に相当）＋属格（代）名詞》という構造をもち、文法上の主体「愛する者たち（τοὺς ἐραστάς）」が、属格で示される客体「愛される者たち（ἑαυτῶν）」に何らかの意味で所属していることを表す文である(34)。従って、エロス論における脱自は、主体の「所属」が客体へ移動するという事態によって表現される。だが、ここで直ちに二つの疑問が生ずる。すなわち、（一）エロス論において、主体が客体に「所属する」とは、いかなる事態を表すのだろうか。また、（二）通常「自分自身である」はずの（つまり、自分自身と同一であるはずの）主体が、ここでは「自分自身に属してある」（つまり、自分自身に所属する）とされるのはどういう意味か。

まず、（一）の問題について考えてみたい。エロス論における所属の問題を解く鍵になるのは、引用二において印象的に引かれた『ガラテア書』（二・二〇）のパウロの言葉と、それに対するディオニュシオスの解釈である。そこにおいてパウロは、「生きているのは、もはやわたしではありません。キリストがわたしの内に生きておられるのです」と述べていた。それに続けて、ディオニュシオスは「彼〔パウロ〕は、真に愛する者として、すなわち彼自ら言うように、神のために正気を失った者として、彼自身の生命ではなく、愛する方のどこまでも愛すべき生命を生きたのである」という解釈を付している。前節で指摘したように、パウロは「真に愛する者」として、エロス的主体の範例である。ディオニュシオスは、パウロをさらに「神のために正気を失った者」、つまり「神のために脱自した者」とした上で、「彼自身の生命ではなく、愛する方のどこまでも愛すべき生命を生きた」としている。この解釈は、ディオニュシオス自身の述べたエロス的主体の脱自、すなわち「自分自身に所属する在り方から対象に所属する在り方への移行」の言い換えに他ならない。従って、エロスの対象に所属するとは、対象の「生命を生きる」ことと言い換えられる。この「生命を生きる」という表現が告げているのは、エロス的主体の対象への所属という事態が「生命」の次元で生起するということである。(35) その次元は、人間を構成する「精神・知性」や「身体」よりも根源的なものであり、むしろ両者の複合体としての人間の「生死」に関わっている。このため、エロス的主体が対象に「所属する」あるいは対象の「生命を生きる」とは、「対象に拠って生かされる」ということであり、対象の死・不在に際しては主体もまた生きることのできない（或いは、生きる意味を失う）ような事態を指すといえる。こうして、エロス論において、パウロが「キリストの生命を生きる」ないし「キリストに所属する」といっても、それは精神や身体の次元でキリストに所属（或いは同化）することを意味するのではなく、むしろキリストに拠って「生かされている（或いは、生きる意味を与えられている）」という事態を表すだろう。

では、先に提示した疑問の（二）については、どう考えられるだろうか。つまり、通常、自分自身と同一であり、「自分自身である」はずの主体（愛する者）が、ここでは「自分自身に属してある」とされるのは何を意味するのだろうか。疑問（一）について考察したことに従えば、それは主体が「自分に固有の生命を生きている」という事態を表しているといえるだろう。しかし、ここで重要なのは、主体が「自分に固有の生命」を生きる在り方から「他者の生命」を生きる在り方へと移行しうるという見解の提示されていることである。

人は、一般に「自分は自らに固有の生を生きており、その生は他人とは交換しえず、他人の生を生きることもできない」という暗黙の確信を持っている。しかし、ディオニュシオスはそのエロス論において、生命の次元での所属の移行が可能だとしているのである。エロス的関係においては、人はエロスの対象に拠って「生かされる」という事態が起こり、対象のために「死ぬ」という事態もまた起こるのである。

エロス論において披かれた「生命の次元での所属の移行」という事態は、神については万物に生命を付与する行為、すなわち「万物の創造」という形をとる。

創造性

ディオニュシオスのエロス論の大きな特徴の一つは、人間のみならず神もまたエロス的主体として考えられている点にある。[36] 勿論、善・一者としての神を「エロス」と呼んだのは、ディオニュシオスが初めてではない。管見の限りでは、プロティノスとオリゲネスが神とエロスを同定した最初期の用例を提示している。[37] ただし、プロティノスの神は自己自身を愛するゆえに「エロス」と呼ばれるのであって、ディオニュシオスにおけるように、自己ではなく「他なるもの」を愛するゆえでない点で大きく異なる。[38] また、オリゲネスにおいて神をエロスと呼ぶのは、神が人間にエロスの能力を贈与するからであり、オリゲネスの力点は、あくまで人間が神を愛すること、人間の神に対するエロスにあったため、万物の創造に関わるものとしてエロスを捉えるには至っていない。[39] プロティノスとオリゲネスにおいては、善なる神がエロスとしてその対象を欲望するということは恐らく想定されていなかったと思われる。しかし、ディオニュシオスは、神をエロスの主体として、エロス的対象を欲望すると考えている。では、その際、エロス的主体たる神においてどのような事態が生じるのだろうか。

引用一でみた神的エロスについての描写を想い起こしてもらいたい。そこでは、「善のなかに溢れるばかりに先在している万物に善なる働きをなすエロス自体は、かの方が何ものも生み出さずに自らの内に留まることを許さず、一切のものを生み出す豊かな溢れによって行為することへとかの方を動かした」とされていた。傍点を付した「先在」とは、時間的な意味で「あらかじめ存在している」ということを表しているわけではない。なぜなら、「善」は存在の領域内にある神名ではなくて、存在の範疇を超えた神の様相を示す名だからである。従って、先在とは、「善」の内において「存在に先行する」位相、言うなれば「いまだ存在していない」万物の位相を指す（この位相が何かという問題、すなわちそれが神に内在する「概念」や「形相」といった類のものなのかどうかといった問題は本論考の主旨を越えるため、ここでは扱わない[40]）。この「いまだ存在していない」ものを目指し、それを存在させるのが、神におけるエロスの営みである。そして、この営みこそが創造の行為に他ならない。神は、いまだ存在していない万物を欲望することで、万物を存在させる、つまり万物を創造するのである。こうして、エロスは世界の創造原理として理解されることになる[41]。

　このような、いわゆる理性的・知性的意志に先行するエロスという情動はしかし、「恋（エロス）は盲目」と言われるように、一般に理解されているような、理性に対立するものとしての感情とは考えられていない。ディオニュシオスはむしろ、神におけるエロスを、前節において指摘したように、「摂理」概念と等置している。

摂理性

　ディオニュシオスのエロス理解がプロクロスの摂理概念から影響を受けていることは、すでに前節で指摘しておいた。では、プロクロス自身は、摂理概念をどのように理解していたのだろうか。彼は、自身の思想を体系的に記した命題集『神学綱要』の中で、次のように述べている。すなわち、「摂理《プロノイア》とは、その名の示すごとく、〈知性《ヌース》〉に〈先だ《プロ》つ〉働きなのである。したがって、神々は、その存在と善性によって、万有を知性に先だつ善で満たしながら、摂理の働きを行使する」[42]と。彼によれば、「摂理（プロノイア）」とは、一般に理解されているような、万象を予め知る働き（つまり予知）であるというよりもむしろ、知性以前の働きである。したがって、摂理は、いわゆる「意志」以前の働きでもあり、かつ意志よりも根本的な概念である。その際、ディオニュシオスにとって、摂理性がエロス概念の特質であるゆえに、以上のような摂理の定義はエロスにも当てはまると考えられる。ただし、知性・意志以前の働きであるからといって、摂理・エロスが知性的、意志的でないということを意味しない。というのも、摂理・エロスが知性よりも根本的な概念であるということは、前者が後者を包含する上位概念であることを意味するからであり、「知性的」という形容詞は、摂理・エロスに未だ付けられていない術語だからである。

このようなエロスの摂理性は、存在論上の上位者から下位者に向けられる際（例えば、神から被造物に向けられるエロス）に示されると言われていた。これに対して、下位者から上位者に向かうエロスは、「還帰」という形をとる。ディオニュシオスにおいて、被造物の神への還帰とは救済を意味する。[43]このとき、エロスは単に創造の原理であるばかりでなく、救済の原理ともなる。エロスは、対象を存在させる原理であると共に、主体と対象を結び付ける原理である。

第四節　エロス論とエヒイェロギア

本論の最後に、これまで考究してきたディオニュシオスのエロス論と宮本久雄教授のエヒイェロギアを比較考察したい。そうすることで、彼のエロス論を相対化し、その思想的特徴を浮き彫りにすることを目指すと共に、エヒイェロギアの解明と新たな構築のための一助となることを願う。

両者の比較を始める前に、その方法的な根拠を示したい。ここでの比較の根拠は、両者が共に旧約聖書に示された神名を巡って構築されているという点に存する。すなわち、エヒイェロギアが『出エジプト記』三章一四節に示された「わたしはあるだろう（エヒイェ）」という神名に基づいているのに対し、ディオニュシオスのエロス論は同書二〇章五節や三四章一四節などに記された「妬む神」という神名に関わっているのである。両論は、このような同じテクストに顕れる同じ神を指す名に関わるという共通点をもっている。ただし、「同じテクスト」といっても、エヒイェロギアがヘブライ語原典に基づくのに対して、エロス論はギリシア語への翻訳（七十人訳）に拠っている点ですでに根本的な相異のあることには注意を払わなければならない。本節では、以上の点を踏まえて両論の比較考察を行うこととする。

次に、どのような事項について比較するか、つまり比較の指標となるものを以下に列挙しておきたい。

（イ）「エヒイェ」と「エロス」はそれぞれどのような力能をもつ神名か、両者の基本的特質を挙げる。

（ロ）エヒイェロギアとエロス論を構築する際の方法論はそれぞれどのようなものか。

（ハ）両論の意図とその帰結として、どのような事が想定されているか。

ここでは便宜上、以上の三点を比較の枠組みとして考察を進めていくこととする。

（イ）エヒイェとエロスの基本的特質

すでに宮本教授の他の論考や、本論集の中でも繰り返し述べられているように、「エヒイェ」という神名は、ヘブライ語で「存在する」を表す動詞「ハーヤー」の一人称単数未完了形であり、「わたしはあるだろう」と訳される。このため、一見、同名は「存在」の範疇にある名であり、その限りで全体主義の温床となる自己同一性の根拠を示す最も普遍的な概念に関わっているように思われる。しかし、同名は「存在」を表す言葉でありながら、神の存在が「不断に未完了態であること」、「天的存在なのに歴史的世界に降下する自己超出、自己の同一性の差異化を意味すること」[44]として理解される。具体的にいうならば、歴史的世界に降下するエヒイェは、動態的な気・息吹き・霊（ルーアッハ）の相にあり、世界内の実体的で自己同一的な空間を切り裂いて音声・言葉を響かせるといわれる。この言葉は、ヘブライ語でいう「ダーバール」であり、語られた内容であるよりも、むしろ語ること・言うことがそのまま事柄となるような「言即事」に他ならない。ここには、ハーヤー・ルーアッハ・ダーバールからなる三位一体が見られ、宮本教授はこのような三位一体的な連関・関係性を「エヒイェ」の名に込めている[45]。従って、「エヒイェ」は存在概念の内部にありながら、ギリシア語の静態的、自己同一的な存在《オン》とは本質的に異なって、徹底的な動勢と自己差異化を表す名であるといえる。そして、このような神の自己超出、自己差異化する在り方は、「脱在」と呼ばれる。宮本教授によれば、脱在とは、「西洋的存在論が実体的思想に傾斜し、心性上歴史上に西洋の定着文明の温床になり、ともすると少数異民族や異文化や他者排除の機会になってきたという側面に対して、そこから他者の地平に脱出し参入する意味をもつ」[46]、教授自身による造語である。このため、脱在は、単に西洋思想が連綿と構築してきた「存在」という概念からの離脱を意味するだけでなく、「他者」という方位に向けた脱出なのである。

これに対し、ディオニュシオスにおける神名「エロス」は、概念上、「存在」よりも上位に位置し、事物の存在を可能にする創造原理を表す名であり、かつ他者への欲望を表す関係的な概念である。そして、前節までに示されたように、このエロスは「脱自的」であるとされ、神が自同性の内に留まることを許さない、自己差異化の原理でもある。さらに、このような神の脱自の行先は、万物という「他者」に他ならない。従って、ディオニュシオスのエロス概念は、その「脱自性」と「自己差異化の原理」という特質において、エヒイェ概念と共通するといえる。

しかしながら、両者は、エロスが「存在」の成立以前の創造原理であり、欲望的関係を表す名であるのに対して、エヒイェは「存在」概念を巡り、その差異化に関わる名であるという点において異なることを確認しておきたい。

(ロ) エヒイェロギアとエロス論の方法論

次に、以上の特質をもつ神名に基づいて構築されるエヒイェロギアとエロス論が、それぞれいかなる方法論をとって語られるのかを見ていく。

エヒイェロギアのとる方法論は、「物語り論的解釈学」といわれる。この点について、宮本教授は次のように述べている。すなわち、「脱在論的思想は、神学、哲学、倫理学、宗教学、社会学、実証的歴史学などの既成の学問から出発するのでなく、歴史物語りから発想と洞察を得、更にそこに伏在する思想に光を当てることを通して形成されうる(47)」と。そして、ここで「物語」という代わりに「物語り」・「物語り論」と表記されることについては、次のように解釈される。

(一) 従来の「物語」論は、物語に関して学的に、その構造・筋立て・時間的展開の仕方、逆説、意味論などを探求するという性格をもつ。

(二) 他方で、「物語る」は物語り行為として過去の物語りを語りつつ、新しい物語りを創成させてゆくという実践的で「語り部」的な、協働態的性格をもおびる。

(三) けれどもあえて「物語り」と特定するのは、(一)の「物語」と(二)の「物語る」との間《あわい》に立って、両者の横断的媒介として論をふまえながらも、物語るという実践的地平に参与しようとする動態を表す(48)。

以上の引用によれば、エヒイェロギアの方法論は、今日の大学や学界で整備された知の体制・アカデミズムに属さない仕方で、「物語」論的解釈による思想化と「物語る」行為による実践を横断する、「物語り」というハイブリッドな知的営為である。これは、存在論的形而上学と神学をある意味での典型とする西欧的学知の体制を批判的な出発点とし、「エヒイェ」という、旧約聖書の物語りの中で語り示された神名に基づいて構築されるエヒイェロギアにとって、必然的に導出される方法論であると思われる。加えて、神名「エヒイェ」の孕む「自己差異化」の力と「脱在」的性格そのものが、恐らくは一つの学問的カテゴリー内でのみ論じられることをある意味で拒み、「物語り」という「間性《あわい》」や、不断の実践と動態を要求するという事情もあると考えられる。

　このように、エヒイェロギアを展開するに相応しい言語形態である「物語り」が、時間性や歴史性を本質とすることは重要である。というのも、存在論的形而上学によって洞察された無時間的な永遠の秩序は、全体主義へとつながる自己同一性を担保する要素であり、後に述べるように、エヒイェロギアによって超克されるべきものだからである。また、その「物語り」は、ギリシア神話に登場するオデュッセウスの物語に典型的な、主人公の行うすべての冒険が帰郷するためにただ通過されるだけであるような、「自己回帰的自（己）同（一）性[49]」とは異なる。それは、故郷を棄て、出発点に戻ることのできない「漂泊」の——つまり、自己同一性に還元されえない——物語りであって、旧約聖書のアブラハム物語りやモーセ物語りなどに代表される。そして、エヒイェは、このような「物語り」に関与し働きかけ、自らの痕跡を残すことで、実体的空間的自己同一性ではなく、非完結的歴史的な「物語り的自己同一性」を形成するとされる。さらに、このような「物語り」には、それを読み・聴きとり、従う人々による「物語り協働態」が成立しうると考えられている。

　それでは、ディオニュシオスのエロス論はどのような方法論をとるのだろうか。彼の方法論は、すでに述べられたように、「肯定神学」である。エヒイェロギアの物語り論的解釈学との関連で見ていくならば、肯定神学は物語り論と同様に、形而上学的な仕方で「神の何であるか（＝本質）」を問うものではない。しかしながら、物語り論が神の歴史に参与する「物語り」を扱うのに対して、肯定神学は、人間に経験された神の「発出」・「力」としての神名を問題とする。この「神の発出・力の経験」は物語の要素となるものだが、肯定神学においては、経験から物語を展開するために必要な時間性や歴史性は考えられていない。このため、肯定神学は歴史性を重視するよりもむしろ、歴史認識を可能とするものの根拠をこそ問う。このとき、経験された神への問いは、ディオニュシオスにおいては、「上昇（アナゴーゲー）」の方位をとり、超越的な神との合一へ向かうものと考えられている。これに対して、物語り論の定める方位は、共に歴史を生きる他者たちであり、その意味で水平的な方向性をもつといえるだろう。ただし、肯定神学が協働態的性格をおびず、まったく個人的な営みであるのかといえば、そうではない。なぜなら、本論第一節で触れたように、肯定神学の実践の書としての『神名論』が弟子のティモテオスに宛てられたものであり、その限りで、肯定神学は師と弟子の間で行われる営みだと考えられるからである。このことは、同書の中で、ディオニュシオス自身が彼の師ヒエロテオスから神について語る仕方を学んだことに言及していることからも確かめられる。ディオニュシオスはヒエロテオスについて述べた箇所（『神名論』第三章）で、師の蔵する知の測り知れなさ、その完全さ、そして弟子としての自分と師との差異について不必要と思われるほどに切々と語っているのだが、そこにおいて、彼は師を弟子にとっての典型的な他者として示しているのである。というのも、ディオニュシオスにおいて「弟子は師が保有すると見なされた『完全な知』を決して理解しえず、師を知的に包摂しえない」という意味で、師は弟子にとって絶対的に「他なるもの」だからである。実に、肯定神学は他者との協働において成立するといえる。

（八）エヒイェロギアとエロス論の意図とその帰結

では、以上の方法論において語り出される両論が目指す意図は、それぞれどのようなことだろうか。

エヒイェロギアは、「存在‐神‐論」に淵源する「他者性の剥奪」の趨勢と、その現代的具体化としての「エコノ＝テクノ＝ビューロクラシー（経済＝技術＝官僚）機構」の力と論理からの離脱、そしてそこから踏み出された地平から他者との相生が目指されるという。[50]「存在‐神‐論」や「エコノ＝テクノ＝ビューロクラシー機構」についての詳細は、本書中の他の箇所で度々述べられているので、ここでは触れない。ただし、エロス論との比較の観点から重要な点をかいつまんで挙げるならば、存在‐神‐論がアリストテレスに代表されるギリシア思想、殊に形而上学から導出されるヨーロッパ的思考の根本的な形態であること。そして、それは存在概念の下ですべてのものを自同性の内に回収する趨勢をもつゆえに、全体主義的支配体制の温床になるものとされることである。さらに、そのような趨勢を体現するのが「エコノ＝テクノ＝ビューロクラシー機構」であり、それは人間を含む一切の事物を商品化・用材化して、ある制度の下に組織する力として、人間を現実に支配する「野蛮」ないし「根源悪」と見なされる。その最も苛烈なイメージが「アウシュヴィッツ」である。エヒイェロギアの帰結として目指されているのは、実に、このような現代の野蛮からの離脱である。そして、この現代的悪からの離脱を可能にするのは、エヒイェロギアの「物語り論的解釈」による他者の他者性の発見・奪還であり、「物語り」を聴従する人々による「物語り協働態」の創成である。しかし、この協働態が現代の根源悪を批判解体し、その自同性を突破するためには、「エヒイェロギアを根底とする理性使用」が開発されねばならないとされる。[51]

これに対し、ディオニュシオスのエロス論の意図は何であり、その帰結にどのような事が想定されているのだろうか。これらの点について、ディオニュシオス自身が言及しているわけではないため、ここではこれまでのエロス論についての考察に基づいた筆者の推測を述べるに留める。

まず、ディオニュシオスはエロスとアガペとを同一視して、キリスト教の伝統にエロス概念を賦活しようとしたと考えることができる。その背景には、神に関する言葉・名を人間における「神の発出・力の経験」から捉え、考究しようとする「肯定神学」の営為と共に、エロス概念のギリシア哲学（とりわけプラトン主義）的用法からの影響があったと思われる。ただし、彼がキリスト教の愛（＝アガペ）概念をギリシア思想的な「エロス」に置き換えようとしていたかといえば、そうではないだろう。なぜなら、ディオニュシオスは、「エロス」をユダヤ＝キリスト教的な創造概念と結び付けたからであり、さらに、「妬む神」という神名の解釈にエロス概念を用いているからである。

よく知られているように、ギリシア思想において、神は万物をエロス的に欲望したり、「妬み」という情動に動かされたりすることはないとされる。なぜなら、神は自足的であって他者を必要とせず、かつ本質的に「善」であり、善の特質は自らの持つ価値を他のものに惜しみなく贈与するところにあるからである(52)。しかしながら、ユダヤ＝キリスト教の神は、自足し、かつ善でありながら他者を欲望し、妬む。それは、同伝統において、神が人間への愛という情動をもつ「人格（ペルソナ＝ヒュポスタシス）」として理解されているからである。そのことは、旧約聖書に、神とイスラエルの民の関係を男女間の恋愛や婚姻の結び付きによって譬える例が極めて多いことからも窺える。ディオニュシオスは、「妬む神」という神名を解釈するに際して、プラトン主義的な神理解に倣って、神における「妬み」を否定・消去する方向で解するのではなく、むしろ神のエロスの高まりとして解釈することで、ユダヤ＝キリスト教的な神の（人間への情動をもつ者としての）人格性を損なわずに、その神名理解に新たな意味を付与したのである。[53]

以上の（イ）から（ハ）までの比較を通して、エヒイェロギアとディオニュシオスのエロス論との間の共通点と相違点が明らかにされた。それらをまとめるならば、両論は共に「自己差異化」と「脱自性」を特質とする神名を巡る思索であり、その根本的な構造として「ギリシア的思想」と「キリスト教的思想」の二つの思潮に関わるものである点で共通する。しかし、それぞれの中心となる概念（「存在」と「エロス」）や方法論上の歴史性への関心において、両論は相異なる。これらの点を踏まえ、以下に両論について考察を加えて本節を締めくくりたい。

エヒイェロギアとエロス論の特質として挙げられた、「自己差異化」や「脱自性」とは、言い換えれば、「自分」というアイデンティティを形成する「殻」の外へ出るという事態を指す。具体的には、家財や故郷を捨てた帰る当てのない旅や、または「愛する人」への愛（エロス）のために自身を取り巻く因習や信条を捨てるなどの、世間的に見れば狂気の振る舞いをするような事態として現れる。そして、それらの典型として両論の挙げているのが、家郷を捨て約束の地カナンを目指して道半ばに倒れたアブラハムや、それを引き継いだモーセ等の「物語り」であり、キリストとの出会いによって「狂気」の愛に生きたパウロの事例である。

これらの例に通底しているのは、聖書を貫く根本的なモティーフである、「自分の外へ出よ」という召命だと思われる。このメッセージは、『創世記』一二章一節において、後にアブラハムとなるアブラムに対して発せられた、次のような神の言葉に典型的に表現されている。すなわち、「主はアブラムに言われた。『あなたは生まれ故郷　父の家を離れて　わたしが示す地に行きなさい』」と。エヒィエロギアとエロス論の根底に響いているのは、まさに、この「外へ出よ」という聖書的モティーフであると思われる。[54] 両論が、意識的にせよ無意識的にせよ、ギリシア思想から出発して果たそうとしているのは、実にこうしたモティーフの思想化であると思われる。このような両論の営みを言い換えるならば、それは、ギリシア思想の超克であり、そのユダヤ＝キリスト教思想への「読み替え」であるといえる。(55)

更に言えば、こうした思想的な「読み替え」の運動の核心にあるのは、「ペルソナ（＝ヒュポスタシス）」の精神であり、それへの志向であると思われる。というのも、エヒイェロギアを支えるのは、三人称の（従って、非「人格」的な）存在動詞「ハーヤー」ではなく、「わたし」と発語する同動詞の一人称未完了態「エヒイェ」という「ペルソナ」であるのだから。また、ディオニュシオスのエロス概念は、万物を「妬む」ほどに愛する「ペルソナ＝ヒュポスタシス」としての神を核として、「一」へと還帰・収斂しようとする方向性と、他者なる「多」へと限りなく拡散してゆく方向性との緊張関係の内にあるからである。

ただし、ディオニュシオスのエロス論におけるギリシア思想の「読み替え」は、エヒイェロギアと異なり、「ギリシア性」の否定や乗り越えを意味しない。そのことは、エロスの動きが神から出て、神へと還る円環運動の内に捉えられていることや、そのエロスの運動における歴史性への関心の希薄さから容易に見て取れる。(56)というのも、このような円環運動によって強調される空間性や、歴史的表象の薄さは、ギリシア的思考の典型だからである。(57)ディオニュシオスはむしろ、ユダヤ＝キリスト教思想とギリシア思想の間を新しい言葉で架橋し、ギリシア的思考（とりわけプラトン主義の）をある意味で押し進めたのである。つまり、彼は世界の始発点を「知性」（意識）ではなく、エロスという情動に置いて、知的作用が発動する前の「心の動き」をより根本的な原理としたのである。そして、それはペルソナ＝ヒュポスタシスへの志向を表すと同時に、神の「意志」を世界創造の原理としたユダヤ＝キリスト教的思考の押し進めでもあった。

このようなエロス概念から出発するディオニュシオスのエロス論は、必然的に世界や他者とのエロス的な「関係」を問題とすることになる。それに対して、「根源悪」の問題に端を発して「存在」からの脱出を問いの中心に据えるエヒイェロギアは、物語り論的解釈を通じて他者を見出し、その他者性を存在概念の孕む自同性から奪還する可能性をもつが、それは果たして、そこで出会われた他者との関係をどのように築くかを問うものとなっているだろうか。言い換えれば、エヒイェロギアは根源悪の超克のために「存在」の差異化を根本的な問題に据えるが、存在を超える神と存在者をつなぎ、かつ存在者と存在者をつないで関係を形成する欲望的原理としての「エロス」や、或いはエロスの究極目標でありかつ関係的な価値の原理としての「善」や「美」の概念を十分に問うているだろうか。[58]ただし、それは「善・美・エロス」が何であるか（本質）を問う「形而上学的」問いのことではない。そのような問いを立てることは、「存在」よりもさらに普遍的な概念を設定して、新たな「存在−神−論」を築こうとする振る舞いに他ならないだろう。そうではなくて、それは個としての人間どうしに、つまり「わたし」と「他者」の具体的な関係において「善・美・エロス」がどのように顕れるのかという問いである。人間どうしの関係において、何が「善いこと」であり、「美しいこと」であるかという価値観についての妥当が成立するかどうかは、他者たちとの相互了解の可能性に関わる問題である。そして、この相互了解がなければ、他者との「相生」は不可能になってしまうだろう。従って、いかに他者の他者性を毀損せずに、相互の了解を重ねつつ他者たちとの関係を深化させうるかという問いが立てられねばならない。それは、エヒイェロギア的「協働態」論の問いになると思われる。[59]そして、そのような協働態論においては、エロス論の問いが小さからぬ位置を占めるのではないかと思われるのである。

むすび

ここまで、ディオニュシオスのエロス論を『神名論』第四章のテクストに基づいて読解し、考察してきた。それをまとめるならば、次のようになる。

すなわち、エロスとは、「自我の安定」や「自己同一性の確立」に向かう欲求とは異なる、主体が超越へと向かう欲望である。それはさらに、創造原理、つまりエロス的対象を存在させ、秩序付ける摂理的な原理であると共に、エロス的主体を対象に結び付ける還帰の原理、言い換えれば、救済の原理である。そして、このエロス的主体と対象の結び付きは、主体の対象への「所属」として捉えられ、その所属は脱自的であり、人間においては「生命」の次元で生起するものとされた。したがって、エロス的関係において、主体としての人間は、生命の次元で対象に結び付けられるゆえに、対象に拠って「生かされる」のであり、対象の死や不在が主体の生死に関わるものなのであった。

さらに、エヒイェロギアとの対比の中で、ディオニュシオスのエロス理解の根底に「自分の外へ出よ」という聖書の根本的なメッセージの響いていること、そして、ギリシア的エロス概念から出発した彼のエロス論は、ギリシア思想のユダヤ＝キリスト教的思考への「読み替え」であり、その「押し進め」として理解できることが明らかにされた。また、こうした思想的な「読み替え」の運動の核心にあるのは、「ペルソナ（＝ヒュポスタシス）」の精神であり、それへの志向であることが推察された。

ディオニュシオスのエロス論は、神のみならず、人間にも自己を超越した「他者」を希求する欲望があることを告げる。この事実は、エロスの根源性ゆえに、人間が存在する限り決して失われることはない。人間は存在する限り、他者を欲望しうる。このことの内には、現代の根源悪を克服する根拠となりうるものがすでに込められているといえよう。それは、エロス論によって披かれた人間の可能性である。

註

（1）同文書は『天上位階論（*De coelesti hierarchia*）』、『教会位階論（*De ecclesiastica hierarchia*）』、『神名論（*De divinis nominibus*）』、『神秘神学（*De mystica theologia*）』および十通の『書簡集（*Epistulae*）』から成る。なお、本論における『天上位階論』と『書簡集』の参照箇所は、G. Heil, A. M. Ritter (ed.), *Corpus Dionysiacum* II, Berlin / New York, 1991 に基づく。

（2）Cf. H. Koch, 'Proklus als Quelle des Dionysius Areopagita in der Lehre vom Bösen,' *Philologus* 54, 1895, pp. 438-454; J. Stiglmayer, 'Der Neuplatoniker Proclus als Vorlage des sogen. Dionysius Areopagita in der Lehre vom Uebel', *Historisches Jahrbuch* 16, 1895, pp. 253-273, 721-748; R. F. Hathaway, *Hierarchy and the Definition of Order in the Letters of Pseudo-Dionysius. A Study in the Form and meaning of the Pseudo-Dionysian Writings*, the Hague, 1969, pp. 3-36; H. D. Suffrey, « Un lien objectif entre le pseudo-Denys et Proclus, » 1966, réimprimé dans *Recherches sur le Néoplatonisme après Plotin*, vol. I, Paris, 1990, pp. 227-234; Id., « Nouveaux liens objectifs entre le pseudo-Denys et Proclus, » 1979, réimprimé dans *Recherches*... vol. I, *op. cit.*, pp. 235-248; Id., « Le lien le plus objectif entre le pseudo-Denys et Proclus, » 1998, réimprimé dans *Recherches sur le Néoplatonisme après Plotin*, Vol. II, Paris, 2000, pp. 239-252.

（3）三つの「神学」については、ディオニュシオスの『神秘神学』第三章にまとまった記述がある。また、本論考では詳しく言及しない「象徴神学」については、彼の『第九書簡』を参照のこと。

（4）『神名論』と「肯定神学」の関係については、A・ラウス『キリスト教神秘思想の源流――プラトンからディオニシオスまで』水落健治訳、教文館、一九八八年、二七八頁参照。

（5）テクストには、B. R. Suchla (ed.), *Corpus Dionysiacum I. De Divinis Nominibus*, Berlin / New York, 1990, pp. 155-162を用いた。

（6）『神名論』一一〇～一二〇頁参照。

（7）『神名論』一三九～一四三頁参照。同書の中で、『神学綱要（Στοιχειώσεις Θεολογικαί）』の著者とされ、聖母マリアの死（就眠）に立ち会ったとされるが、恐らくはディオニュシオスによる文学的虚構とされている。Cf. F. S. Marsh, *The Book which is called The Book of the Holy Hierotheos*, Oxford, 1927.

（8）『神名論』一二一頁参照。ティモテオス（新共同訳でテモテ）は、使徒パウロの弟子と同名であり、『第九書簡』の宛名テトスと共に、前註と同様、ディオニュシオスによる文学的虚構と考えられる。

（9）Cf. Thomas Aquinas, *In Librum Beati Dionysii De Divinis Nominibus expositio* (ed. C. Pera), Torino, 1950, pp. 262-265; F. O'Rourke, *Pseudo-Dionysius and the Metaphysics of Aquinas*, Leiden, 1992, pp. 215-224; E. von Ivánka, *Plato Christianus. Übernahme und Umgestaltung des Platonismus durch die Väter*, Einsiedeln, 1964, pp. 234-325; H.-U. von Balthasar, *Herrlichkeit. Eine theologische Ästhetik*, vol. 2, Einsiedeln, 1962, pp. 166-193; P. Rorem, *Pseudo-Dionysius. A Commentary on the Texts and an Introduction to their Influence*, New York, 1993, pp. 164-165; C. Schäfer, *The Philosophy of Dionysius the Areopagite. An Introduction to the Structure and the Content of the Treatise on the Divine Names*, Leiden, 2006, pp. 75-121.

（10）Cf. C. Luibheid, *Pseudo-Dionysius: The Complete Works*; foreword, notes and translation collaboration by P. Rorem, preface by R. Roques, introductions by J. Pelikan, J. Leclercq and K. Froehlich, New York, 1987, 54ff.

（11）プロクロスは『神学綱要』の中で、概念の秩序を「善・一者」→「存在」→「生命」→「知性」→「魂」……の順に序列化している。

（12）エロスという神名の原初性については、ヘシオドスの『神統記』（一一六以下）において、すでにその証言が見られる。そこでは、エロスは大地（ガイア）とタルタロスと共にカオスから生まれた生殖原理と見なされている。また、パルメニデス（「断片」一三）やオルフェウス教のエロスなどもディオニュシオスのエロス理解に一定の影響を与えていると考えられる。

（13）翻訳は、Ph. Cheballier, *Dionysiaca.* Recueil donnant l'ensemble des taraductions latines des ouvrages atribués au Denys l'Aréopage et synopse, t. I, Paris, 1937; M. de Gandillac, *Œuvres complètes du Pseudo-Denys l'Aréopagite*, Paris, 1943; C. Luibheid, *op. cit.*, pp. 47-131; B. R. Suchla, *Pseudo-Dionysius Areopagita, Die Namen Gottes*, Stuttgart, 1988; Г. М. Прохоров, *Дионисий Ареопагит: О Божественных Именах, О Мистическом Богословии*, Санкт-Петербург, 1995; 熊田陽一郎訳「神名論」『キリスト教神秘主義著作集　第1巻』教文館、一九九二年を参照した。

（14）*Scholia*, PG 4, 261A.

（15）このようなテクスト読解の方法は、鶴岡賀雄の方法論に多く依拠している。同著『十字架のヨハネ研究』創文社、二〇〇〇年、四五～五七頁参照。

（16）アタナシオスは、万物が神の「恩寵（χάρις / charis）」と「意志（βούλησις）」から、子なるロゴス（キリスト）によって創造されたとしている（『アレイオス派駁論』PG 53A）。このような彼の創造論が後の「正統」信仰の基準となった（アタナシオスの創造論に関しては、G. Florovsky, "The Conception of Creation in Saint Athanasius," *Studia Patristica* 6 (1962) 36-37 および J. Meyendorff, *Byzantine Theology. Historical Trends and Doctrinal Themes*, the revised second edition, New York, 1983, pp. 129-137を参照）。なおここで言う'βούλησις'とは、アリストテレスの分類によれば、理性（ロゴス）を伴う欲求であり、邦訳では「意志」、ラテン語では'voluntas'、英語では'will'とそれぞれ訳され、理性を前提としない情動としてのエロスとは異なる。この点については、アリストテレス『ニコマコス倫理学』（1111b）を参照。またアタナシオスより後の教父たちは、同じく「意志」と訳される'θέλημα'（バシレイオス『ヘクサエメロン』PG 29, 8C）や'θέλησις / thelēsis'（ダマスコスのヨアンネス『正統信仰論』PG 94, 813A）も用いている。

（17）Cf. *A Greek-English Lexicon*, compiled by H. G. Liddell and R. Scott, with a Supplement, Oxford, 1968, col. 1344.

（18）Cf. H. W. Smyth, *Greek Grammar*, revised by G. M. Messing, Cambridge, 1984, p. 428.

（19）ガラ二・二〇。

(20) Cf. Proclus, *The Elements of Theology*, ed. E. R. Dodds, Oxford, 1963, p. 232.
(21) プラトン『パイドロス』249D-E 参照。
(22) Cf. Y. de Andia, *Henôsis. L'Union à Dieu chez Denys l'Aréopagite*, Leiden, 1996, p. 151.
(23) 出二〇・五、三四・一四、申四・二四、五・九、六・一五、ヨシ二四・一九、ナホ一・二。新共同訳では「熱情の神」、岩波書店の旧約聖書翻訳委員会訳では「熱愛の神」と訳されているが、ここでは新共同訳以前の邦訳の伝統に従って「妬む者（神）」と訳す。というのも、旧約聖書は、神とイスラエルの民との関わりを男女のエロス的（つまり、性愛や婚姻の）関係に譬えているからである。
(24) 'τολμητέον' は「困難を伴う事柄などを強いて行う必要」を表す動詞的形容詞。Cf. *A Greek-English Lexicon*, col. 1803.
(25) また、「欲望」という語から派生した形容詞 'ἐφετόν' が同じく「エロス」と「アガペ」から派生した 'ἐραστόν' 'ἀγαπητόν' としばしば並置して用いられることからも、エロス―アガペ概念と欲望の親近性がうかがわれる。『神名論』一五五、一六二、一八〇頁参照。
(26) ギリシア語のヒュポスタシスはラテン語のペルソナの対応語で、「位格」や「個的存在・人格」の謂。本邦においては、一般に「ペルソナ」の語が流布しているが、ギリシア語で著作したディオニュシオスの思索の現場に鑑みて、ここでは「ヒュポスタシス」を併記した。
(27) Proclus, *In Alcibiadem*, ed. L. G. Westerink, Amsterdam, 1954, pp. 56, 60.
(28) Cf. *Idem*, pp. 53-54.
(29) 『神名論』二一〇頁、『第八書簡』一八三頁参照。
(30) 『天上位階論』一四頁参照。
(31) 『神名論』二〇二頁参照。
(32) キリスト教の思想は、神の絶対性・被造物からの隔絶性を前提として、神と被造物が相互に「他なるもの」であることに基づいて構築されてきたといえる。
(33) 『神名論』において ἔφεσις の対象となるのは、「超自然的な観想対象」（一四二頁）、「存在、生命、知性」（一七一頁）、「善」（一四五、一四八、一六二、一六七、一七九、二〇二頁）、「神的なもの」（二〇五頁）、「（神名としての）平和」（二二〇、二二一頁）であり、また神の「万物」への欲望を表す際にも用いられる（一五九頁）。これに対して、*ἐπιθυμία* は、「非理性的な欲求」（一六七、二一〇頁）、「非知性的な欲求」（一七一頁）、「悪」としての欲求（一七三頁）といった否定的な意味での用例が見られる。

（34）Cf. *A Greek-English Lexicon*, col. 488.

（35）Cf. C. Yannaras, *On the Absence and Unknowability of God. Heidegger and the Areopagite*, edited and with an Introduction by A. Louth, translated by H. Ventis, London, New York, 2005, p. 107.

（36）Cf. Y. de Andia, *op. cit.*, pp. 145-164.

（37）プロティノス『エンネアデス』（VI 8, 15）、オリゲネス『雅歌注解』（PG 13, 70D ただし、同書はギリシア語原文が遺されておらず、ラテン語訳のみ伝えられており、そこでは 'amor' という語が 'ἔρως' の訳語として用いられている）参照。

（38）「そして同じ者〔神〕が、愛らしく〔愛を呼び起こすもので〕あり、エロスであり、自己へのエロスである。なぜなら、彼が美しいのは、他の仕方によるのではなく、自己自身から、自己自身の内で、美しいことによるのだからである」（水地宗明訳「エンネアデス」（VI 8, 15）『世界の名著　続2』中央公論社、一九七六年、三九〇～三九一頁。ただし、本論考の意図を明確にするために、訳語に部分的な変更を加えた）。Cf. C. J. De Vogel, "Greek Cosmic Love and the Christian Love of God: Boethius, Dionysius the Areopagite and the Author of the Fourth Gospel," *Vigiliae Christianae* 35 (1981), pp. 69-70.

（39）PG 13, 70D:「従いまして、『愛』という言葉は、まず第一に神に属するものです。ですから、心を尽くし、魂を尽くし、力を尽くして神を愛するよう命じられるのです。実に、わたしたちの愛する能力の由来するおかたを〔愛せよというのです〕。……ですから、神に恋い焦がれると言おうと、神を愛すると言おうと、たいした違いはありません」（小高毅訳『雅歌注解・講話』創文社、一九九八年、三八頁。ただし、本論考の意図を明確にするために、訳語に部分的な変更を加えた）。Cf. J. M. Rist, *Eros and Psyche. Studies in Plato, Plotinus, and Origen*, Tronto, 1964, pp. 203-207.

(40) ディオニュシオス自身は「先在」という用語に説明を付していないため、彼の依拠するプロクロスの用法に従った。プロクロス『神学綱要』命題六五を参照。

(41) この創造原理としてのエロスは、人間ないし被造物においてどのように理解すればよいのだろうか。この点について、ディオニュシオスのエロス論はあくまで神名としてのエロスを扱うため、何も語っていない。そこで、筆者がディオニュシオスを引き継いで、以下に少しく敷衍してみたい。一般に、人間は神と異なり、何も無いところから（つまり、何らかの素材を用いたり、或は因果関係によったりすることなく）何かを創り出すことはできないと考えられる。しかし、エロス論においては、人間もまたある意味で「創造する」といえる。人間は普通、誰（何）に対してもエロス的欲望を抱くわけではなく、むしろ普段何気なく接している誰か（何か）や、或は見知らぬ誰か（何か）に突如としてエロスを感じる時、初めてその相手をエロス的対象として認識・分節する。それは、当人にとってそれまで存在していなかったエロス的対象の「立ち現れる」瞬間であり、そのような意味でエロス的関係が「創造される」といえるだろう。従って、人間におけるエロスは、エロス的対象を存在させる原理であり、言い換えるならば、世界をエロス的関係のもとに分節し秩序付ける原理だと考えられる。

(42) プロクロス『神学綱要』命題一二〇（田之頭安彦訳『世界の名著　続2』前掲書五二九頁。ただし、本論考の意図を明確にするために、訳語に若干の変更を加えた）。

(43) 宮本久雄『旅人の脱在論―自・他相生の思想と物語り論の展開』創文社、二〇一一年、二三頁。

(44) 宮本久雄『他者の甦り』創文社、二〇〇八年、一七八～一八七頁参照。

(45) 同書ｖ頁。

(46) 宮本久雄『ヘブライ的脱在論―アウシュヴィッツから他者との共生へ』東京大学出版会、二〇一一年、ⅳ～ｖ頁。

(47) 『神名論』二〇五～二〇六頁、二一〇頁参照。ディオニュシオスにおいて、摂理は被造物の救済を配慮する。彼の摂理論については、同書一七八～一七九頁に展開されている。

(48) 同書ｖ頁。

(49) 『旅人の脱在論』三二～三九頁参照。

(50) 宮本久雄「根源悪からのエクソダス（脱在）――ヘブライ的脱在論（エヒイェロギア）の構想――」『共生学』7号、

教友社、二〇一三年、七二～九九頁を参照。
(51)『他者の甦り』二一三～二一五頁参照。
(52) プラトン『ティマイオス』29E-30A 参照。また、古代の地中海世界における「妬み」の意義については、大貫隆『グノーシス「妬み」の政治学』岩波書店、二〇〇八年、一～四四頁に詳しい。
(53) この点は、アレクサンドリアのユダヤ教思想家フィロンが、プラトン主義の「妬み」理解を引き継いで、創造における神の妬みを否定していることと好対照をなす（『世界の創造』等参照）。
(54) 新約聖書における「外へ」の召命は、イエスの次の言葉に端的に表されている。すなわち、「わたしについて来たい者は、自分を捨て、自分の十字架を背負って、わたしに従いなさい」（マタ一六・二四）。また、イエスの生涯自体が「外へ」の召命に貫かれていたと捉えることもできるだろう。そのことは、「狐には穴があり、空の鳥には巣がある。だが、人の子には枕する所もない」（マタ八・二〇）という彼の独白からも窺い知ることができる。
(55) この意味で、宮本教授のエヒイェロギアは、「近代の超克」論よりもさらに古い、教父思想の系譜に連なるといえる。
(56)『神名論』一六〇～一六二頁参照。
(57)『他者の甦り』四五～四六頁参照。
(58) ただし「愛」については、宮本教授の『愛の言語の誕生』（新世社、二〇〇四年）において、ニュッサのグレゴリオスの『雅歌講話』の読解に基づいた集中的な考察がすでになされている。
(59) 協働態論の構築はすでに始まっており、宮本教授の最新の論文に「カーハール・エクレーシア（呼び集められた協働態）論」が示唆されている（『共生学』7号所収の前掲論文九四～九六頁参照）。また、宮本教授の主宰する上智大学共生学研究会の集いや、その会誌『共生学』の刊行自体がすでに広義の協働態論を形成しているともいえるだろう。

身体が万人に披く神秘
――「エヒイェの受肉的実践・身体化」としてのヘシュカスム――

袴田　玲

はじめに

ギリシャ共和国北東部、エーゲ海に突き出すようにのびるアクティ半島の先端に、標高二〇三三メートルのアトス山はそびえている。ビザンツ帝国下の十世紀以来、この半島にはアトス山を仰ぎ見るように数々の修道院が建てられ、正教会（Othodox Church）における修道制の中心地となった。歴史の荒波にもまれながらも、「聖なる山」と呼ばれて人々の信仰を集めつづけてきたこの地は、二十ある修道院による自治領として、今日でも一般人の立ち入りが厳しく制限された聖地である（女人禁制、ユネスコ世界遺産）。

十四世紀、このアトス山の修道士のあいだで独特な修行が盛んに実践され、その修行方法や主張をめぐって当時のビザンツ帝国内で大論争が起きた（ヘシュカスム論争）。その修行とは、一人静かに自室に坐し、文字通り絶えることなく「イエスの祈り」を唱える（その際に身体を丸め込むような姿勢をとったり、呼吸を調整したりといった身体技法が用いられることもあった）というもので、こうして心身が浄化され、祈りが純粋なものとなると、祈る人間は神を光として感受し、その光に参与して、神と一体となる恵みに与ると修道士たちは主張したのである。イタリア生まれの人文主義者にして修道士でもあるバルラアム・カラブロ（c.1290-1350）は、このような修行に励む修道士（ヘシュカスト）の存在を知るや彼らに鋭い批判を加え、それに対してヘシュカストを代表して立ち上がったのがグレゴリオス・パラマス（c.1296-1359）である。パラマスは神よって創造された人間存在の根本的な善性を疑わず、身体をも含めて、人間は神との交わりに参与する（神化する）ことができると述べてヘシュカストを擁護した。そして、聖書や師父たちのテクストを引用し解釈しながら、ヘシュカストの祈りの方法や主張が正教会の伝統に根ざす正統なものであると示すべく論陣を張ったのである。

パラマスによるこの思想的体系化が一つの頂点をなすヘシュカスムの伝統を、宮本久雄教授は「エヒイェの受肉的実践・身体化」と理解される[1]。本稿において筆者は、パラマスの残したテクストを手掛かりに、ヘシュカスムにおける「エヒイェの受肉的実践・身体化」の内実を明らかにし、宮本久雄教授の説かれるエヒイェロギアのビザンツ的展開を提示してみたい。

0.「ギリシア的なもの」と「ヘブライ的なもの」

ところで、「ギリシア的存在論」に対して「ヘブライ的脱在論」として提示されるエヒイェロギアを、十四世紀ビザンツ帝国下の思想家を引き合いに論じるというのは、一見無謀に思われるかもしれない。周知のとおり、ビザンツ帝国（東ローマ帝国）はギリシア語を公用語とし、人々は聖書もギリシア語で読み（コイネーで書かれた新約聖書はもちろんのこと、旧約聖書も七十人訳によるギリシア語で読まれていた）、ギリシア語で思考していた。キリスト教の国教化（三八〇年）、アカデメイアの閉鎖（五二九年）後も古代ギリシア哲学の影響色濃く、それがビザンツ思想の魅力でありまた難しさでもある。しかし、そのことがビザンツ思想の内に「ヘブライ的なもの」を観取することを妨げる理由にはならない。それにはキリスト教成立初期に活躍したギリシア教父とよばれる人々の思索に負うところが大きいのだが、この点に関して、代表的なギリシア教父の一人であるニュッサのグレゴリオスや七世紀にビザンツ帝国で活躍した証聖者マクシモスの思想に長年沈潜してこられた谷隆一郎教授の以下の言葉に耳を傾けたい。

東方・ギリシア教父は、ヘブライ語とは一見対極的な文法構造をもつギリシア語で祈りかつ思索しつつ、生成・動態を旨とするヘブライのダイナミズムを担い切ったと考えられよう。そこでの内的緊張と格闘とが余りに大きくまた根源的なものであっただけに、数世紀にわたって形成された哲学・神学的なかたちは後世の範とすべき人類の遺産ともなったのだ。そしてそこには、ヘブライ・キリスト教の伝統が古代ギリシア的諸伝統を摂取しつつ、根本での拮抗とともに超克していった未曾有の思想的ドラマが存する。(2)

このように、エヒイェロギアが「ヘブライ的脱在論」として提示され、「ギリシア的存在論」と対置されるといっても、それは単純に言語や文化の境界線を挟んだ対比構造なのではない。宮本教授が「内部から炸裂突破し、外から告発審問(3)」されるべきものとして問題視されているのは、アリストテレス哲学における「神」――すなわち「不動の動者」「第一原因」として自らは不動のまま万有をその内に支配する「自己完結的な本質存在」――を淵源とし、西欧哲学を何らかのかたちで規定しつづけてきた「存在‐神‐論」とその機構体のことであり、初期ギリシア教父たちが対峙し担った古代ギリシア哲学や、ましてその豊かな展開としてのビザンツ思想一般のことではない。

以上の点は、宮本教授ご本人によってたびたび説明が施されてきたことであり、いまさら繰り返す必要もなかったかとも思われるが、グレゴリオス・パラマスの思想をエヒイェロギアの枠内で扱う上でぜひ確認しておきたかった点である。

1．受肉する神――エヒイェとエネルゲイア

さて、長大な射程をもつ宮本教授のエヒイェロギアが『出エジプト記』におけるモーセの召命と神名「エヒイェ・アシェル・エヒイェ（わたしはあろうとしてあらん）」啓示の物語りの読解を土台としているということは、「エヒイェロギア」というその名前からも明らかであろう。有賀鐵太郎博士のハヤトロギアにインスピレーションを受けつつも、ヘブライ語で神の存在、生成、活動の諸性格を示す動詞の三人称単数完了形「ハーヤー」ではなく、その一人称単数未完了形「エヒイェ」に、宮本教授は神の人間へのかかわりの根本的な態度を見出される。

「出エジプト記」の神名は「エヒイェ・アシェル・エヒイェ」（わたしはあろうとしてあらん）という風に、三人称ハーヤーではなく、神の一人称的な主体（エヒイェ）の啓示となっている。この主体は、歴史の中でエジプトで使役され苦しむ奴隷の許に降下し、彼らを解放するように働く。そのため神は完了実体ではなく、自分から超出して脱し、また奴隷的他者をもエジプト帝国の全体主義から脱出させるよう働くのである。その働きは、歴史における他者解放として持続する未完了を特徴とする。以上の意味で「エヒイェ」は自ら脱在し、他者をもその実体存在から脱在させ解放する。(4)

そして「ハーヤー」ではなく「エヒイェ」を思索の中心に据えることには、学問的考察であると同時に自らがそれを生きることによって自他共生の地平が拓けてゆく、そのような願いが込められている。

われわれとしては、このような物語りを聞き、そこに働くエヒイェというヘブライ的脱在を思想化するだけでなく、自らにもその脱在を体現し、自ら他者との関わりの物語りに超出してゆく。そのことが、自らの物語り論的な、開かれた多脈的な自己同一性、つまり真の自己の誕生へと連動してゆくことを希望しながら。以上の意味で、本書〔『ヘブライ的脱在論』…引用者註〕にあっては、三人称的完了（ハーヤー）よりも、一人称的未完了（エヒイェ）による自己と他者の共生の物語り論的思索が構想されているので、ハヤトロギアに代りエヒイェロギアという語が用いられている。(5)

このような宮本教授のエヒイェロギアを山本芳久教授は「神の近さ」に関わる理論と表現される。

通常のキリスト教神学においては、「神の似像（imago Dei）」として人間を捉える視座はあるにしても、あくまでも神は絶対的な超越者として捉えられ、人間と神との徹底的な距離が強調される。それに対して、エヒイェロギアにおいては、「あらんとする」神の力動的な性格に促された人間自体が、同じように「あらんとする」力動的な性格を帯びてくる。「あらんとする」神の力動的な性格は、「あらんとする」力動的な性格を帯びた人間の行為としてはじめてこの世界に具体的な仕方で現象すると言うこともできよう。その意味において、「神」の在り方と「人間」の在り方とがきわめて連続的に捉えられているのである。エヒイェロギアは、神の「近さ」に関わる理論なのである。あまりに近いがゆえに焦点を合わせてみることができぬまでの神の近さをなんとか言語化しようという試行錯誤、これがエヒイェロギアという理論の形成を促している原点だとも言えよう。[6]

この「具体的人間の在り方に受肉する」[7]神について、ギリシア教父や東方の師父たちはさまざまに思索を巡らせてきた。宮本教授がニュッサのグレゴリオスの説く「愛の矢」に貫かれた人間の姿に胸打たれ、[8]『フィロカリア』という書物に結実したヘシュカスムの伝統に心寄せられるとする[9]ならば、それは、神と人間の「近さ」そして神の力動に衝き動かされる個々の人間の変容（神化）を、彼ら東方の先人たちが訴えてやまないからではなかろうか。この否応なしに人間に迫る神の力動そのものである「エヒイェ」を、東方の思想家たちはデュナミスともエネルゲイアとも呼んだのである。[10]（ただし、神と人間の「近さ」という場合、それはかかわり応答しあえる関係としての「近さ」であって、創造主と被造物の境界が溶けて消えてしまうような「近さ」ではない。この点は、人間にとって神の「本質」が不可知であることを、否定辞を重ねることでそれでもなんとか語りだそうとする東方の否定神学の伝統や、神の「本質《ウーシア》」と「働き《エネルゲイア》」を区別し前者によって神の超越性を保とうとする東方の思想的努力がわれわれに如実に語るところである。）エヒイェによってロゴスは受肉し、われわれの間に建てられる地上の幕屋となった。さらに、エヒイェの力動はキリストの身体を介してわれわれの身体《ソーマ》、肉《サルクス》にまで及ぶのである。以下、パラマスと宮本教授のテクストを具体的に参照しつつ、両者の身体をめぐる哲学を考察したい。

2．パウロ的神秘主義――身体の内で働く神――

本稿冒頭で述べたように、一般的にヘシュカスムというと、十四世紀にアトス山で盛んになった、神との合一をめざす思想やそのための修行を指す。そして、その際にめざされる「神との合一」とは、アトス山のような俗世から隔絶された場所で祈りに専念する修道士にのみ許される一種の「神秘体験」であり、それはごく限られた条件で、ごく限られた人間にのみ与えられる恵みであると理解されることが多いのではないだろうか。そうであるとするならば、ヘシュカスムとは人間の中でも「最も小さき者」に寄り添う神の姿を観取する宮本教授の哲学[11]とはなにか方向性を異にするものなのではないか、一体いかにしてヘシュカスムの思想がエヒイェロギアと接続しうるのかと疑問に感じられたとしても不思議ではない。しかし、以下に眺めるように、「ヘシュカスムの博士」と呼ばれるパラマスの言葉には、そのような「特別な人間のための神秘体験」といった（もっと言うならば、「宗教的エリートのための神秘体験」とでもいうような）響きはなく、宮本教授の理解されているヘシュカスムもそのような視野の狭いものではないだろう。以下に見てゆくように、パラマスにとって神秘はキリストの身体を介して万人へと披かれているのである（それが、「神秘」という言葉の成り立ちからすれば矛盾するものであろうとも[12]）。

パラマスの思想をこのように理解できる根拠として、まずは彼の主著『聖なるヘシュカストのための弁護』からテクストを一つ取り上げてみよう。このテクストで問われているのは、「人間が神と合一するというとき、その人間は身体の内にあるのか外にあるのか」という点である。パラマスの論敵であるバルラアムは、神が人間になんらかの働きかけをすることそのものは否定しないものの、そのようなときに人間は「身体の外にある」状態、つまり、みずからの身体や、それに付随する身体的な感覚を捨象した状態にあると主張し、その際に使徒パウロが「身体の内にあったのか、身体の外にあったのか、分からなかった」と語る「かの尋常ならざる奪い去り」の体験を引き合いに出すのだという[13]。このようなバルラアムの主張に対し、パラマスはどのように答えるのだろうか。まずは、問題となっている使徒パウロの神秘体験について、「コリントの信徒への手紙二」第一二章一節以下を確認しておこう。

わたしは誇らずにいられません。誇っても無益ですが、主が見せてくださった事と啓示してくださった事について語りましょう。わたしはキリストに結ばれていた一人の人を知っていますが、その人は十四年前、第三の天にまで引き上げられた（ἁρπαγέντα）のです。体のまま（ἐν σώματι）か、体を離れて（ἐκτὸς τοῦ σώματος）かは知りません。神がご存じです。わたしはそのような人を知っています。体のままか、体を離れて（χωρὶς τοῦ σώματος）かは知りません。神がご存知です。彼は楽園にまで引き上げられ、人が口にするのを許されない、言い表しえない言葉を耳にしたのです。(14)

新共同訳で「引き上げる」と訳されているギリシア語 ἁρπάζω は、より原語の意味を反映させるならば「奪い去る」とも訳せる言葉である。「体のままか、体を離れてか」分からなかったと繰り返される言葉が示唆するとおり、パウロはここで何か身体から離脱するような体験、つまり、魂か知性《ヌース》か、いずれにせよ身体とは別の何らか精神的存在としての「自己」が身体から奪い去られる、そのような体験が起こりうることを想定している。（実際のパウロの体験がそのような脱身体的な体験であったのかどうかについては、「知らない」と言われているように、言明されないわけだが、少なくともそのような脱身体的な体験がありうるものとして想定されている。）バルラアムは偽ディオニュシオス・アレオパギテースの否定神学に依拠しながら神の超越性、人間にとっての接近不可能性を強調するのが常である。(15) 彼にとっては、たとえ神と人間の直接的な交流があるとしても、それは使徒パウロが三人称で語るような、特別な人間にのみ許される脱自的《エクスタティック》な忘我の境地における体験である。(16)

それを受けてパラマスは、次のように反論する。

神は純粋に祈る者たちを或るときは彼ら自身から脱け出させ、彼ら自身を越えた状態にし、天の領域へと語りえぬ仕方で奪い去り、また或るときは、自らの内にある者たちに対して、彼らの魂と身体を通じて、超自然的で語り得ず、また、この世の知者たちにとってさえ理解することができないことがらを為すのである。というのも、或るとき神殿において祈りと嘆願に身を捧げていたすべての使徒たちにも聖霊は訪れたが、彼らに脱自《エクスタシス》を与えることはなく、彼らを天へと奪うこともなかったが、彼らに炎の舌を与えたのであるから。(17)

ここでパラマスは、神の働きかけを受ける人間の二種類の在り様を区別して提示している。一つは、バルラアムが使徒パウロの語る神秘体験にその典型を見るような脱身体的、忘我的在り方であり、いま一つは、この世界との身体に留まりつつ神の働きかけを受ける人間の在り方である。バルラアムにとって容認できるのは、前者、すなわち、この世界と自らの肉体から離脱した境地における神との合一のみである。それに対し、パラマスはこのような脱身体的な神秘体験の可能性を認めつつも、他方この世界における人間の内で為される神のわざに感嘆するのである。

神をその卓越性、超越性の名の下にどこか遠い場所に祀り上げて人間から切り離してしまうのではなく、超越的でありながらどこまでもこの世界に働きかけるものとして神を捉えるパラマスの態度は、宮本教授のエヒイェロギアにおける神理解と深く共鳴すると思われる。同じパウロの「第三天の体験」物語りを考察しながら、宮本教授はむしろその三人称的忘我的神秘体験の後にパウロが一人称で語りだす「ソーマ的福音宣教の道行き」に着目し、それこそが「パウロ的神秘主義」であると洞察する。この点をもう少し詳しく見るために、まずは先に挙げた「コリントの信徒への手紙二」一二章一節から四節につづく箇所を引用しよう。

このような人のことをわたしは誇りましょう。しかし、自分自身については、弱さ以外には誇るつもりはありません。仮にわたしが誇る気になったとしても、真実を語るのだから、愚か者にはならないでしょう。だが、誇るまい。わたしのことを見たり、わたしから話を聞いたりする以上に、わたしを過大評価する人がいるかもしれないし、また、あの啓示された事があまりにもすばらしいからです。それで、そのために思い上がることのないようにと、わたしの身に一つのとげが与えられました。それは、思い上がらないように、わたしを痛めつけるために、サタンから送られた使いです。この使いについて、離れ去らせてくださるように、わたしは三度主に願いました。すると主は、「わたしの恵みはあなたに十分である。力は弱さの中でこそ十分に発揮されるのだ（ἡ γὰρ δύναμις ἐν ἀσθενείᾳ τελεῖται）」と言われました。だから、キリストの力がわたしの内に宿るように（ἵνα ἐπισκηνώσῃ ἐπ' ἐμὲ ἡ δύναμις τοῦ Χριστοῦ）、むしろ大いに喜んで自分の弱さを誇りましょう。それゆえ、わたしは弱さ、侮辱、窮乏、迫害、そして行き詰まりの状態にあっても、キリストのために満足しています。なぜなら、わたしは弱いときにこそ強いからです[18]。

パウロのこの告白を、「フィリピの信徒への手紙」一章二〇節から二七節における「この世を去って、キリストと共にいる」か「肉にとどまって人々と共に生きる」かという「板挟み状態」についての苦悩の表白[19]と重ねて宮本教授は考察される。そして、パウロが引き上げられた（奪い去られた）という第三天の体験について、「このヴィジョン・啓示体験の内実・真相は謎として残らざるをえない」と述べられた後、以下のように続けられる。

しかし、パウロはあたかもそれを意図したかのように、物語りのプロットを転換する。つまり、彼にとって「第三天の体験」の物語りよりも、それに続く5節以下の自己実存の問題の方がはるかに重要なのである。だから、パラダイス体験を、自己実存からつき離して三人称的に「一人の人」のこととしたのであろう。（中略）

この点をさらに吟味してみよう。「フィリピ」一・23以下は「キリストと共に在るより」、他者に仕えるため「肉に在ること」を選択した。同様に「二コリント」十二でパウロは、三人称的忘我神秘体験を打ちすて一人称で自分のソーマ的な福音宣教の道行きに目を向ける。そこは屈辱、窮乏、迫害、絶望にみち、パウロが自己の弱さを身にしみて生きる場である。しかし、それゆえに返ってその反動として、彼の「あまりに素晴らしいパラダイス体験」が、彼自らを知らず知らず思い上がり、高慢な自己誇りに陥らせる罠となりうる。そこで精神や霊魂にではなく、「わたしのソーマに」サタンから一つのとげが与えられたとパウロは語るのである。彼はそのとげが取り去られるように三度主に乞うた。その願いに対して、ヴィジョンでも名状し難い言葉でもなく、有意味な主の言葉が与えられたのであった。「わたしの恵みはあなたに十分である。力は弱さの中でこそ十分に発揮されるのだ」と。このとげについては諸説あるが、それがある種の病か、他の身体的な苦難かは定めがたいにしても、ソーマ的な性格をおびることは確かである。ここに霊的な思い上がりに対して弱さにおいてこそ（キリストの）力が働くという弱さの地平が拓けたのである。（中略）こうしてわれわれは、弱さ、ソーマ的な苦難の道行きこそ、キリストと共に在る王道であることを知るのであり、それをパウロ的神秘主義と呼ぶことができよう。[20]

パウロが「第三天への引き上げ（奪い去り）の体験」を語るこの有名な場面で、宮本教授はむしろそのような「三人称的忘我神秘体験」を打ちすて、「肉に在ること」、すなわち、苦難に満ちた福音宣教の道行きを選ぶパウロの姿に迫る。このようなパウロの生き方はキリストの苦難への与りに他ならず、キリストの身体的道行き従うことで「もろにこの卑しい身体が神の栄光の身体に作り変えられていく」という信念に貫かれている。[21] キリストの力は自らの内に宿り、この弱き肉の中でこそ十分に発揮されるのである。これを「パウロ的神秘主義」と宮本教授は呼ぶわけだが、パラマスの思想はまさにこのパウロ的神秘主義の系譜に連なるものであると言えるだろう。

上掲のテクストにおいてパラマスもまた、パウロの忘我的な第三天の体験から地上における神の働きへと視線を移してゆく。そして、地上における神の際立った働きとして、パラマスはさまざまな奇跡のわざに着目する。聖書には神が人間を通して示される働きに関する数多の証言があるが、その最たる例としてパラマスはまず聖霊降臨の場面[22]を挙げる。それは、そのとき使徒たちが脱身体的な状態にあったのではなく、天上へと奪い去られることもなく、むしろしっかりと地に足をつけていたのであり、聖霊はそのように「自らの内にある」使徒たちを「通じて」「介して」働いたのだということを示すためである。

それでは、聖霊降臨の場面で使徒たちが「自らの内にあった」と言われるとき、その「自ら」とは何を指しているのであろうか。パラマスにとって、それは紛れもなく「この身体」を生きる人間である。そのとき神は人間の身体と身体感覚を通じて働くのである。上で挙げた文章につづいて、パラマスはモーセの出エジプト物語りにおける「葦の海の奇跡[23]」に即した解釈を提示する。

ところで、モーセが黙っていたにもかかわらず、神は「なぜお前は私に対して叫ぶのか」と言った。この神の声はすなわち、モーセが祈っていることを示している。というのも、黙っていながらにしてモーセは祈ったのであり、たしかに直知的に祈っていたのだ。そのとき、かの者は感覚のうちにあったのではないのか？　また、民と民の叫びと差し迫る危険を感じたのではないのか？　そして、手の内にかの感覚しうる杖を感じていたのではないのか？　どうして神はこのとき、彼を奪い去ることもなく、感覚から解放することもなく——というのも、あなた〔＝バルラアム〕はただこれだけが祈る者に対して神から生じるのが当然であると思っているのだが——かの感覚しうる杖に向けて注意を促し、魂だけにではなく身体と手にも、あのような偉大な力を植えつけたのか？（中略）モーセは直知的な祈りを介して、彼を通じてこのようなことを成しうる唯一の方とこの上なき合一をしていると同時に、身体を通じた諸々の活動にも無感覚な状態ではなかったのではないのか？[24]

葦の海を分かち、また結びあわせるという奇跡が成し遂げられたとき、モーセは神と「この上なき合一」をしていたのだという。ここでパラマスが畳み掛けるように訴えるのは、その際にモーセが「（沈黙の内に）祈っていた」という点と、「身体的感覚の内にあった」という点である。

ヘシュカストはパウロによる「絶えず祈りなさい」（一テサ五・一七）という命令を文字通り実践することを旨としたが、パラマスや後代の『フィロカリア』編纂者は、この言葉を修道士のみならずすべての信徒に向けられた勧告として受けとり、絶えず祈りに留まることの重要性を説いた。[25] 先に挙げたテクスト前半の聖霊降臨の場面においても、パラマスは聖書原文にある通り使徒たち「一同が一つになって集まっていたとき」とするに飽き足らず、「神殿において祈りと嘆願に身を捧げていたとき」と読み換えているが、モーセに起こった奇跡を考察するこの箇所においても、聖書本文にはない「モーセの祈り」を読み込んでいるわけである。

次に、祈りや神との合一の体験に身体的感覚が伴うとの彼の主張にはどのような意味があるのだろうか。第一に考慮すべき点は、このテクストを含む『聖なるヘシュカストのための弁護』の全体が、バルラアムによるヘシュカスト批判に具体的に応戦することを目的として著されているということだ。アトス山のヘシュカストは、心身が浄化され、神と一体となるとき、人間は神を光として感受し、さらにそのような体験にしばしば「熱」や「甘さ」といった感覚が伴うと主張したのだが、祈りが純粋な（直知的な）なものとなるためには身体をはじめとしてあらゆる感覚的形象が捨象されねばならないと考えるバルラアムにとっては、神との合一の際に「光」「熱」「甘さ」等の身体的感覚を覚えるなどというヘシュカストの主張は暗愚の極みであり、痛烈な批判の対象となった。しかし、パラマスにとっては、このような身体的感覚を重視する発想は、偽マカリオスに代表されるシリアの霊性――祈りにおける「光」「炎」「熱」「涙」「甘さ」の体験の強調は彼らにまで遡ることができる[26]――が寄与するところの大きかった東方修道制の伝統そのものであり、それゆえ辛辣な批判から断固として守らねばならないものだったのである。

そして何よりも、二十年にわたってヘシュカスムの修行を実践していたパラマスは、身体やその内にある感覚がいかに人間の祈りに寄与するものであるかを知っていたのであろう。断食や徹夜の祈りが身体に巣食う獣のような欲望を飼い馴らし、さらに悔恨 κατάνυξις をもたらすということ、悔い改めた心に神は賜物として涙を与え、それによって祈る者の祈りを一層強めるということをパラマスは語るが[27]、それらはパラマス自身の体験に裏打ちされた言葉であったに違いない。五感の内でもアリストテレス哲学において下等な感覚とされる触覚[28]を祈りの「障害物」としかみなさないバルラアムに対して、パラマスはむしろ祈りの「協働者」として重視し、触覚を働かせないならば、どのように人は膝を折って祈り、立って礼拝することができようかと問い返す[29]。パラマスによれば、断食、不眠（徹夜の祈り）、地べたに眠ること、立って礼拝することなどはすべて「苦痛のうちに触覚を働かせること」であり、そのような苦痛のみが「身体の誤りに陥りやすい部分」を殺し、「獣のような情念を動かす想念」をより中庸的で弱まった状態にするという。さらに、苦痛は聖なる悔恨をもたらし、それによって神と人間を取り成す――「なぜなら、神は砕かれた心を無視することはないだろうから」。さらにパラマスは、キリストもまた断食して祈ったと福音書に書かれていることを指摘し、バルラアムを「実践を伴わない言葉」によって哲学する「思い上がった知」（一コリ八・一）であると断ずるのである[30]。

以上、エヒイェロギアの中心となるモーセの出エジプト物語りと使徒パウロのソーマ的生についての宮本教授の思索を概観しながら、グレゴリオス・パラマスが同じ題材をヘシュカスムの文脈でどのように解釈しているのか確認した。パラマスのテクストからは、「神との合一」という言葉で想定されている事態が、いわゆる忘我の境地における脱身体的な合一であるというよりも、大地に足を付けた一人の人間に起こる出来事として捉えられているということ、また、その際人間の身体は捨象されることなく、むしろ人間の身体を媒介として神が働くと理解されていることが浮き彫りとなった。バルラアムにとって人間身体が神や神との交わりから切り離された存在であったのとは対照的に、一人の修道者として、人間の可能性と同時にその弱さをも見つめたパラマスにとっては、感覚的な快苦にさらされ、ときに獣のような欲望に支配されて自らを苦しめるこの生身の身体と切り離しては、「人間」(「自己」)というものが成立しえなかった。人間が身体と切り離しては考えられないとするならば、神と人間との関わり合いにも身体が与らないはずがない。もし身体の参与を認めないとするならば、神と人間との直接的な関わりそのものを否定しなければならなくなる。神と人間との直接的な交わりを諦めてしまうことは、パラマスにとっては何よりも許し難いことであったのだろう。

グレゴリオス・パラマスに代表されるヘシュカスムの思想において、神は超越の境に鎮座したままではいない。神は地上へと脱在して生身の人間に受肉し、その人間を通じてわざを為し、その人間の身体をも含めて全的に変容させる。身体技法を含むさまざまな修行が実践されるが、それは魂の身体からの離脱めざしているわけではなく、むしろこの身体に神(キリスト、聖霊)を受け容れんとする果てなき努力である。ヘシュカスムがエヒイェの「受肉的実践・身体化」であると言いうるのは、ヘシュカスムにおいてこのような神と人間の力動的な関係性が思索の中心に据えられ、それを実現するための具体的な実践が要請されているからである。

さらに言うならば、パラマスはそのような実践を何も修道士に限って奨励するわけではない。断食や不眠(徹夜の祈り)、地べたに眠るなどの苦行は確かに誰もができることではないが、上で確認したように、パラマスによればそれらの苦行において肝要なのは、苦痛によって自らの身体的弱さを自覚し、悔い改めの心を得ることである。[31]

そして、絶えず祈りに留まり、自らを吟味して日夜悔い改めることは、修道士だけでなく巷間に生きる一般信徒にも可能であり必要なことであるとパラマスは説く[32]。パラマスの思想を考察する上で重要なのは、パラマスが人里離れたアトス山の一修道士であっただけでなく、司祭として、また晩年はテッサロニケの大主教として、一般の信徒とも交流し、彼らと共に生き、彼らの救いに心配ったという事実である。街の喧噪のなかで生き、日々の生活に追われる一般信徒と、人里離れたアトス山で孤独に祈るヘシュカストをつなぐもの、神と個々の人間との親密な交わりを実現するもの、それはキリストの身体である。以下に見てみよう。

3. エウカリスティアにおける神の脱在

先に、グレゴリオス・パラマスの思想において、神秘は万人に披かれていると述べた。これまでに眺めてきたパラマスのテクストには、神が地上へと脱在して生身の人間に受肉し、その人間身体を通じてわざを為すという思想が確かに認められた。だが、それでもやはりその主人公はモーセであり、使徒たちであって、「今・ここにいる私」とはかけ離れた時空での出来事のようにも思われる。神の脱在は、愛は、「この私」にまで届くのだろうか?

宮本教授は、人間中心的存在神論や技術的存在神論の彼方へ超出し、他者の地平の拓ける途をエヒイェロギアに見出し、次のようにつづける。

われわれがエヒイェ的人格としてエヒイェロギアを深化させるべく、今日精神的・文明史的な意味でも象徴される砂漠・辺境を旅することが必要となろう。それは隠された小さな物語の発見と脱在の学びに連動しうるし、そこからエヒイェ的な新しい物語りの創成とそれによる相生の現実とが出来し得ると思われる。しかし、最後にこれらすべての人間的行為と歩みが始まるのは、われわれがエヒイェとまず出会うことに一切がかかっているという点を心に刻んでおきたい[33]。

エヒイェロギアが単なる理論ではなく、思索する主体が自らエヒイェ的人格として物語りを発見し、創成しながら自他相生の地平を拓かんとする実践でもあるということは、これまでの宮本教授ご自身の思索の道行きを振り返れば明らかである。そして、その実践の根底には、エヒイェとの出会いという体験がまずあるという。聖書や教父の著作をはじめとするあらゆるテクストや預言者の語る言葉がその出会いの場となることもあれば、エヒイェに触れた誰か他の人間の中に、その人の生き方の中にエヒイェを見出すこともある。ナザレの人イエスがキリストであると信ずるキリスト者にとっては、とりわけイエスという人格がエヒイェとの出会いの場となるであろう。それゆえ、「イエスという真実はエヒイェの受肉として、エヒイェの完全な体現・範型中の範型として理解される[34]」のである。

東方の教父、師父たちはこのロゴスの受肉という出来事に依拠して人間神化の思想を構築し、神が人間へと、そして人間が神へと脱在してゆく力動的な相互関係をそこに観取した[35]。グレゴリオス・パラマスにおいても、受肉が神の人間に対する類稀なる愛の証左として称揚され、神化の思想的基盤となっていることは事実だが、パラマスは受肉よりもさらに情け深くきめ細やかな神の自己贈与の恵みをエウカリスティアに見出す。受肉とエウカリスティア、フュシス（本性）とヒュポスタシス（位格、個人）の対比に目を配りつつ、テクストに臨みたい。

——おお、測りがたき人間への愛よ！——神の子は、ただ自らの神的位格を（τὴν ἑαυτοῦ θεϊκὴν ὑπόστασιν）われわれの本性に（καθ᾿ ἡμᾶς φύσει）合一させ（ἥνωσε）、生ける身体と知性《ヌース》を備えた魂をとって「地上に現れ、人間たちの只中で生きた」（バルク3・38）だけでなく、――おお、これを凌駕することなき不思議よ！――信ずる者それぞれに（τῶν πιστευόντων ἑκάστῳ）、神の子の聖身体への与りを媒介として、かれ御自身を混ぜ合わせることにより、人間の個々人そのものとも（καὶ αὐταῖς ταῖς ἀνθρωπίναις ὑποστάσεσιν）、御自らを合一させる（ἑνοῦται）のであって、私たちと“同じ身体 σύσσωμος”になり、私たちを全神性の神殿として完成させるのである。というのも、実際キリストの身体自身において、「満ちあふれる神性が、余すところなく、身体の形をとって宿っている」[36]（コロ2・9）のであるから、どうして神の子は、私たちの内にある彼の身体の神的な光明を通じて、しかるべき仕方で分有する者たちの魂を照らし渡し、照明しないことがあろうか？（中略）いまや恵みの光の泉をもつ、かの身体は私たちにすっかり混ぜられ、私たちの内に在るので、内側から魂を照らし渡すのである。[37]

このテクストにおいて、パラマスは受肉とエウカリスティアの対比を明確に打ち出している。パラマスにとって受肉とは、神の子が神的位格《ヒュポスタシス》を人間の本性《フュシス》と合一させることであり、そのとき人間は「人間性」という一般性の下で神との関わりに参与する。しかし、神の子はそれだけに飽き足らず、さらにエウカリスティアによって自らの身体を信徒のそれぞれに混ぜ合わせ、人間の個々人《ヒュポスタセイ》と合一するという。つまり、エウカリスティアにおいて、人間それぞれは「個人《ヒュポスタシス》」[38]としてキリストの身体に参与し、神とより個的で身体的で親密な関係を打ち立てるのである。そしてその際、人間は神性のすべてを受容する神殿となる。なぜなら、神性はキリストの身体において余すところなく宿っているからである。

エウカリスティアにおいて、キリストは信徒たちと“同じ身体 σύσσωμος（単数形）”となり、信徒たちはキリストと“同じ身体[39] σύσσωμοι（複数形）”となる。この“同じ身体 σύσσωμος”という単語自体も「エフェソの信徒への手紙」三章六節にあるパウロの言葉に淵源すると言われるが[40]、同じ身体が一でもあり多でもある（一即多、多即一）と言われるパラマスのエウカリスティア理解は、パウロの「コリントの信徒への手紙二」一二章以下にある「キリストの身体としての教会」の姿を下敷きにしていると思われる。ここにおいてもパラマスはパウロの徒なのである。こうして、受肉との対比で語られるエウカリスティアとは、人間の近みへとより一層迫る神の脱在・自己贈与であると同時に、個々の人間が自らの閉鎖的在り方を破り、キリストの身体に参与すべく脱在するという動性において捉えられていると言えよう。また、パラマスが受肉における神と人間との合一を一回的な過去形（アオリスト）ἥνωσε を用いて語るのに対し、エウカリスティアにおいては同じ動詞の現在形 ἑνοῦται で語られていることにも注意を促したい。エウカリスティアによって、キリストと一人一人の信徒との合一が今・ここに成就し、同時に「キリストの身体」たる協働態もまたその都度成立するのである。

同様に人間の〈本性《フュシス》〉と〈 個《ヒュポスタシス》 〉との対比によってキリストとの合一と救いを語る、パラマスのもう一つのテクストを続いて考察したい。

キリストはわれわれの罪深い本性を乙女の血から喜んで受け取り、ご自身の内で新たにし、ご自身を通じて義とした。さらに、キリストはそれ以降すべての者を父祖伝来の呪いと罪から解き放ち、さらに聖霊によってキリストから生まれる者たちをも義としたのである。というのも、神の独り子はわれわれの中の一個人（ὑπόστασιν）を取ったのではなく、われわれの本性（φύσιν）を取ったのであり、ご自身の位格においてそれと結ばれることで（ἑνωθεὶς αὐτῇ κατ᾽ ἰδίαν ὑπόστασιν）新たにされたのであるから。そうである以上、神の独り子がわれわれ個々人のそれぞれにも（καὶ τῶν ὑποστάσεων ἡμῶν ἑκάστῃ）ご自身の恵みを与えないはずがあろうか？ われわれのそれぞれが自らの犯した罪の許しをかの方から受け取らないはずがあろうか？ かの方は「すべて人々が完全に救われることを望み」、すべての人々のために「天を傾けて降った」お方であり、ご自身の行いと言葉と受難を通じて救いの道行きすべてをわれわれに示し、天へ昇って、従う者たちを彼方へと引き寄せるお方であるというのに？　一方でキリストは、われわれから、われわれのために受け取った本性を新たにした。位格において自らそれと結ばれ、ご自身で行い受苦されたすべてのことがらを通じて、その本性が聖なるもの、義なるものされたことを、そして父に従順なものであることを示したのである。他方、キリストはわれわれ信ずる者それぞれにおける本性だけでなく、その個人をも新たにし、神的な洗礼、キリストが定めた掟の遵守、悔い改め――これは躓いた者たちにかの方がお恵みになったのだが――、そしてご自身の身体と血の分与を通じて、犯された罪の許しをわれわれにお恵みになったのである[41]。

ここに引用したテクストは、パラマスがヘシュカスム論争の後、テサロニケの大主教の座にあった期間に著されたと推測される講話集の一節である。アトス山のヘシュカストを擁護する目的で著された先のテクストと比較すると、人間の〈本性《フュシス》〉と〈個《ヒュポスタシス》〉との対比という大きな枠組みは同じであるものの、いくつかの点でパラマスの強調点が異なることが分かる。その一つは、個々の人間にキリストから与えられる恵みが、先のテクストにおいては身体と魂の照明であったのに対し、本テクストにおいては罪の許しと救いというより具体的なわざとなっている点である。もう一つ重要な点は、前者において、そのような個的な恵みは「しかるべき仕方で分有する者たち」に限定されていたのに対し、後者においては、個々の人間に与えられる罪の許しが――洗礼、掟の遵守、悔い改め、そしてエウカリスティアを通じて――すべての人に行き渡ると強調される点である。つまり、パラマスの思想において、人間の変容（神化）といった事態は人間の救いの道に重ねられ、孤独な修行は洗礼やエウカリスティアなどのサクラメントを中心とする教会生活によってすべての人に担われてゆくようになるのである。このことは、アトス山を下り、テサロニケの街の人々の救いに心を配るようになった一司祭のパラマスにとって、当然の成り行きであったとも言える。

しかし、パラマスにとってアトス山のヘシュカストとテサロニケの街の信徒は根本的に区別されない。先にも確認したとおり、パラマスによれば、修道士の実践するさまざまな修行（苦行）の大きな目的の一つは、それによって悔い改めの心を得ることである。また、バルラアムによって痛烈に批判されたヘシュカストの祈りの身体技法も、パラマスにとってその主眼は、そのような技法の援けを得て知性《ヌース》を身体の内に送り込み、祈りを絶えざるものとすることであった。悔い改めと絶えざる祈りは双方とも、パラマスがテサロニケの信徒へ向けた講話でたびたびその必要性を訴えるところのものである。パラマスはこの地上においても、街の喧噪のただなかにあっても、ヘシュカスト的生を送ることは可能であり、キリストの身体への与りを通して神秘は万人に披かれているということを確信していたのである。[42] 最後に、パラマスがやはりテサロニケの信徒へ向けて語った講話の一節に耳を傾けたい。

慈愛に溢れた母親がその乳飲み子にするように、キリストはその胸で私たちは養うのである。乳に代わって血によって、御自身の身体によって、そして聖霊によって、主は私たちを養う。主の高貴さは私たちに分け与えても減ることなく、主を見たい、主に触れたい、その甘美さの内で生きたい、主を自らの心の内に抱きたい、主を自分自身の内に、自身のはらわたの内に受け容れたいという私たちの望みを叶えられるのである。主は言われる、「来たれ、私の身体を食べなさい、私の血を飲みなさい。永遠の命を享受するあなた方が、神の像としてあるだけでなく、あなた方自身が神々 θεοί となり、永久なる天上の諸王 βασιλεῖς となって、天上の王 βασιλεύς であり神 Θεός である私を取り巻くように。[43]」

むすびとひらき

本稿は、グレゴリオス・パラマスのテクストに即し、どのような意味でヘシュカスムが宮本久雄教授の提唱されるエヒイェロギアの「実践・身体化」でありうるのか、考察した。まず確認されたのは、エヒイェの脱在に、あるいは神の力動（エネルゲイア）に衝き動かされる人間の在り方への洞察が両者の哲学の土台を為しているという点である。そして、宮本教授のエヒイェロギアの原初的体験とも言えるモーセの出エジプト物語りをやはり題材としながら、パラマスがヘシュカストの具体的な修行を擁護し、その意義を見出してゆくさまを追った。その際、パラマスは脱自的《エクスタティック》な神秘体験に対して、この地上に留まり、この身体の内にありながら神の働きを受ける人間の姿に目を注ぐ。このようなパラマスの態度は、宮本教授が「パウロ的神秘主義」と呼ぶもの——つまり、この地上において「肉に在ること」を選ぶパウロのソーマ的苦難の道行きこそ、キリストと共に在る王道であると観取する思想——に連なるものだと言えるだろう。最後に、エヒイェロギアが単なる理論ではなく、エヒイェとの出会いの体験から自他相生の地平を拓かんとする実践でもあるとの理解から、キリスト教徒にとって「エヒイェの完全な体現・範型中の範型」であるところのイエス・キリストと人間の出会いの体験——受肉とエウカリスティア——を、パラマスのテクストに即して考察した。エウカリスティアをめぐるパラマスの言葉の端々にはキリストの身体に関するパウロ的理解が伺え、エウカリスティアが信徒個人とキリストとの個的で垂直的な交わりを可能にすると同時に、エウカリスティアにおいて各人が「キリストのからだ」、「一つのからだ」へと脱在することで、全的で水平的な交わりをも実現させる動的な場と解されていることが明らかになった。そして、キリストの身体への与りを通して各人が変容し、（大文字で単数形の）神であるキリストを取り巻く（小文字で複数形の）神々となって、天上の協働態をこの地上に出現させることをパラマスは訴えるのであった。

こうして概観してみると、パラマスのエウカリスティア理解はエヒイェによる食卓協働態の創成という宮本教授の洞察[44]に共鳴するものであると思われるが、本稿において十分に考察することはかなわなかった。パラマスがそのエウカリスティア理解において示した〈個〉への配慮が、近代以降の正教世界にどのような影響を与えているのか（この問いは『フィロカリア』編纂の近代的意義を問うことにも繋がる）という問いと併せて、今後の課題として見据えてゆきたい。

註

（1）宮本久雄「根源悪からのエクソダス（脱在）」、『共生学』第7号所収、教友社、二〇一三年、八七～九二頁参照。ただし、この時点では「エヒイェロギアの実践・身体化」という表現が用いられている。二〇一四年末現在、宮本教授はこの表現を「エヒイェの受肉的実践・身体化」と言い換える必要性を感じられており、本稿では教授の現時点でのご意向を反映させて後者の表現を用いた。

（2）谷隆一郎「エネルゲイア・プネウマの現存――東方・ギリシア教父におけるエヒイェロギアの展開――」、『共生学』前掲号所収、一〇一頁。

（3）宮本久雄前掲論文、七七頁。

（4）宮本久雄『ヘブライ的脱在論』、東京大学出版会、二〇一一年、iv頁。

（5）Ibid., pp.v-vi.

（6）山本芳久「『出エジプト記の脱在論』としてのエヒイェロギア」、『共生学』前掲号所収、二一一～二一二頁。

（7）Ibid., p.21.

（8）ニュッサのグレゴリオス『雅歌講話』、大森正樹、宮本久雄、谷隆一郎、篠崎榮、秋山学訳、新世社、一九九一年および宮本久雄『愛の言語の誕生――ニュッサのグレゴリオスの『雅歌講話』を手がかりに――』、新世社、二〇〇四年参照。

（9）オリヴィエ・クレマン、ジャック・セール『イエスの祈り』、宮本久雄、大森正樹訳、新世社、一九九五年および『フィロカリア』Ⅰ～Ⅸ巻、宮本久雄他訳、新世社、二〇〇八～二〇一三年参照。

（10）有賀鐵太郎著作集4『キリスト教思想における存在論の問題』、創文社、一九八一年、一二五～一五一頁および二〇三～三四八頁、大森正樹『エネルゲイアと光の神学』、創文社、二〇〇〇年、一〇一～二三〇頁および三二六～三二五頁参照。

（11）宮本久雄、大貫隆、山本巍『聖書の言語を超えて』、東京大学出版会、一九九七年、一一一～一九九頁、および宮本久雄『福音書の言語宇宙』、岩波書店、一九九九年、六〇～一六六頁。

（12）ギリシア語の μυστήριον という言葉は元来、「人知を超えたもの」、「秘められたもの」といった意味を持ち、それは通常限られた者にしか伝授されない。

（13）『弁護』、II-2-13。バルラアムのこのような主張は、パラマスが引用するテクストからの再構成である。管見の限りでは、バルラアムの残存するテクストの中にパラマスによる引用と精確に一致する箇所はないが、バルラアムが身体を「無思慮」「厚さ」と呼び、祈りの中でめざされるべき知性（ヌース）の純粋さを阻害するものと考えて、知性を「身体に類似したあらゆるもの」から分離して保つよう説く文章が残っている（Cf. Barlaam Calabro, *Epistole Greche*, ed. G. Schirò, Palermo, 1954, p. 315, ll. 11-15）。また、パラマスの『聖なるヘシュカストのための弁護』を校訂、翻訳したJ. Meyendorffは、本引用とは別の箇所について、残存するバルラアムのテクストとパラマスによる引用を比較検討し、パラマスが「おおよそ原文通り」にバルラアムのテクストを引用しているとの評価を与えている（Cf. Grégoire Palamas, *Défense des saints hésychastes*, éd. Jean Meyendorff, Louvain, 1959〔以下、『弁護』と表記〕, Introduction, pp. XXIV-XXV）。以上の点を考え合わせ、当該箇所についても、パラマスによる引用はバルラアムの主張を相当精確に反映させていると判断した。

(14)二コリ一二・一～四。以下、聖書からの引用は新共同訳による。
(15)拙稿「神の光を見ることをめぐって―グレゴリオス・パラマスの擬ディオニュシオス解釈―」、『パトリスティカ』第14号所収、教友社、二〇一〇年、一二八～一五一頁。
(16)『弁護』、II-2-14におけるパラマスによる引用を参照。
(17)『弁護』、II-2-14。
(18)二コリ一二・五～一〇。
(19)「わたしにとって生きるとはキリストであり、死ぬことは利益なのです。けれども、肉において生き続ければ、実り多い働きができ、どちらを選ぶべきか、わたしには分かりません。この二つのことの間で、板挟みの状態です。一方では、この世を去って、キリストと共にいたいと熱望しており、この方がはるかに望ましい。だが他方では、肉にとどまる方が、あなたがたのためにもっと必要です。こう確信していますから、あなたがたの信仰を深めて喜びをもたらすように、いつもあなた方一同と共にいることになるでしょう。」(フィリ一・二一～二五)
(20)宮本久雄『身体を張って生きた愚かしいパウロ』、新世社、二〇〇九年、八一～八二頁。
(21)Ibid., 二五頁および四四頁。また、身体的な弱さや苦しみこそが神の近みへと迫る道であり、宗教的修行をしたくともかなわない人々にとって、それに代わるものとなることを宮本教授は示唆する。同書、四四～四六頁参照。
(22)「五旬祭の日が来て、一同が一つになって集まっていると、突然、激しい風が吹いてくるような音が天から聞こえ、彼らが座っていた家中に響いた。そして、炎のような舌が分かれ分かれに現れ、一人一人の上にとどまった。すると、一同は聖霊に満たされ、〝霊〟が語らせるままに、ほかの国々の言葉で話しだした。」(使二・一～四、新共同訳)。
(23)『出エジプト記』一四章参照。
(24)『弁護』、II-2-14。
(25)拙稿「ヘシュカスム論争考察―絶えず祈りなさい(一テサ5・17～18)をめぐって―」、『日本カトリック神学会誌』第21号所収、日本カトリック神学会、二〇一〇年、一五一～一七二頁、および「『フィロカリア』編纂とその意義」、『パトリスティカ』第16号所収、教友社、二〇一二年、二四～四四頁。

(26) Cf. Hilarion Alfeyev, *St. Symeon the New Theologian and Orthodox Tradition*, Oxford University Press, 2000, pp.208-270.

(27)『弁護』、II-2-6。

(28) アリストテレス『霊魂論』において、五感（視・聴・嗅・味・触覚）は知覚主体と知覚対象（質料）との間の距離の大小によって優劣の順位がつけられており、知覚主体と知覚対象との距離が大きいがゆえに「不受動的」である視覚や聴覚は、「非質料的」で「理性的」な感覚として上位に置かれ、逆に、味覚や触覚は知覚対象との接触が前提とされるため、より「受動的」、「質料的」で「非理性的」な感覚とされて下位に置かれる。五感についてのこのような捉え方はアリストテレス以降の古代ギリシア哲学において概ね堅持されており、プロティノスなどにも伺うことができる。アリストテレス『霊魂論』、第二巻第九章、第一一章、第三巻第一三章およびプロティノス『人間とは何か、生きものとは何か』参照。

(29)『弁護』、II-2-4。

(30)『弁護』、II-2-5。

(31) 先述のとおり、ヘシュカスムの修行には呼吸法や座法等の身体技法も用いられた。パラマスはこのような身体技法も擁護するが、その際、彼の関心は身体技法そのものにあるというよりは、そのような身体技法を聖書や師父たちのテクストを基に思想的に裏付けることに向けられている。また、このような身体技法は、とりわけ修道士になったばかりの「祈りの初心者」に相応しいものとされ、その主眼はそのような技法の援けを得て知性《ヌース》を身体の内に送り込み、祈りを絶えざるものとすることであった。久松英二『祈りの心身技法』、京都大学学術出版会、二〇〇九年、一三一～一七五頁および拙稿「祈りにおける身体の振る舞い」、『共生学』創刊号、新世社、二〇〇九年、一一六～一三九頁参照。

(32)『第三八講話』、『第五一講話』参照。

(33) 宮本久雄『旅人の脱在論』、創文社、二〇一一年、六三頁。

(34) 宮本久雄「根源悪からのエクソダス（脱在）」、『共生学』第7号所収、教友社、二〇一三年、九三頁。

(35) Hilarion Alfeyev 前掲書、pp.255-270、大森正樹前掲書、五九～七四頁、および谷隆一郎『人間と宇宙的神化』、

知泉書館、二〇〇九年、二三七～三一一頁参照。

（36）原語は σωματικῶς。新共同訳では「見える形をとって」と訳されているが、ここでは本稿での考察に即して「身体の形をとって」と訳を変更した。

（37）『弁護』、I-3-38。

（38）G. Mantzaridis はカッパドキア教父の時代以降、πρόσωπον と ὑπόστασις の語が共に「個人」を示す同義語として用いられてきたと述べ、ダマスコのヨハネにおける用例を挙げている。Georges Mantzaridis, « La doctrine de saint Grégoire Palamas sur la déification de l'être humain », M.-J Monsaingeon et J. Paramelle (trad.), Saint Grégoire Palamas *De la déification de l'être humain*, Lausanne, 一九九〇年所収、一四八頁、註2参照。また、普遍を追求するギリシア哲学に対して、キリスト教がその教義論争のなかであらゆるカテゴリーや本質規定に先立つ〈個〉の概念をつくりあげていく様を追った名著、坂口ふみ『〈個〉の誕生』、岩波書店、一九九六年参照。

（39）『第五六講話』五節。

（40）「エフェソの信徒への手紙」三章六節では σύσσωμα という名詞形で出ている。J. Meyendorffによれば、この言葉はとりわけアタナシオスやニュッサのグレゴリオスによって用いられているという。Jean Meyendorff, 上掲書、一九二頁参照。

（41）『第六〇講話』一七～一八節。

（42）Cf. Christopher Veniamin, Saint Gregory Palamas *The Homilies*, Waymart, 2009, Introduction, p.XXV および Jean Meyendorff, *Introduction à l'étude de Grégoire Palamas*, Paris 1959, Appendice I, p.394

（43）『第五六講話』一一節。

（44）宮本久雄『存在の季節』、知泉書館、二〇〇二年、第六章「食卓協働態とハヤトロギア」二一九～二六九頁。

神的エネルゲイア・プネウマの現存

——東方・ギリシア教父におけるエヒイェロギアの展開——

谷　隆一郎

はじめに

「ハヤトロギア・エヒイェロギア」とは、「エヒイェ（ehyēh）」（わたしは在る、在らんとする）という神名（出エジプト三・一四）に由来する極めて含蓄ある言葉である。とくに「エヒイェロギア」は旧知の宮本久雄さんの標榜するところであるが、この数年、宮本さんの哲学・神学的な探究もまさに佳境に入ってきた感がある。そんな折、この度び機会を与えられて、エヒイェロギアという言葉の意味とその志向するところを、東方・ギリシア教父の伝統、とりわけニュッサのグレゴリオスと証聖者マクシモス（五八〇頃～六六二）の文脈に即して問い披いてゆくことにしたい。

さて今回は、「神的エネルゲイア・プネウマの現存」という題を掲げた。それはやや敷衍して言うならば、「神的ないし神人的エネルゲイア（働き）とプネウマ（霊）との現存に対して意志的に聴従し応答してゆくことによって、人間的自然・本性（ピュシス）が何ほどか神化（神的生命への与り）（θέωσις）してゆくという事態」を、いささかなりとも明らかにするということである。それは言い換えれば、宮本さんの言うエヒイェロギアという「生成・ダイナミズムを旨とする事態」を、改めて東方・ギリシア教父の伝統に即して、まさに同根源的な問題として吟味し探究してゆくことにほかならない。

というのも実際、エヒイェロギアを語る宮本さんの諸々の著作を読むと、その中心を貫く洞察は当然のことながら、ギリシア教父の伝統の主流と深く呼応していると直観するからだ。そしてそこにはいわば、すぐれた分身にまみえるかのような感もあるのである。

あらかじめ基本的なことを言っておくなら、東方・ギリシア教父は、ヘブライ語とは一見対極的な文法構造を持つギリシア語で祈りかつ思索しつつ、生成・動態を旨とするヘブライのダイナミズムを担い切ったと考えられよう[1]。そこでの内的緊張と格闘とが余りに大きくまた根源的なものであったからこそ、数世紀にわたって形成された哲学・神学的かたちは、後世の範とすべき人類の遺産ともなったのだ。そしてそれは、ヘブライ・キリスト教の伝統が古代ギリシア的な伝統（ストア派や新プラトン主義も含めて）を受容し摂取しつつ、根本での拮抗とともに超え出ていった歴史である。つまりそこには、「受容、拮抗、そして超克」という、西洋の歴史上まさに未曾有の思想的ドラマが存するのである。

ともあれ以下においては、東方・ギリシア教父の伝統の中から、主としてニュッサのグレゴリオス、擬ディオニュシオス・アレオパギテース、そしてとりわけ証聖者マクシモスの文脈を念頭に置いて、エヒイェロギアのピロンソピア（愛智・哲学）的展開のかたちとその中心に漲る問題位相とを多少とも明らかにしてゆきたいと思う。

一 「神的エネルゲイア・プネウマとの出会い」と「脱自的愛の発動」

くだんのエヒイェ（ehyēh）とはむろん、かつてモーセに対する神名の啓示として発語された言葉である。それはあらかじめ言うなら、同時性ないし同時的現成という観点からして、新約聖書の Ἐγώ εἰμι（わたしは在る）として、とくにヨハネ伝でのイエス・キリスト自身を指し示すものと解されよう。

このことは、いわば最初にして最後の重要な主題ゆえ、ここですぐに論じるというのではないが、念頭に置いておくべき表現を二、三挙げておく。すなわち、ヤコブの泉に水を汲みにきたサマリアの女に向かって、イエスは永遠に渇くことのない水のことを示し、「Ἐγώ εἰμι（わたしは在る）あなたと話している者」（ヨハネ四・二六）と告げる。イエスはまた、「アブラハムの生まれる前から、Ἐγώ εἰμι（わたしは在る）」（同、八・五八）、そして「Ἐγώ εἰμι 復活であり生命である」（同、一一・二五）と語る。そしてさらには、「Ἐγώ εἰμι まことのぶどうの木」（同、一五・一）であって、「わたしを離れては、あなたたち（ぶどうの木の枝）は何も為しえない」（同、一五・五）と喝破しているのである。そこで以下、こうした神的ロゴス（言葉）（ロゴス・キリスト）に注視しつつ、いささか論を進めることにしたい。

まず旧約の文脈では、「ヤハウェ＝エヒイェ」は単に超越の境に鎮座しているのではなくて、エジプトにおいてはなはだしい苦難を背負うイスラエルの民のもとに降下し到来することになる（出エジプト三・七〜一〇）。それゆえ宮本さんの表現によれば、エヒイェとは同一性たる存在そのものである以上に、自らを脱して有限な他者のもとに到来する「脱在」だという。つまり、超越的主体として対象化されたヤハウェが脱在するというよりは、ヤハウェ＝エヒイェがとりもなおさず脱在なのである。

その際、この時間的歴史的世界においてルーアッハ（霊）とダーバール（言葉、ロゴス）とは、いわば不即不離に働いている。そして、モーセにいわば同時的に連なる預言者たち、つまりエリヤ、エレミア、エゼキエル、第二イザヤ等々は、「ヤハウェ＝エヒイェ、ルーアッハ、ダーバール」という三位一体的働きとの原初的な出会い（カイロス）をそれぞれの仕方で如実に体現し、言葉によって証示しているのだ。すなわち、エヒイェは協働態（時と処とを超えた神的交わり）の創出に向かってルーアッハ（霊）として働き、さらにはダーバール（言）として顕現（受肉）してくるとされる（預言者たちをめぐる宮本さんのこうした一連の論考は、筆者にとって学ぶところ大であった(2)）。

ちなみに、「同時性」ということについて、さしあたり次のことを指摘しておこう。もし神の霊（ルーアッハ、プネウマ）、神の働き（エネルゲイア）がその名に値するものであるなら、それは「つねに（永遠に）」、時と処とを超えて働いているとしなければなるまい。しかしそうした神的働きは、歴史上の「ある時」、その都度の今、それぞれの人によって経験され、何らか知られ顕現・現成してくる。従ってそこには、「つねに」と「あるとき」との微妙な緊張が存し、しかもそのことは「その都度の今」に収斂してくるのだ。

そのことに注目するとき、「過去、現在、未来」が数直線上に対象化されたような通俗的な時間表象は、実は仮構であり二次的なものとなる。それゆえ、一言で言うならば、神的な霊ないし働きとの根源的な出会い（カイロス）の経験は——預言者たちや使徒たちなどにおいて見られるように——、一見、時代としていかに隔たっていようとも、まさに同時性を帯びてくるのである（教父の伝統は、旧約のテキストをもいわば新約の光の中で、霊的かつ象徴的に解釈するが、そのことが可能であるゆえんも、このことに存しよう）。

ところで、先に言及した三位一体的働きにあって注意すべきは、いわゆる「父、子、聖霊」という順ではなく、「エヒイェ、ルーアッハ、ダーバール」という風に、ルーアッハ（霊）が真中の媒介的位置に置かれていることである。これは拙稿の眼目にも触れてくることなので、あらかじめ次の論点を提示しておこう。

思うに、神やロゴス・キリストについてわれわれが何事かを発語しうるのは、最も原初的には神的エネルゲイア・プネウマとの出会い（カイロス）の経験にもとづくであろう。とすれば、われわれの主体・自己の「在ること」が何らか揺がされ突破されたような経験から、その経験のうちに現存する根拠へ、という探究方向が、まずは基本のものとなろう。実際、「わたし・自己の在ること、存在すること」は、「わたしは在る、在らんとする」ヤハウェからいわば謎かけられており、神秘ですらある。それゆえ、「わたし・自己の在ること」を隠れた前提として探究の外に置き去りにしたような客体的実証的な学の構図は、旧約・新約の根本的場面に関する限りは、また愛智の道行き（＝哲学）の原初的発動に関する限りは、一度び突破されなければなるまい。

（一）愛の傷手――脱自的愛の発動――

神的なエネルゲイア（働き、活動）との、そしてつまりはルーアッハ、プネウマとの出会い（カイロス、瞬間）にあっては、改めて言うなら次の二つのことが一般的に見て取られよう。

（i）第一に、そこでは主語的なわたし（主体・自己）がいわば突破されて、その存在規定が根本から揺がせられる（それはたとえば道元の言を借りれば、身心脱落という事態であろう）。また実際、通常の意識とは逆に、「安心して確保されているような主体・自己は、ほんとうはどこにもない」のだ。

ちなみにこのことは、アウグスティヌスが『三位一体論』後半において凄まじいまでの「自己探究＝神探究」を遂行してゆくときの根本的視点でもあった。つまり一言で言っておくとすれば、「神の似像（エイコーン）」たる可能性を与えられている人間は、「わたしは在る」（ヤハウェ）に与りゆくべく本来は定位されているであろう。が、自己自身に閉ざされ、自らの存立の根拠から切り離されるなら、ほとんど「在らぬもの」へと傾くであろう。『三位一体論』もまた、その切実な経験と、つねに現存する神的超越的働きとの出会い（カイロス）に根差しているのだ。

そして、こうした探究の中心線とそこに張る根源的経験とに関しては、東方・西方の教父たちの伝統はまさに軌を一にしていると言ってよい。もとより、両者の間にあれこれの用語や探究の枠組みなどの違いはあるが、それらを全体の多様にして一なる動向（ダイナミズム）から切りはなして、一見学的かつ対象的な分析に留まってはならないのである。

（ii）第二に、人が神的エネルゲイアないしアガペー（愛）に貫かれたとき、その発出してくる根拠（始原）と全く結合してゆくべく脱自的自己超越的な愛が発動してくる。それは、とりわけ使徒や預言者たちにおいて、その身全体を貫くかのような確かな経験であったであろう。言い換えれば、確実性の原初的なかたちは、主体・自己の「在ること」が突破されるような「脱自的愛の発動そのもの」に存するのだ（この意味では、たとえば近代哲学の方向を決定づけたデカルトの言う、「思惟するわたし（ego cogitans）（思惟実体）が在る」という確実性は、右に窺った「原初的愛の発動」から切り取られ、仮初に原理化されたものと評価されるであろう）。

これら二つのことは、とくに「カッパドキアの三つの光」の一人、ニュッサのグレゴリオスの『雅歌講話』において、霊的かつ象徴的な語り口を通して鮮やかに言語化（ロゴス化）されている。

すなわち、花婿（＝神）の「愛の矢」に射抜かれた花嫁（＝人間）は、その身全体に「愛の傷手」を受ける。だが、そのとき同時に、花嫁たる人間は（男性も女性も）、自らを愛の矢（つまり、神的エネルゲイア・プネウマ）によって貫いた花婿たる神への、「己れを超えゆく無限なる愛」（アガペー）に促されよう。そして、探究の基本線をいささか先取りして言うとすれば、そうした「無限なる愛の渇望」こそは、恐らく「本来の人間」であり、「人間的自然・本性（ピュシス）の開花した姿」であろう。

してみれば、「ヤハウェ＝エヒイェ」は、それ自身が「わたしは在らん」という「脱在」であるとともに、さらにはまた、「知られざる超越的根拠（神）への無限なる愛」として、この有限な可変的世界に現出してくるのだ。それゆえ平たく言えば、神は「神への愛（アガペー）として」、つまり勝義の人間として、この移りゆく世に顕現してくると考えられよう。この点ニュッサのグレゴリオスは、くだんの花嫁（＝人間）の花婿（＝神）に対する魂の叫びとして、次のように語っている。

わたしはこのように「魂の愛する方」とあなた（神、ロゴス・キリスト）を名づける。というのも、あなたの名はすべての名に勝り（フィリピ二・九）、すべての言語・知性的本性では言い表すことも包む（把握する）こともできないからである。それゆえ、「あなたへのわたしの魂の関わり」が、あなたの善性（agathotēs）を明らかにする「あなたの名」である。（『雅歌講話』、大森正樹、宮本久雄、谷隆一郎、篠崎榮、秋山学訳、新世社、一九九一年、五九頁）

ここに見て取られるように、神はその「実体・本質（ウーシア）としては」、われわれにとってどこまでも超越的で「知られざるもの」に留まるというほかはない。しかし神は、その「働き（エネルゲイア）としては」――そうした神的エネルゲイアは万物の存立を支え、つねに現存しているであろうが――、とりわけ人間によって何らか経験され知られるのだ。言い換えれば、神の善性の働き（つまりエネルゲイア・プネウマ）を改めて自由・意志によって受容した魂の「脱自的な愛」（あなたへのわたしの魂の関わり）が、神の善性を証示し、遥かに指し示しているのである。

（二）　絶えざる自己超越（エペクタシス）という動的かたち

右に略述したことは、グレゴリオスの語る「魂・人間の絶えざる自己超越（エペクタシス）」という動的かたちと、密接に呼応している。そのことは、『雅歌講話』と同根源的な珠玉の作品、『モーセの生涯』に顕著である。そこで次に、その否定神学的な文脈の基本線を少しく見定めておこう。

シナイ山におけるくだんの「神名（「わたしは在る、在らんとする」なるヤハウェの名）の啓示」は、グレゴリオスによれば最終的なものではなくて、さらなる上昇と深化との道行きが存した。グレゴリオスはそのことを、「神的なものは、かつては（燃える柴を通して）光のうちで見られたが（出エジプト三・二以下）、今は闇のうちで見られた」（『モーセの生涯』、Ⅱ・一六二、谷隆一郎訳、『キリスト教神秘主義著作集』1、教文館、一九九二年）、という風に対比している。そして、「モーセは闇のうちに入り、そこにおいて神を見た」（出エジプト二〇・二一）という逆説的な表現が、霊的かつ象徴的に解釈されてゆくのである。

ただその際、神の顕現について「光のうちで」と「闇のうちで」（新共同訳では「密雲」と訳されているが）と対比されているのは、両者の単なる対立を意味するものではない。かえってそれらは、人間の神経験が上昇して深化してゆく階梯を象徴しているのだ。グレゴリオスの次の言葉は、とりわけ「闇のうちなる神の顕現」の意味するところを明確に語っている。そしてそれは、「神へと関与する道」の奥の院として、否定神学的文脈の一つの範型とも目されるものであった。

敬虔の知（gnosis）は、その最初の現れにあっては、それが生じる人において光として生起する。すなわち、敬虔に対立すると考えられているのは闇である。従って、闇から向き直ること（回心）は光の分有によって生じる。しかし、知性（ヌース）がより大でより完全な志向を通して前進し、諸々の存在物についての把握を思惟のうちで生み出そうとするとき、かの神的本性（神性・善性）の観想に接近すればするほど、それだけいっそう神的本性の観想されえぬものたることを明白に見るに至る。確かに、すべての現象を、つまり感覚の捉えるものも思惟の見ていると思うものもいずれをも後にして、つねによりうちなるものに入りゆき、ついには思惟の真摯な憧憬によって、見られえず知られえぬかのものに参与するに至るならば、そこにおいて神を見ることになろう。このことのうちにこそ、探し求められているものの真の知・観想があるが、それは、見ぬことにおいて見るということである。（『モーセの生涯』、Ⅱ・一六二〜一六三）

かくして、人が神的働き（エネルゲイア）に与れば与るほど、その働きの源泉・主体たる神的本性（神性）そのものは知られざるものとして、いわば無限性の彼方に退いてゆく。(3) そしてそのようなとき同時に、己れの存在が実は無に接していること、無に等しいものたることが、いっそう自覚せられてくるであろう。しかしそうしたことは、単に、「不知の表明」に終わるべきものではないし、また神的超越的な境位に与ることへの「諦め」や「ニヒリズム的な開き直り」に傾いてもならないのである。

さて、ここにとりわけ注目すべきは、「見ぬことにおいて見る」という先の表現が、グレゴリオスにあって実は、「神への無限なる愛の渇望」という積極的な姿として捉え直されていることである。

われわれはそこに、旧約の解釈から導き出された「エヒイェロギア」（脱在）という事態が、「ヤハウェ＝エヒイェ」のことでありつつ、さらには「魂・人間の脱自的愛のかたち」（エペクタシス）として顕現し受肉（身体化）してくる姿を見て取ることができよう。「東方・ギリシア教父におけるエヒイェロギアの展開」についての、まずは最初の論点がそこに存する。この点グレゴリオスは、次のように明晰に語り出している。

モーセが知においてより大なる者になったとき、彼は闇のうちで神を見たと語る。すなわちモーセは、すべての知と把握とを超えているかのものこそ、自然・本性上神的なものだということを覚知するのだ。（『モーセの生涯』、Ⅱ・一六四）

この後モーセは、人の手にて造られぬ〔天上的な〕幕屋に達する。そうした階梯を通って進み、このような高みにまで自らの精神・知性を高めるモーセに誰が従いゆくであろうか。モーセはまず、あたかも一つの峰から他の峰へ移りゆくかのように、高みへの登攀を通してつねに自己よりも高くなる。……かくしてモーセはついに、神的知という見られえぬ内奥の聖所にまで参入せしめられる。しかし、そこに留まることなく、さらには人の手によって造られぬ幕屋に移りゆくのである（ヘブライ九・一一）。（同、Ⅱ・一六七）

ここに見られるような「より大なる者になる」とか、「つねにより高くなる」とかいった言葉は、「絶えざる自己超越」（エペクタシス）を語るものとして、とりわけニュッサのグレゴリオスに特徴的な表現であった。それらはむろん、性質や量や場所などの変化を示す一般的な述語ではなくて、いわば主体・自己の実体（ウーシア）そのものの変容に関わり、自らの「在ること」の「より大」という度合を指し示しているのだ。従ってそこには、存在論的ダイナミズムとも呼ぶべき動的脱自的構造が存するのである。

してみれば、「神（ないし神性・善性）が徹底して超越的で、知られざるものであること」と、「それが人間のエペクタシスとして、また無限なる愛の渇望として顕現・受肉してくること」とは、ある意味で同時的に現存しているのだ。言い換えれば、「神のウーシア（実体・本質）とエネルゲイア（働き・活動）との峻別」という、東方教父的な伝統に共通の思想財と目される事柄は、その内実としては、神についての単に対象化された図式ではなくて、神的エネルゲイア・プネウマとの出会いによって無限なる愛に促された人々の切実な経験から、はじめて語り出されたものと考えられよう。

ところで、「わたしは在る」（Ἐγώ εἰμι）たる神（ヤハウェ）は、ウーシアとしては不可知なるもの、無限なるものと言うほかないが、そのエネルゲイアによってすべての存在物を貫き、それらの存立を支え根拠づけている。それゆえ、それぞれの事物の形相（エイドス）は、擬ディオニュシオス・アレオパギテースの『神名論』の文脈にあるように、「神的エネルゲイアの名」なのだ。つまり、神的エネルゲイアをそれぞれの分（諸々の事物の自然・本性）に応じて分有した姿が、知られざる超越的根拠たる神を指し示しているのである。[4]

ただし、諸々の有限な形相は、確かにその「実体のロゴス（意味）」をいわば無時間的に保持してはいるが、「それ自体として現に在る」とは看做されない。というのも、それらが現にこの可変的世界に生成・現成してくるためには、より上位の「現実に在らしめる働き」（神的エネルゲイア）を必要とするからである。

そしてとりわけ人間は、そうした神的エネルゲイアに対して自らの意志によって、「より善く」ないし「より悪しく」自由に応答しうる（しかし、たとえば動物の場合は、それぞれに与えられた自然・本性に忠実に生きており、いわば完結した本性のうちにある。それゆえ彼らには、変容可能性はなく、また善や悪も未だ顕在化することなく隠されたままである）。従って人間においては、自らの存在根拠たる神的エネルゲイアへの応答によって、「神への関与（分有）のアナロギア（類比）」とも言うべきことが見出されることになろう。この有限な可変的世界にあって、われわれは端的に「在る」のではなく、自らの自然・本性の次元においても絶えざる「変容」と「動き」においてある。つまりわれわれにとって、「安心して確保されているような主体・自己はどこにも存在せず」、われわれはその都度の今、自らの意志と行為によって自らの存在様式の変容に晒されているのである。

このことは、「エヒイェロギアの展開」を問うてきたわれわれの探究の、今一つの重要な、かつ同根源的な論点である。が、これについては、次に節を改めて問い進めてゆくことにしよう。

二　神的働きと人間的自由・意志の働きとの協働

神的エネルゲイアは、すでに触れたように、それが永遠なる神の働きである限りは、つねに時と処とを超えて働いていると言わねばなるまい。しかし他方、その具体的な生成としては、歴史上のあるとき、そしてその都度の今、ここに、それぞれ有限なかたちを取って現に生成して顕現してくるのだ。この点、証聖者マクシモスは、

(i)、「ウーシア（実体・本質）のロゴス」、つまり無時間的な意味と、

(ii)、現実的な「ゲネシス（生成）の方式」とを区別して、問題の真相を明らかにしているのである。

すなわち、神的エネルゲイアの発出する主体たる神のウーシアは、あくまで知られざる超越に留まる。しかし神的エネルゲイアはこの可変的世界にも働き、現に生成しうる。そして、そのより善き生成にあって勝義の役割を担っているのが、人間の自由・意志の働きであった。

この意味で、教父たちの把握は（またひいては、ヘブライ・キリスト教の伝統の基本的把握は）、西欧近代移行の自然科学的把握とは決定的に異なっている。つまり、諸々の存在物の生成・誕生は、物質的要素の離合集散という事

態としてだけでは捉えられない。教父たちは、物的な必然性ないし偶然性を突破するかのような「生成の意味次元（位相）」を注視しているのだ。

そこで、基本的な方向をあらかじめ言っておくとすれば、神的エネルゲイアないしプネウマ（霊）が、その意味からして「つねに（永遠に）働いていること」と「歴史上のあるとき生成してくること」とは、単に対象化された永遠と時間との関わりとしてあるのではなくて、神的エネルゲイアの勝義のより善き生成には、人間的自由・意志の働きが不可欠の契機として介在している。言い換えれば、自由・意志が神的エネルゲイア・プネウマ（つまり神性、善性の働き）を改めてより善く受容し、脱自的な愛として働き出すとき、神的エネルゲイアの「より善き」、「より大なる」顕現・宿りが生起してくるであろう。

そしてその際、人間は他の諸々の存在物（いわゆる対象的自然）と対立しているのではなく、また単にそれらを支配するというのでもない。かえって人間は、「自然・本性的紐帯」としてすべての存在物（自然・本性）をより善く結合し、全一的な交わりへともたらすべき役割を担っているとされるのである。

（一）神的エネルゲイア・プネウマとの原初的な出会い（カイロス）

預言者や使徒たちに顕著に見られるように、神的な働きが人間を貫くとき、その人全体の回心（向き直り）と人間的自然・本性（ピュシス）の根本的変容とが生じよう。ただそこに注意すべきは、神的な働きと人間的自由の働きとが微妙に緊張し、協働（シュネルギア）という性格を有していることである。この点は、ニュッサのグレゴリオスや証聖者マクシモスの聖書解釈、さらには広く哲学・神学的な文脈において大きな主題の一つとなっている。

言うまでもなく、旧・新約聖書の言葉（ダーバール、ロゴス）はその中心的位相に関する限りは、単に数直線上の歴史的客観的な出来事の記述ではなくて、モーセも含めて広義の預言者や使徒における「ヤハウェ＝エヒイェ、あるいは神的エネルゲイア・プネウマとの原初的な出会い（カイロス）の表現」であり、それゆえ普遍的に「人間の真実の証言」であった。そして教父の伝統は、そうした聖書の言葉をまっすぐに受容しつつ、そこに秘められた問題位相を明らかにし、「愛智の道行き（哲学）」＝「神学」として吟味・探究していったのである。(5)

さて、預言者と使徒たちの根源的経験にあっては、一方では確かに神的エネルゲイア（あるいはルーアッハ、プネウマ）がいわば垂直的に降下し、有無を言わさぬ圧倒的な力で彼らを突き動かして、劇的な回心をもたらしたとも看做されよう。たとえばモーセ、エリヤ、エレミア、エゼキエル、第二イザヤなどの場合、それぞれの仕方で神のダーバール（言）やルーアッハ（霊）に貫かれた出会い（カイロス）の経験が、旧約のテキストに如実に語り出されている。彼らはそれぞれに特徴的な経験のうちに、根底においては恐らく同一の出会いに与っていると考えられよう（そうした預言者の姿については、とりわけ宮本久雄『他者の風来―ルーアッハ・プネウマ・気をめぐる思索』、日本キリスト教団出版局、二〇一二年、の論述が卓抜であり、間然するところがない）。

ちなみに、右のような根源的な出会い（カイロス）が観想されるとき、彼らの生と経験は、それぞれの時点を対象化し固定化するような通俗的時間表象を突破して、いわば同時性を帯びた出会いとして解釈されている。(6)

また他方、神的働きが圧倒的な力で彼らを突き動かすとはいえ、そこにおいて人間的自由・意志が全く奪い去られていると解されてはなるまい。というのも、そのとき彼らのうちには、宮本さんの言では、「ヤハウェ＝エヒイェの到来に自分を明け渡すという自己無化（ケノーシス）的態度」が存しているからである。つまりそれは、神的エネルゲイア・プネウマに聴従し、己れを能う限りなみするという姿であるが、そこにも自由・意志の働きが、己れ自身をなみするという逆説的なかたちで働いているのである。

そこで、さらに踏み込んで言っておくとすれば、人が自らの意志によって何ほどか自己否定・自己無化を為しえたとき、恐らくはそのことの可能根拠として、「ヤハウェ＝エヒイェの全き自己無化の働き」がほかならぬその人のうちに現前していることが見出されるであろう。

もとよりこれは、ロゴス・キリスト論の中心に関わる事態である。ただその点については後に改めて問いたずねることとし、ここではまず証聖者マクシモスの印象深い言葉を取り上げておこう。マクシモスはモーセ、エリヤ、ダビデ等々をめぐる旧約の文脈についても、主著『難問集』などでさまざまな洞察を示しているが、パウロについて述べた次のくだりは、一つの集約的な表現に達しているのである。

空気が全体として光に照らされたり、鉄が全体として火に燃やされたりするように……われわれは善性の過ぎ去りゆく分有を捉えるのではなくて、善性のまさに来たるべき分有を影像として捉える。なぜなら、希望されているもの（善性、神性）はすべて、視覚や聴覚の、また思惟の彼方にあるからだ。そしてそうした善の分有は、神的使徒（パウロ）の言うごとく、御子が御父に従うような聴従によるのである。すなわち救い主自身、自ら御父への聴従をわれわれの範型として示している。「もはやわたしの意志するようにではなくて、あなたの意志するように為したまえ」（マタイ二六・三九）と。そして神的なパウロは、イエスに倣って己れ自身を否定し、もはや固有の生命を持っているとは思わないかのように、「もはやわたしが生きているのではなくて、わたしのうちでキリストが生きている」（ガラテヤ二・二〇）と語っている。しかしこう言われたからとて心騒がせてはならない。なぜならパウロはその際、自由の廃棄が起こると言っているのではなくて、自然・本性（ピュシス）に即した確かで揺ぎない姿、あるいは意志的（グノーメー的）聴従を語っているからである。それは、われわれの「在ること」が実現し、〔神の〕似像が原型へと回帰する動きを実現するためであった。（『難

問集』、PG九一、一〇七六AC）

ここに見られるように、御子イエス・キリストが御父に従う聴従は、われわれの「神への道行き」の、また「神性・善性に与りゆく神化（θέωσις）の道」の範型となるという。そこにあって、「もはやわたしの意志するようにではなくて、あなたの意志するように為したまえ」という、ゲッセマネでのイエスの言葉が殊のほか注目されているのだ。

それは周知のごとく、十字架の受難に向かう前に、「父よ、この〔受難の〕杯を取り去りたまえ」と言われた言葉に続くものであった。すなわち、そうした「杯の拒否」と見える言葉に続いて、「もはやわたしの意志するようにではなくて、あなたの意志するように為したまえ」という「杯の受容」を示す言葉が発せられた。これらの言葉は、マクシモスがいわゆる「キリスト単意説」に対して、「キリスト両意説」（キリストには神的意志と人間的意志とが存し、両者が不可思議な仕方で結合・一体化しているとするもの）を敢然と主張する際の一つの典拠でもあった。[7]

ところで、「もはやわたしが生きているのではなくて、わたしのうちでキリストが生きている」というパウロの言葉は、マクシモスによれば「自由の廃棄」のことではなくて、「グノーメー的聴従」を意味するものと解されている。グノーメーとはマクシモスにあって（古代ギリシア的用例とは異なり）、およそ人間の「迷いをも抱えた意志」のことであった。つまりグノーメーは、さまざまな迷いや情念を含んでおり、神的意志に背反して働く可能性にも晒されている。そこでマクシモスは、問題の中心を次のように喝破している。

グノーメー的な諸々の意志の異なりこそは――それはわれわれの通常の姿であろうが――、〔神への背反たる〕罪のもとであり、また神との隔たり、他者との分離、さらには己れ自身との分裂を引き起こすもととなる

のである。(『難問集』、PG九一、一一五六BC)

しかし他方、「キリストにはグノーメーはない」という。[8] そのようにキリストにあってはグノーメーが完全に凌駕されているということは、現実の人間の成りゆくべき「自然・本性の開花・成就の姿」を示しているであろう。が、さらに言うならば、迷いある意志たるグノーメーを抱えたわれわれにとって、「神性(善性)への与り」=「神化」の道行きが現に成立しうるのは、グノーメーの境位を完全に超えた「神性と人性との全き結合たる神人性そのもの」のエネルゲイアを真に受容してゆくことによるであろう。

この意味では、両意説というかたちでキリストを語ることは、実はわれわれ自身の「神化の道行き」の根拠を語ることになるのだ。とすれば、およそキリスト教の教理(ドグマ)を問題にしようとするとき、それが客観的な知の領域にあるのではなくて、かえって主体・自己が神性(善性)に与りゆく道、そしてつまりは、人間的自然・本性が真に開花し成就してゆく道にこそ根底において関わっていることを、つねに忘れてはならないであろう。

(二)「意志的聴従」あるいは「信・信仰の類比(アナロギア)」

そこで改めて、「神的働き(エネルゲイア・プネウマ)と人間的自由の働きとの協働(シュネルギア)」という事態について、多少とも見定めておこう。とくに注目すべきは、無限なる神的働きに対して有限な人間的自由が関わりゆくその関与の仕方には、何らかの測り・尺度と類比(アナロギア)が存するということである。この点、まずニュッサのグレゴリオスは簡明にこう語っている。

偏り見ることのない神的な霊（プネウマ）は、自由に心披いてその恵みを受け取る人々のうちにつねに注ぎ込まれる。……すなわち、そうした賜物を真摯に受容する人にとって、霊はそれぞれの人の信・信仰（ピスティス）の測り・尺度に従って、協働者としてまた伴侶として留まり、かくして善がその人のうちに宿り来たることになるのである。（『キリスト者の生のかたち』）

そして証聖者マクシモスは、こうした基本的把握を継承しつつ、「信の類比（アナロギア）」という言葉を用いて、ことの内実を説き明かしている。

神的な使徒（パウロ）は、聖霊の異なった働き（エネルゲイア）を異なった賜物として語る。ただそれは明らかに、同一なる霊の働いた姿なのだ（一コリント一二・一一）。それゆえ、もし霊の顕現が、賜物への与りを通して各人の信・信仰の測り・尺度に従って与えられるとすれば（ローマ一二・一二）、信じる人は明らかに、信の類比（アナロギア）とその人の魂の状態とに従って、霊（プネウマ）の相応する働きを受容する。そしてそうした霊の働きは、諸々の掟を実行するに適した習性を各人に賜物として与えるのである。（『神学と受肉の摂理とについて』、Ⅲ・九六）

各人は、自らのうちなる信・信仰の類比に従って、聖霊の明らかな働き（エネルゲイア）を獲得する（ローマ一二・三）。つまり各人は、自分自身の恵みのいわば執事なのだ。それゆえよく思慮をめぐらせて、さまざまな恵み（恩恵）を享受している他の人を決して妬んではならない。なぜなら、諸々の神的な善きものを享受する状態は、各人〔の意志〕に依存しているからである。（同、Ⅴ・三四）

こうした文章から明らかなように、神的エネルゲイア・プネウマの受容と顕現は、単に一方的かつ必然的な出来事ではなくて、「意志的聴従の度合」あるいは「信・信仰の類比（アナロギア）」に従ってわれわれの身に生じうることであろう。だがその際、「自由・意志による聴従」も「信・信仰の働き」も全く自存的なものではなく、また全く自力によるものでもない。とすれば、神的エネルゲイアの顕現ということには、次のような不可思議な循環の存していることが窺われよう。

（ⅰ）神的エネルゲイア・プネウマが、いわばすべての存在物（自然・本性）の現に存立しうる根拠として――つまり、さまざまな質料的要素を一に統べる根源的結合力として――働いていなければ、そもそも自由・意志が存立し、それとして働くということもありえないであろう。

（ⅱ）が、他方、人間の自由・意志が善く働くことがなければ、神的エネルゲイア・プネウマの勝義の（より善き）受容と顕現も生起しえないであろう。

しかしそれにしても、右のようにある種の循環と見えることは、決して単なる循環ではなく、無限の堂々巡りでもない。あるいは、成立根拠を求めて無限に遡行してゆくということでもないであろう。なぜならそのような場合には、自由・意志のほんの小さな善き働きすら、現に成立しえないことになるからである。してみればここに、「神的エネルゲイア・プネウマの絶対の範型的現成」とも言うべきことが、恐らくはすべての意志的行為、すべての経験に先んずる事態として現前しているのだ。すなわち、そうした「神的エネルゲイア・プネウマの範型的現成」は、とりわけ「現に善く意志し択ぶこと」の根底に現前しているであろう。

これは言い換えれば、「ロゴス・キリストの受肉（神人性）」の働きでもある。つまり、「受肉したロゴス・キリスト」のエネルゲイアが――それは受難も復活も含めて全体として、いわば同時的に語られうるのだが――、無限なる神性（善性）に開かれた人間的自由・意志のうちにその都度の今、何らか現前し働くと考えられよう。

このことはもとより、「神人的エネルゲイアの現存」、「受肉の現在」といった中心のテーマに関わる。が、それについては最後に改めて吟味することにし、次節では、右に扱った事柄と同根源的な、今一つの重要な論点について少しく反省を加えておくことにしたい。

三　他者との全一的交わりと愛

すでに述べたように、われわれが神的エネルゲイア・プネウマに聴従し、それを何ほどか宿すとき、そこには「魂の善きかたち」としてのアレテー（徳）が形成されてくる（ただし教父の伝統では、身体ないし身体性が排除されることはないので、以下、魂という言葉は魂と身体との結合体を含意するものとする）。しかし、そうしたアレテーは本来、個人の内面に閉ざされたものではなくて、つねに広義の他者との善き交わりというかたちで――見えるかたちにおいて、かつ見えざるかたちにおいて――現に生成してくるであろう。とすれば、それは、「神性の全一的交わり」としてのエクレシア（いわゆる教会）というテーマに、おのずと接しているのである。

（一）　エクレシアの成立における否定の契機

周知のごとくパウロは、エクレシアという全体として一なる姿を、「身体の各部分（肢体）が多様でありつつ身体全体は一つである」という比喩で語っている。一見簡明な比喩だが、そこには全体としての一性の成立の謎が秘められている。

そこでまず、卑近な場面について言えば、諸々の有限なもの（存在物）が多くの要素・部分から構成されつつ、とにかくも一であるということすら、その成立根拠は深く隠されている。それは恐らく、「一性を成り立たせる働き」であり、あるいは「諸要素を結合する根源的結合力」である。[9] しかし、そうした根源の力ないし働きは、それぞれのものやその要素などの有限なかたち（形相）のうちに張りつつも、それ自身は決して対象的には（そして実証的な仕方では）捉えられることがないのだ。それゆえにこそ、たとえば一輪の百合、一人の他者も、何らか心の琴線に触れるかのような驚きをもって出会われるならば、いわば不可思議な謎・神秘を宿したものとして現出してくるのである。

ちなみに、右のような「一性（ものの存立）を成り立たせる働き」、「根源的結合力」といったものは、古来さまざまな思想伝統において、たとえば「ロゴス」（ヘラクレイトス、ストア派）、「善のイデア」（プラトン）、「エネルゲイア、エンテレケイアあるいは純粋現実態」（アリストテレス）、「ト・ヘン（一者）」（プロティノス）、「意志」（ショーペンハウエル）、等々の言葉によってそれぞれに思索され、指し示されてきたと考えられよう。そして拙稿における「神的エネルゲイア・プネウマ」（ヘブライ・キリスト教的伝統）は、それらの言葉が担う問題のまさに中心的位相に関わっているのである。

それはともあれ、恐らくは「つねに」現存し働いている神的エネルゲイア・プネウマに対して、ひとり人間のみが自由に応答しうる。[10] それゆえ人間は自らの意志によって、「より善く応答するか」、「より悪しく応答するか（つまり背反するか）」という両方向に「その都度の今」開かれている。しかもそうした自由な意志・択び（プロアイレシス）は、とりわけニュッサのグレゴリオスにあって、単に個々の対象的行為の選択に関わるものとしてだけではなくて、同時にまた、意志し択ぶ当の主体・自己の存在様式を変容させるものとして捉えられていたのである。

すなわち端的に言えば、行為と存在とはかく密接に連関していることが洞察されていた。そしてとくに、根拠たる神的超越的働きに対してより善き意志的応答と択びが為されたなら、それはいわば「新たな存在の現出」ともなろう。というのは、善き行為の択びによって主体・自己の「善きかたち」（アレテー）が何ほどか形成されようが、それは、超越的な善が有限なかたちにおいて何らか顕現してきた姿でもあるからである。この点、古代ギリシア哲学では未だ隠されていた事態が、教父の伝統にあって根本の問題として見つめられ、主題化されていったと言えよう。つまり、古代ギリシアではややもすれば副次的なものであった「動き（動性）」、「時間性」、「身体性」などが、ヘブライ・キリスト教の伝統では中心の主題となるのである。

そしてその際、「自由な意志・択び」と「主体・自己の存在様式」との関わりは哲学・哲学史として重要なテーマであり、結局は「善の超越性」という難解な問題場面に極まる。しかしそうしたことをさらに吟味するのは別稿に委ねることとし、ここでは本節のテーマに即して、次のように問われねばならない。すなわち、「神的エネルゲイア・プネウマの受容」＝「アレテー（魂の善きかたち）の成立」ということは、いかなる意味で自己を超え出て、「他者との善き交わり」へと与ってゆくのか、と。これは、「すべて善き木は善き実を結び、悪しき木は悪しき実を結ぶ」（善き人は他者に対して善きことを為し……）（マタイ七・一七）のであってみれば、むしろ当然のことであろう。だが、そのことの内的な意味と契機が、さらに明らかにされなければならないのである。

改めて注目されるのは、神的エネルゲイアの受容が生じるとき、そこに現前している否定の契機である。すでに述べたように、われわれは「信・信仰の類比（アナロギア）に従って」、また意志的な聴従に応じて、「神的エネルゲイアの顕現」としてのエクレシアに与りうる。そこでの「信の類比に従って」とは、その内実としては、「己れ自身をなみする自己否定の度合に従って」ということであろう。つまりそこにあっては、自らの悪しき情念や罪（＝神への背反）の姿を否定し浄めてゆく度合が問題となるのだ。

というのも、無限なる神性・善性はまさに超越の極みであって、誰も一挙にそして無媒介に神性と合一してしまうことはできないからだ。従って有限なわれわれにとって、神ないし神性に与ってゆく道は――それは取りも直さず人間的自然・本性の開花し成就してゆく道でもあるが――、「少な少なと悪しきことの去る」[11]という仕方で、いわば否定の調べを解して「より善きものに成りゆく」という道を取らざるをえないのである（それゆえ、人間が神性と一挙に合一してしまうことを標榜するのは、われわれが否応なく抱えている身体性や時間性を無視するかのような傲りとなろう。他方、自らの自然・本性の可能性に目を閉ざして、神性への関与を全く諦めてしまうのは、低い段階に身を置いて開き直ることになろう。そしてそこから、多分に低次元での相対主義や唯物的ニヒリズム等々が生じるのだ）。

ところで、悪しき情念や罪は超越的な働きに対して自らを覆ってしまい、神的エネルゲイア・プネウマの受容を妨げるものとなる。が、さまざまな情念や罪は、むろん他者との具体的な関わりの中から生じてくる。してみれば、神的エネルゲイア・プネウマを現に受容し宿してゆくことは、身体性と時間性を抱えたわれわれにとって超越の境へと一挙に没入することではありえず、有限な他者との関わりをいわば場とし身体として生起するほかないのである。

（二）情念の変容・再形成、そして愛によるアレテーの統合

情念との闘いは古来「神への道」の、また広義の「修道の生」の中心に存した。ただ拙論では、「他者との関わ

り」の場面を問題にするに先立って、情念の変容・再形成としてのアレテー、そして「愛によるアレテーの統合」について基本線のみを窺っておくことにしたい。

これまで述べてきた事柄の基調を為しているのは、「魂・人間の善きかたちとしてのアレテー（徳）」の動的かつ志向的な意味である。その内実をと問おうとするとき、まず注目されるのは証聖者マクシモスの以下のような文脈である。

思惟的なものと感覚的なものとはマクシモスによれば、分離して独立の存在領域にあるのではなく、本来は類比的に関わりながら、霊的な一性のかたち（形相）へと定位されているという。それゆえアレテー（魂の善きかたち）のうちには、思惟的なものと感覚的なものとのすべての自然・本性（ピュシス）が浸透し、より善き仕方で結合しているのだ。そのように高次のかたちが形成されるとき、身体の諸力と魂の諸力との間には、ある種の類比的関わりが存する。つまり、視覚は思惟的力ないし知性（ヌース）に、聴覚はロゴス（言語）的力に、嗅覚は気概的力に、味覚は欲望的力に、そして触覚は生命的力にそれぞれ属するとされている。

ただし、このように説明されたそれぞれの対応は固定されたものではなくて、アレテーが形成されることによって異なりや分離を超えて結合されてゆくという。そこで全体としては、次のように洞察されている。

魂はもし固有の力によって諸々の感覚を善く用いるならば……神の法によってそれらの感覚的力に関与し、感覚されるものへと多様な仕方で移りゆく。そして魂は、見られるものすべてを知恵ある仕方で自らの方へと移し入れることができる。そのとき神は、見えるもののうちで告知されつつも隠れている。しかし神は、自らの意志にもとづいて思惟（知）のうちに最も美しい霊的な世界を創ったのだ。すなわち思惟的に、かつ霊（プネウマ）に従って諸々のアレテーに満ちた世界を成就させるために、神は構成要素としての四つの一般的アレ

テーを互いに結びつけるのである。（『難問集』、PG九一、一二四八CD）

これは、ある種の学的常識を超え出た驚くべき表現であろう。そこに全体として示されているのは、感覚的なもののうちに秘められた神的な意図（つまり志向的意味）を読み取り、霊的次元へと高めてゆく道である。そのように、すべての事物は本来、アレテー（徳）という善なるかたちに結合・一体化されるべきものとして捉えられているのだ。すなわちアレテーの形成とは、諸々の人やものが異なりと分離の状態を脱して、「より善き一性のかたち」へと結合されることなのであった。

さてマクシモスはこうした把握をさらに押し進めて、個々のアレテー（徳）が結合し、ついにはそれら全体が愛（アガペー）へと統合されてゆく姿を語っている。そこで次に、その概要のみを押さえておこう。

（ｉ）「思慮」と「正義」とが結合して、「知恵（ソフィア）」が生じるという。それは諸々の知られるもの（知）の限度・終極である。また「勇気」と「節制」とが結合して、「柔和さ」が生じるという。それは諸々の為されるもの（実践）の限度・終極である。

（ii）そしてさらに、「知恵」と「柔和さ」とが結合して、「最も普遍的なアレテーとしての愛（アガペー）」が生じるという。そうした愛の特徴は、己れ自身を超え出てすべてのものを神的ロゴス（言葉、根拠）へと導き、それらに一性を与えることであった。従って愛のうちには、身体的感覚的なものも含めて、すべてが相俟って神化（神的生命への与り）（θέωσις）へと定位されているのである（こうした叙述は『難問集』PG九一、一二四八Ａ～一二四九Ｃによる）。

その詳細は措くとして、異常の事柄の基本的動向を確認しておこう。

愛（アガペー）を頂点とするアレテーの形成とは、諸々の存在物（自然・本性）が全一的交わりの姿へと結合・一体化されることである。先に、花嫁たる（『雅歌講話』での）人間の蒙る「愛の傷手」について述べたくだりで、神は「神への愛として」この有限な可変的世界に顕現してくるとした。しかるに「神への愛」、そして「エペクタシス（絶えざる自己超越）」は、「神性の全一的交わり」たるエクレシア（教会）として具現してくるであろう。つまりエペクタシスは、同時にまたエクレシアというかたちで現出してくると考えられる。

ところで、パウロの周知の言によれば、「エクレシアの頭はキリストであり」（エフェソ五・二三）、他方「エクレシアはキリストの体である」という（同、一・二三）。すなわち一言で言うならば、われわれはそれぞれの分（運命）に応じて、また「信・信仰の類比（アナロギア）に従って」エクレシアを形成してゆくべく招かれ、それぞれに積極的な役割と責任を担っている。そしてそうした道行きが可能となる根拠は、ロゴス・キリスト（受肉存在）の働き（エネルゲイア）に意志的に聴従し、それに与ってゆくことにほかならないであろう。

（三）他者と絶対他者

他者との関わりは、単に個人と個人との関わりであるだけではなくて、本来はより普遍的に、絶対他者とも言うべき存在（神）に開かれた構造のうちで捉えられるべきものであろう。ちなみにこれは、哲学・神学の文脈では「善の超越性」の問題であるが、その中心点についてわずかながら言及しておきたい。

個々の行為の目的となるのは、未だ成就していない状態の「充足」、「完成」という意味合いを有しており、その限りでとにかくも「善いもの」である。だが、そうした個々の行為を意志し択ぶ行為は、その根底においては、いわば「善そのもの」を超越的根拠として、またそれに対する意志的応答として、はじめて現に成立してくるであろう。つまりその際、「超越的な善に対していかに心抜き聴従したかということ」が、個々の行為のかたち（形相）のうちに（それを身体ないし器として）宿ってくるのである。

しかし、ここで注意すべきは、「善への聴従のかたち」（いわば形相の形相）というものが、個々の行為のうちに宿りつつ、それ自身としては隠されているということである。言い換えれば、個々の行為のかたち（形相）は、より上位の「善への意志的聴従のかたち」に対しては、ある意味で質料的な位置に立つのである。

してみれば、個々の行為（有限な目的、善いもの）は、単に個別としての個別として成立するのではなくて、「超越的な善（善性、神性）」と「その働き（エネルゲイア）に対する意志的応答」との微妙な関わりとして、初めて現にこの身、この世界に成立してくると考えられよう。

さてそこで、右のことに深く呼応する表現として、他者と絶対他者（神）との関わりを語る証聖者マクシモスの印象深い言葉を取り上げておく。

> この小さき者の一人に為したことは、わたし（キリスト）に為したことだとある（マタイ二五・四〇）。神はこう語って、善く為しうる人が恵みと分有によってまさに神であると証示している。なぜならその人は、神の善きわざの働き（エネルゲイア）を受容しているからだ。そして貧しい者とは神であるが、それはわれわれのために貧しくなった神の降下（受肉）のゆえである。すなわち神は、それぞれの人の受苦（パトス）を自らのうちで同苦（シュンパトス）という仕方で受容し、それぞれの人の受苦の類比（アナロギア）に従って、つねに善性（神性）によって神秘的に受苦を蒙っているのである。（『神秘への参入』ＰＧ九一、七一三ＡＢ）

まことに意味深長な文であるが、そこからさしあたり次のことを読み取ることができよう。他者（この小さき者、貧しき者）に対して「善く為しうる人」は、「神の善きわざの働き（エネルゲイア）を受容している」という。だがそうしたエネルゲイアとは、右の文脈上、「われわれのために貧しくなって（無化して）受肉した神」（フィリピ二・七）のエネルゲイアなのだ。とすれば、われわれが他者に対して真に「善く為しうる」根拠は、受肉した神のエネルゲイアに与ることに存しよう。言い換えれば、他者との関わりは、同時にまた絶対他者（受肉した神、キリスト）との関わりでもあるのだ。

ところで、「神はそれぞれの人の受苦を自らのうちで同苦という仕方で受容する」とある。逆に言えばわれわれもまた、自らの何らかの受苦（受難）が、そのように神に担われ、はじめて自らもかろうじて受苦に耐え、それを従容と担ってゆくことができよう。とすれば、さらに次のように言えようか。すなわち、「神の絶対的な受苦と自己無化」の働き（エネルゲイア）は、恐らくはつねに、また時と処とを超えて働いているとともに、われわれの側の「受苦の、あるいは信・信仰の類比に従って」、その分だけ、あるとき、その都度の今、顕現し具体化してくるであろうと。

ともあれ簡明に言うなら、絶対他者たる神への心の披きと祈りあってこそ、およそ他者との真実の交わりと愛（アガペー）も成り立ってくるであろう。そのようなとき有限な他者は、いわば絶対他者たる神を、あるいはむしろ神的エネルゲイア・プネウマの現存を証し指し示す「しるし・象徴」として、また神からの「賜物」として現出してくる。

この意味で、およそ他者との今、ここなる出会い（カイロス）を虚心に受けとめてゆくならば、それは、この移りゆく世にあって神の現存の働き（エネルゲイア・プネウマ）に聴従し、それを真に言祝ぐことになるであろう。

四　神人的エネルゲイアの現存――ロゴス・キリストの受肉（神人性）を証示するもの――

思うに、神的エネルゲイア・プネウマの経験ということの一つの典型は、むろん使徒たちにおける「イエス・キリストとの出会い（カイロス）」に存しよう。すなわち、使徒たちがキリストに出会ったとき――このように言う際、いわゆる受肉、受難、復活において全体として働く神的エネルゲイアとの出会いを意味しているのだが――、くだんの「愛の傷手」（『雅歌』二・五）が、そして「信・信仰という魂のかたち」が刻印されたであろう。そのとき同時に、そうした出会いの根底に漲る神的エネルゲイアと全く結合してゆくべく、「無限なる愛の渇望」が現出してくる。実に彼らは、己れの生の全体を捧げて悔いなしという「愛の道行き」に促されたのだ。

ところでその際、「自らが何を愛し志向しているのか」という究極の目的そのものは、どこまでも知られざる超越に留まる。つまり、自らの出会った「イエス・キリストとは誰であるのか」は、その超越的な「ウーシア（実体・本質）としては」決して知られえない。しかし少なくとも、その「エネルゲイア（働き、活動）」に貫かれて無限なる愛に促されたということ自体は、確かな（確実性のある）経験なのである。

そして既述のごとく、「つねに（永遠に）」時と処とを超えて現存し働いているであろう神的エネルゲイア・プネウマが、「あるとき」、今、ここにそれぞれの仕方で経験され、現にこの身、この世界に生成してくると言えよう。すなわち、根源的な出会い（カイロス、瞬間）において、永遠と時間とが何らか触れ合うのだ。またそのことからすれば、モーセ、エリヤ、エレミア、第二イザヤ、エゼキエルといった歴代の預言者たちの姿も、いわば同時性の観点から新たに照らし出されることになろう。

ともあれ、探究の基本線を確認するなら、「神的エネルゲイアの現存の経験が、当の神的エネルゲイアが発出してくる源泉たる存在」を証し指し示している。とすればこのことは、「ロゴス・キリストの受肉（神人性）」という事態が発語されうる原初的な経験なのだ。それは新しい用語を用いて言えば、「神人的エネルゲイア（ἡ θεανδρικὴ ἐνέργεια）との出会いの経験」にほかならない（その語は用例は少ないが、擬ディオニュシオス・アレオパギテース『書簡』四および証聖者マクシモスにおいて、重要な文脈で用いられている）。

（一）神人的エネルゲイアの経験と神人性存在（ロゴス・キリストの受肉）

神人的エネルゲイアの経験とは、その典型としてはむろん、使徒たちがイエス・キリストの「神的かつ人間的な働き（わざ）」に出会うことである。この点について、とりわけ注目すべきは、イエスの次の言葉である。「もしわたしが父のわざを為すならば、たといわたしを信じなくとも、そのわざを信じよ」（ヨハネ一〇・三八）。そして、そのように信じる人においては、イエスが人間でありつつ神的なわざを為していること、つまり「神性と人性とが不可分に交流していること」が、何ほどか経験されると考えられよう。

ところで証聖者マクシモスは、「ウーシア（実体・本質）のロゴス（いわば無時間的な意味）」と「（この身、この世界における具体的な）生成の方式」とを区別している。そうした両者の峻別ということからして、次のように言うことができる。

（ｉ）ウーシアの意味からすれば、神人性のウーシアからそのエネルゲイア（つまり神人的エネルゲイア）が働き出すとしなければなるまい。

（ⅱ）しかし他方、先に述べたように、神人性存在（受肉存在）は、ただわれわれにおける「神人的エネルゲイアとの出会いの経験」から発語されうるであろう。

言い換えれば、「神人性存在（ロゴス・キリストの受肉）」とは、神人的エネルゲイアの経験による志向的知の向かうところ（つまり信の対象）であって、客体知として語られてはならないものなのだ。「聖霊によらなければ、誰もイエスをキリストと告白しえない」（一コリント一二・三）と言われるゆえんである。

そこで、以上のことを念頭に置いた上で、キリストを主語とした次のような表現に注目してみよう。

> キリストは受難を蒙りつつも真に神であったし、奇蹟を行いつつも真に人間であった。つまりキリストは、神性と人性という二つの自然・本性（ピュシス）の語りえざる一性に即したヒュポスタシスであった。（『難問集』PG九一、一一四五A）

これは、いわゆる「神性と人性とのヒュポスタシス的結合」を示す一文である。が、こうした表現は、古来の教理（信条）の表現と同じく、全体として「……と信じる」という文脈に置かれているのであって、客体知として主張されているのではない。この点、たとえば「カルケドン信条」（四五一年）にあるように、神性と人性との結合の様式は、「融合せず、変化せず、分割せず、分離せず」という風に、全体として否定辞を介して間接的に語り出されているに過ぎないのだ。

すなわち、ここではおよそ二つのものの結合のあらゆる場合が尽くされているとしてよい。従ってそれは、うがって言うなら、イエス・キリスト（神人性存在）のウーシア（実体・本質）を人間的知のいわば合理性の領域に引きずり落さないということの表明なのだ。この意味で、右の四つの否定辞は、「イエス・キリストの神人性（受肉）の姿」がいわば無限性に開かれ、神秘（μυστήριον）（耳目を閉じるほかないものの意）としてあることを、「閉じられた限定の否定」という仕方で間接的に浮彫にしている。そしてそのことは、人間（人性）が限りなく神性に与りゆくことのできる、その場と可能性を守っていると考えられよう。

こうしてわれわれは、神人性存在（ロゴス・キリストの受肉）のウーシアをどこまでも知りえず、ただ神人的エネルゲイアとの出会い（カイロス）に促されて、己れ自身を超えゆく脱自的愛の道をゆくことができるばかりであろう。だが、神人的エネルゲイアとの、あるいは神的エネルゲイア・プネウマとのそうした出会いは確かな経験でありうるし、信・信仰というかたちの成立にほかならない。それは、「神性と人性とのヒュポスタシス的結合」という超越的なものへと徹底して開かれ、かつそうした神人性存在（ロゴス・キリストの受肉）をまさに証示しているのだ。

してみればわれわれは、一見無味乾燥な教理（ドグマ）表現の背後に古来、使徒や教父たちをはじめとして無限なる神の愛、神の霊（プネウマ）に促され、それを体現して生きた無数の人々が存していることを忘れてはならないであろう。

さて、神人的エネルゲイアないし神的霊との出会いとその受容は、人間的自然・本性（人性）が改めてより善く、（＝より大に）神性に与りゆくことを促し、それゆえ新たな生の誕生をもたらすものであった。[12] このことの代表的な表現として注目されるのは証聖者マクシモスの次の言葉である。

主（ロゴス・キリスト）は、神人的エネルゲイアを自らのためにではなくわれわれのために働かせ、人間的自然・本性をその自然・本性を超えて新たにした。……つまり主は、自然・本性において二様であり、相互に交流する神的かつ人間的な生を適切に顕現させた。その生は神的な法と人間的な法とによって、同一のものとして混合なき仕方で結合している。すなわちその生は、単に地上の者と無縁で逆説的なものではなく、また諸々の存在物の自然・本性とは異なるものではなくて、新しく生きる人間の〔神的かつ人間的な〕エネルゲイアをしるしづけているのである。（『難問集』PG九一、一〇五七CD）

これは端的な生成・顕現としては、イエス・キリスト自身の姿を語る言葉であろう。しかしそれは、同時にまた、われわれの成りゆくべき究極の姿を語る言葉である。この点、神人的エネルゲイアとの出会いという確かな経験から、その愛し志向する目的として神人性存在たる主（ロゴス・キリスト）の姿が遥かに望見され指し示されること、すでに述べた通りである。われわれはこの生にあって、誰しもその究極の姿に完全には到達しえず、どこまでも途上にあるばかりなのだ。「神の直視（知）（エイドス）によってではなく、信仰を通して歩んでいる」（二コリント五・七）というパウロの言葉は、まさにそうした「信と知との根本的な関わり」を示すものであった。

かくして、改めて確認するなら、ロゴス・キリストの神人性（受肉）と神人的生を語りうるのは、その原初的場面としては、使徒なら使徒がイエス・キリストと出会い、神人的エネルゲイアを受容したことにもとづく。そしてそのことは、ある種の同時性としてすべての人々に及ぶのだ。それゆえにまた、われわれは信仰であれ教理であれ、本来は出来合いの地点から始めることはできず、いわばその都度、かの原初的な出会い（カイロス、瞬間）に立ち帰って、己れが無化されるかのような経験から、教理の言葉（ロゴス）なり信なりが自らのうちに新たに誕生するのを見出してゆかなければならないであろう。

（二）受肉の現在

神人的エネルゲイアあるいは神的エネルゲイア・プネウマとの出会いとその受容・宿りが、人間的自然・本性が開花し成就してゆく道となるならば、それは単に〔通俗化された意味での〕特殊な宗教的教理に閉ざされたことではなくて、より普遍的に「人間がまさに人間に成りゆくこと、神の似像へと開花してゆくこと」であろう。そしてそれは同時に、「他者との全一的な交わり（エクレシア）」と愛とが真に実現してゆく道でもあった。

ともあれ、身近な場面を振り返ってみれば、ほんの小さな善き意志も、貧しき者の一人に何らか善きわざを為すことも、自力のみによっては成り立ちえず、神的エネルゲイア・プネウマの受容とその支えあってこそ現に成り立つであろう。しかもそのエネルゲイアとは、恐らくは原範型たるロゴス・キリストのエネルゲイア、つまり受肉、受難、復活の全体を貫く神人的エネルゲイアなのだ。そしてそれは、二千年前の一時点に固定されるべきものではなかった。実際、マクシモスはいみじくも次のように洞察している。

神のロゴスがわれわれのために人間本性の弱さによって十字架につけられ、さらには神の力によって復活せしめられたのならば、ロゴスは明らかに同じことを、すなわち受肉と復活のわざをわれわれのために今も霊的に為している。それはわれわれすべてを救うためである。（『神学と受肉の摂理とについて』Ⅱ・二七、『フィロカリア』Ⅲ、所収）

これは通俗的時間把握を突き抜けた表現であるが、そこには永遠的なものと時間的なものとの不思議な関わりが窺われよう。つまり、すでに述べたように、神的エネルゲイア・プネウマはその固有の意味（本質）からすれば、「つねに（永遠に）」、時と処とを超えて働いているであろう。が、それは、歴史上の「あるとき」、「その都度の今」、われわれの意志的聴従の度合に従って、そして「信・信仰の類比（アナロギア）に従って」現に顕現してくるのだ。とすれば、神的エネルゲイア・プネウマの生成・顕現ということは、次のような微妙な構造のもとにあるということになろう。

（ⅰ）それはかつての今、使徒たちにおいて一つの典型として生起した。

（ⅱ）しかるにそれは、恐らくは創造の今において生起し、

（ⅲ）それゆえにこそ、歴史上のいかなる今においても現に生起しうると考えられよう。

ここに何らか見出されてくるのは、「受肉の現在」とも呼ぶべき事態である。それはいささか大仰な言葉であるが、ある意味で極めて普遍的な「現実以上の現実」を指し示している。しかもそうした神的エネルゲイア・プネウマは、今一度言うなら、われわれのほんの小さな善き意志、善きわざのうちにも、その成立根拠として現存し働いているであろう。

とすれば、人間が意志的聴従に従って、心砕かれた謙遜のうちに神的エネルゲイア・プネウマを受容し宿すという、一見単純な一つのことに、ほとんどすべての問題が一度で収斂してくるであろう。そうした「神的エネルゲイアの受容・宿り」は、「魂・人間の善きかたち（アレテー）の成立」であり、それがさらに、「神への（あるいはロゴス・キリストへの）愛」として働き出してくる。そこにわれわれは、この有限な世界に神（ヤハウェ、テオス）が勝義に現出してきた「動的かたち」を認めることができよう。そしてそれは、「東方・ギリシア教父におけるエヒイェロギア」とも呼びうるものである。

改めて注意すべきは次のことである。われわれが何ほどか真に謙遜でありうること、己れを多少とも無にしうることの根底には、恐らく「ロゴス・キリストの全き自己否定・自己無化（ケノーシス）の働き（エネルゲイア）」が、原範型として、また可能根拠として現前しているであろう。従って、それに自由・意志の聴従を介して与ることなくしては、われわれは結局は傲りと罪のうちに取り残され、多分に非存在の淵にさ迷うことになろう（ヨハネ一五・一～六など）。

しかし、そうであればこそ、われわれのあらゆる意志とわざを貫き、自由なより善き応答を促しているのは（フィリピ二・一三）、無限なる神の憐れみであろうか。ともあれ、恐らくはすべてに先んじてある神的なわざと摂理に、そして「神的エネルゲイア・プネウマの現存」に思いを潜めて、いわば開かれたままでこの小さな論を終えることにしたい。(13)

註

本稿は、『共生学』第7号（上智大学共生学研究会、二〇一三年）に収録されている拙稿「エネルゲイア・プネウマの現存」に少しく加筆し敷衍したものである。（それは元来、二〇一二年七月に開催されたシンポジウム、「ハヤトロギア、エヒイェロギア」にて発表した草稿であった。）こうしたよき機会を与えられたことに対して、改めて感謝の意を表したい。

なお、今回取り上げた主な原典とその邦訳を以下に挙げておく。

Gregorius Nyssenus, In Canticum Canticorum, Opera IV, Leiden, 1960.（ニュッサのグレゴリオス『雅歌講話』、大森正樹、宮本久雄、谷隆一郎、篠崎榮、秋山学訳、新世社、一九九一年）

Ibid., De Vita Moysis, Opera VII, Pars I, Leiden, 1964.（同『モーセの生涯』、谷隆一郎訳、『キリスト教神秘主義著作集』1所収、教文館、一九九二年）

Maximus Confessor, Liber Ambiguorum (Ambigua), PG (Patrologia Graeca), Tomus 91, J. P. Migne (ed.), Brepols, 1860.（証聖者マクシモス『難問集』、知泉書館、二〇一五年刊行予定）

Ibid., Theologica et Oeconomica, ΦΙΛΟΚΑΛΙΑ (Philokalia), B, ΑΣΤΗΡ, ΑΘΗΗΑΙ, 1976.（『神学と受肉の摂理とについて』、『フィロカリア――東方キリスト教霊性の清華』Ⅲに所収。谷隆一郎訳、新世社、二〇〇六年）
Ibid., De Caritate, ΦΙΛΟΚΑΛΙΑ, B,（『愛についての四百の断章』、前記『フィロカリア』Ⅲ所収）
Ibid., Mystagogia, PG91, 1860.（『神秘への参入（奉神礼の奥義入門）』）

（1）教父の伝統の主流にあっては、古代ギリシア哲学の伝統と異なり、動性・意志、時間性、そして身体性が中心の主題を担うものとなる。

（2）とくに宮本久雄『他者の風来――ルーアッハ・プネウマ・気をめぐる思索――』（日本キリスト教団出版局、二〇一二年）参照。

（3）証聖者マクシモスによれば、「無限性」（apeiria）こそ、神の本来の名であるという。De Caritate, PG90, 1, 100 ; ibid., II, 27.（『愛についての四百の断章』、『フィロカリア』Ⅲ所収）

（4）後に見るように、絶えざる自己超越としてのエペクタシスは、同時にまた、「神性の全一的交わり」（エクレシア、いわゆる教会）として顕現してくるのであって、そこに「自己と他者、そして絶対他者（神）との微妙な関係が存する。

（5）教父の主要な伝統にあっては、「神学」（無限にして知られざる神についてふさわしく思索し、称えること）と「哲学」（愛智の道行き）とは、まさに同根源的なものであって、後期スコラおよび西欧近・現代に見られるような分離は存在しない。

（6）教父における聖書解釈は（とくにアレクサンドリア学派に由来する系統では）、象徴的アレゴリー的な解釈を旨とするが、それはここで窺ったような「神のルーアッハ、プネウマ（霊）の働き」に感応し、その「つねに現存しつつ、その都度のあるとき顕現してくるような同時性」を、いわば身をもって洞察することにもとづくものであった。

（7）Maximus Confessor, Disputatio cum Pyrrho, PG 90, 345A ; Opuscula Theologica et Polemica, PG91, 48C etc.

（8）Disputatio cum Pyrrho, PG90, 309A.

(9)ちなみに、この意味での根源的結合力は(神的プネウマや愛にも通じるが)、後に見るように、およそもの(存在物)の現実の生成における「一性」を附与しているのであって、諸々の構成要素の次元を遥かに超えている。

(10)動物や植物にしても、与えられた本性のままに生きているのであり、より善くもより悪しくもならず、勝義には悪を為すこともない。ただこのことは、人間が動物も含めて諸々の自然物を支配し統御すればよいということではない。とくに証聖者マクシモスは、人間を「自然・本性的な紐帯」として、すべてのもの、すべての自然・本性が相俟って「神性の全一的交わり」へと参与してゆくべきこと、そして「宇宙的神化(神的生命への与り)」へと開かれていることを洞察していた。

(11)これは実は、世阿弥の能楽論『花鏡』中の言葉である。幽玄は、客体的なものとしてあるのではなく、「少な少なと悪しきことの去る」ような「否定を介した絶えざる生成」として現出し、そこに「万能を一心につなぐ感力」が存するとしている点、不思議に呼応するものがあろう。

(12)マクシモスの次の一文にあるように、ここでの「新たな生の誕生」とは、神性と人性という両者の働き(エネルゲイア)が交流した「神的かつ人間的な生」であり、つまりは人間的自然・本性(人性)が開花し成就してゆく姿であった。そうした生の現実の誕生・生成を——それはわれわれにとって最後まで途上のものであるが——根拠づけるものとして神人的エネルゲイアが現に経験され見出されたのだ。そしてこのことは、次に見るように「ヒュポスタシス」(hypostasis)という重要な言葉の意味構造に関わるのである。

すなわち、現実に経験された神人的エネルゲイアが、その主体(源泉)「神人性のウーシア(神人性存在)」を、つまり「神性と人性とのヒュポスタシス的結合」、「ロゴス・キリストの受肉存在」を——それはそのウーシアとしてはわれわれにとって知られざるものであるが——証示している。かくしてヒュポスタシスとは、神的かつ人間的な「新たな生の誕生」と「その現実の経験」を、いわば否定の調べを介して構造的に支える言葉であったと思われる。新しい経験が、ヒュポスタシスという言葉を(その新たな用法を)必要としたのだ。ちなみにメイエンドルフの言うように、ウーシア(実体・本質)、ピュシス(自然・本性)、ヒュポスタシスといった基本の言葉は教父たちにおいて、古代ギリシアに比して根本的に新しい意味において変容・展開せしめられた。従ってその限りで、東方教父・ビザンティンの伝統を「キリスト教のヘレニズム化」、「東方のプラトニズム」などと見るのは、的を逸していることになる。J. Meyendorff, Byzantine Theology, Historical trends and Doctrinal Themes, Fordham Univ. Press, New York.（『ビザンティン神学、歴史的傾向と教理的主題』鈴木浩訳、新教出版社、二〇〇九年）。

（13）なお、拙稿において扱ったさまざまな論点について、より詳しくは、とくに左記の拙著を参照していただければ幸いである。

『人間と宇宙的神化——証聖者マクシモスにおける自然・本性のダイナミズムをめぐって——』知泉書館、二〇〇九年。

『アウグスティヌスと東方教父——キリスト教思想の源流に学ぶ——』九州大学出版会、二〇一一年。

アテネとエルサレム
——言語と存在をめぐって——

山本　巍

人は一人（李白「他人の方寸の間山河幾千重」）。
人が一人でいるのは良くない（創世記2・18）。

「ギリシア語を話すモーセ」という言葉がある。紀元後二世紀にシリアのアパメアに住んだ新プラトン派のヌメニオスが、プラトンを形容するために使った言葉である。「プラトンもしくはアッティカ語を話すモーセとは何か」(ti gar esti Platōn Mōsēs attikizōn:) を問うたからである。[1] プラトンをギリシア語を話すモーセと見なしたのである。人間の運命としての哲学が始まった古代ギリシア世界が終焉を迎え、人間の新しい運命が始まった新世界に起きた、ヘレニズムとヘブライイズムの衝突と相互理解・自己理解という時代の激流を示す一例である。プラトンにとって世界の第一原理は「永遠の現在」の意味をもつ存在自体であり、ヌメニオスはこれをモーセの「あるもの ho ōn」としての神と等しいとしたのである。

アテネとエルサレムの思考が交差する閃光を垣間見させるが、しかしここではそれ以上立ち入らない。管見によれば、プラトンは全体の方向に進み、ヘブライのハヤトロギーは歴史文脈という部分の方に向かうからである。以下ではアテネとエルサレムの小さな比較点をできるだけ簡明に示したい。(2)

1　ソクラテス――アテネの他者

ソクラテスは「アテネの他者」であった。「新宗教」「新教育」を導入する煩い邪魔者（アブ）として、国家犯罪者として告発された。ソクラテスは裁判でも余所者（xenos）として臨んだ（『ソクラテスの弁明』17d3-4）。誰もが裁判に引き出されたらとる態度、つまり裁判に勝つことを目的とすることはなかったからである。むしろ裁判官に告発内容自身を吟味検討するようにし向けたのである、果たして原告メレトストは自分が告発したその内容を理解しているのだろうか、と。そしてその当否を自分で判断することを裁判官たる市民に委ねた。(3)

それに照応してそれまでの生涯でも、ソクラテスは市民を相手に、徳、敬虔、勇気、友情、節制、美など、人の生き方を載せ測る価値語一つ一つについて、その「何であるか」を問い、与えられる答を惜しみなく吟味論駁した。この論駁の破壊実験にかけられていないどんな考え、意見、説、経験、物語も受け入れなかった。「吟味のない人生は人間には生きるに値しない」（『弁明』38a5-6）ように、吟味されてない言葉は受け入れるには値しない。そのまま受け入れることを要求できるような強い言語は人間の言葉ではない。しかし重箱の隅をつつくような小理屈（smikrologia）とも揶揄される（『大ヒピアス』304b4）、小さな言葉のメスで分析と批判を遂行する対話問答は、その行き着く先がいつもアポリア（道なし）であり、答えられない、答を知らないことを暴露することで終わった。

こうしてソクラテスは安易な答えに留まらず、知恵は神のもの、人間の知恵は無か殆ど無だ、としたのである。

政治家と芸術家には容赦しなかったが、社会的に評価されることが最も少なかった職人には一斑の知恵を認めた。それでも「最大のこと」つまり人生でもっとも重要なことについては、その無知に無知のままいることを指摘して止まなかった。ソクラテス自身は我と我が身を破壊実験にかける無知の深淵に佇みつづけて怯まなかったのである。

2 プラトン——全体への道（「普遍的なるが故に、第一」prōtē houtōs hoti katholou.）[4]

哲学は、真理を無条件な全体として把握しなければならない。欠落した真理とは笑止である。ソクラテスの「何であるか」の探究を受けて、プラトンは「何であるか」の問答法を精錬し、答として個人がその都度こころに抱く想い込み、考え、意見、信念（doxa）を偶然的断片として批判し、全体に亘る真理を普遍的知識において求めた。その問答を導く「何であるか、それ自身（auto hoti pot' estin;）」をイデアと呼びつつ、これを「全体に亘るもの（kata holou）」（『メノン』77a6）としたのである。

主著『国家』のイデア探究は、日常の経験と習慣の中で馴染みの、しかし偶然の個人的視点から見るのではなく、より広い視野、より高い視点から全体に亘ることを洞察している。そしてpersonalな視点から徐々に離れてim-personalな視点に転換するために、数学がモデルとして使われている。[5]

しかしim-personalなイデア探究の行方は何だろうか。『国家』九巻末に具体例を見よう。七巻までで「正義とは何か」の探究は、正義がもっとも実現した最善の国家を記述し（すべての部分が「自分のことをする」ことで、全体が秩序と調和がとれていること）、その言語モデル（パラデイグマ）を与えることで当面の課題を終え、八巻〜九巻でその最善国家から逸脱して堕落していく国制を、寡頭制、民主制、そして僭主独裁制と順次分析している。そして正しい生き方をするものの方が不正な人より幸福である、という『国家』のテーマの一つに結論を与えている。僭主独裁者がもっとも不幸であり、優秀者支配制の人（哲学者）がもっとも幸福であるとの論点である。

さて以上の分析を受けて、幸福を求めて生きるであろう理性のある人の振る舞いが四つ枚挙される。自分のこころが全体として最善の本性に向けて立ち返り、節制と正義と思慮を所有してより価値ある状態を獲得するように（591b3-6）、その一点に集中して生き、第一に、その人のこころがそのような性質になるような知識は尊重し、それ以外は無視する。第二に、身体の強さ・健康・美は、それから先の節制などが生まれ、こころの調和のためになるのでなければ、これを無視する。第三に、財産の所有を求めて拡大する欲望を制限し、自己の内に生まれる秩序構成（国制）を乱さない限りとする。第四に、自分をより善いものにすると見なされる以外の名誉は、私的にも公的にも無視する。そして特にこの最後の論点に対して、グラウコンは「それではその人は政治のことはやろうとしませんね」と疑義を唱えたのである（592a5-6）。それに対するソクラテスの反応は？

以上の略図（591c1-592a4）の眼目は、こころのあり方が最善であるように、という一点に焦点を合わせ、生き方の肯定面と否定面を指摘し、そして「あれを無視して、これだ」という選択にある。四つの論点がこころのことから社会文脈へ少しずつ移動している。

実はこの「あれを無視して、これだ」という無視のメカニズムは、少し前の「欲求・気概・理性」のいわゆる魂三部分説とそれに対応する三タイプの人間（person）論に形を変えて出ている。金好きの人は、金にならなければ、名誉の快楽も学習の快楽も無価値とし（581d1-3）、名誉好きの人は、金の快楽は卑俗だと無視し、学習の快楽は煙のようで無価値とし（d6-8）、哲学者は、真理を知る快楽に比べて他の快楽は「遠いもの」と軽視（d10-e3）、とある。人となり（person）を形成する気質と性格は、自分の傾向性に適合するものは快とするけれども、それに合わないものは不快、苦痛として厳しく排除するものである。「あれを無視して、これだ」となる。

しかしこの三タイプ論と先の生き方の選択論とは似ていて全く違っている。少なくとも哲学以外の二つのタイプの人にあっては、[6]「あれは無視して、これだ」とは、自分の自然な傾向性に従う快苦の原理を適用した結果だけである。強い選択に見えるが、見せかけである。「あれよりこれ」を選ぶ理由の理解を含まないからである。理由を示す必要も感じない。いずれも対象において自分が快と感じるか苦痛かどうか、だけが重要なポイントになる。その対象が自分を成長させるか、人生と世界について理解を広め深めるかどうか、については関心がない。他のものの見方、他人の生き方を想像したり、議論したり、評価したり、理解したりする関心がないし、他人への共感もない。従って自分自身の生き方を違う視点から吟味したり、批判したり、理解しようとする関心もない。自分のことに耽るだけの自己閉鎖完結系の姿を呈することになる。

それに対して、「理性のある人」の「あれは無視して、これだ」は、そうする理由を伴った生き方の選択である。自分のこころのあり方が最善であるように、という焦点をもって、節制、思慮、正義に関して自分が深まり豊かになるように、が関心のことであり、その故の「これだ、他は無視して」だったのである。確かに「他は無視して」の限り、生き方も世界も狭くなる。あるいは自ら狭くする。とりわけ名誉は私的にも公的にも振り捨てるとなれば、「政治のことをしなくなる」とグラウコンが反応したのも無理からぬことがある。

それに対して、ソクラテスの返答は、「少なくとも自分の国では大いにするだろうよ、少なくとも父祖の国では、神的な偶然でもなければばしないけれどね」(592a7-9)であった。グラウコンはその「自分の国」が現実の祖国ではないので、これまでの正義分析と記述が与えてきた最善国家、「言語の中にある国家」だと解した(592a10-11)。その最善国家は「地上のどこにもない」と考えたからである。ソクラテスは「そのパラデイグマ(モデル)は天上に掲げられている」と答えている(592b2)。

この一連のソクラテスの言葉を、グラウコンが十分理解したとはとても思えないが、核心は次のことにある。[7]

「天上の国」とは、「正義とは何か」の探究の中で分析された最善国家の言語モデル、つまり「言葉の中にある国」(592a11)である。地上の国はどれであれ、特定の時に特定の場所を占めて存在するところの具体個別の国家である。そしてその国家に帰属する市民と外国人の区別は厳しい。この『国家』の舞台、正義をめぐる対話問答が行われたのは、アテネ郊外の港町、ペイライエウスの居留外国人ケパロスの屋敷であった。そしてそのケパロスの息子たちは、後のアテネ三〇人独裁制によって財産没収、虐殺、追放の憂き目にあったのである(プラトンは『国家』の読者がその歴史事実を知っていることを前提にしている)。現代世界でも、国家に帰属することが国家の保護を受けられる条件であり、無国籍者は絶えず生命の危険にさらされている(絶滅政策に曝されたユダヤ人は自前の国家を必要とした)(8)。そのように、地上の国ではどの国であれ、特定のグループによる「自分たちの国」である。

しかしあの「天上の国」は、「見ることを望めば」(592b3)誰でもどこからでも見ることができる。つまりプラトンの書いた対話篇『国家』は誰でもが読むことができる。そしてそこにモデルとして描かれた「最善国家」が自分で気に入り、「自分を移住させたい(heauton katoikizein)と望めば」(b3)、構想力を使って移住して、それを「自分の(heautou)国」(a7)とすることができる(9)。プラトンは自らの最善国家論・正義論に人々が従うことを求めたわけではない。そんな権威を認めなかったし、自らも求めなかった。ただ対話篇を書いただけである。その中でソクラテスの対話によって「正義とは何か」を探究し、正義が可能な限り実現する筈の国家モデルを言語で作ったのである。その国家を「見たい」と望む人、見て「移り住みたい」と望む人に開かれた、つまり生活の中で使える言語モデルを作品として示しただけである。

しかし構想力による移住とはいえ、一つ条件がある。先の具体的四点をめぐる「あれは無視、これだ」の選択である。自分のこころのあり方が最善であるように、という焦点をもって、節制、思慮、正義に関して理解が深まり自他の関係が豊かになるように気遣う生き方の選択である。新しい国、「天上の国」に移住するためには、地上の国で無責任に続けてきた生き方を止めなければならない。そして最善の国家モデルに従って自分の中に新しい国制(秩序構成)を作らなければならない(「その国のことをする」592b4-5)。常識と習慣から馴染みになっている世界からの離脱である。それは世界の中にあって、世界を超えた視点からの生き方だから、間違いなく今までより、生き方が厄介で困難になる。しかし「美しきことは難きかな」(435c8, 497d9)。

『国家』冒頭は、戦争以外ではアテネの「外」へ出たことがないソクラテスが、グラウコンとともにアテネ郊外の港町へ、外国の宗教(トラキアの女神ベンディス)の祭りを「見たい」(327a2-3)と出かけたことをもって始まっていた。「外」へ向けて離れることが当初から基調だった。[10] 身はこの世にあれど、こころ異邦人の如く「天上の国」にあり、ではあるが、神がすべてにおいてすべてである、というキリスト教のそれとは違う。[11] しかし新しい生き方の選択を含むことでは、それまでの馴染みの世界に死に、世界を死ぬという、im-personalな極みとも見える様式が包蔵されていることは間違いない。『国家』最後の第一〇巻が、詩を始めとした芸術批判を展開した後で、黄泉に帰って黄泉から返った甦りのエルの神話をもって終わることに反映している。あの「天上の国」は、少なくともモデルとしては黄泉かえり・甦りを指標しつつあるものとして読まれなければならない(往相還相同一なり)。

しかし『国家』が展開した正義のモデル(472c-e)は、イデアの性格を色濃くもつけれども、イデアそのものではない。「天上の国」と表現される最善国家もまた一つの見えるモデルでしかない(『国家』は、それまでの対話篇のような細切れ言語による対話問答とは少し違って、言葉の祝祭のような雰囲気がある)。究極の根拠として善は「存在の彼方」(509b9)であった。でイデアの所在は? 「イデアは出で遭い」とかつて井上忠は言った。[12] 根拠として、自他すべてのものを包み支える全体との出で遭いである。これを一言解説させてもらいたい。その補助線として、アリストテレスの『自然学』を使う。

『自然学』は何よりも自然現象である運動を分析するが、そこでアリストテレスは、空間・場所を物を包む空の器のようなものと分析して、「もし道を逸脱しても言うべきだとすれば、プラトンに、なぜイデアは場所の中にないか、問うべきだ」と指摘している（209b33-34）。アリストテレスは自然研究の場所論にそぐわないことを承知の上で設問しているのである。

そこで第一に、どんな物でも場所の中にあると、特定の所にあって他の所ではない、しかし他の所にあってもよい、という構造をとる。そうであってこそ、物の運動変化は可能なのである。例えば、我が家の犬が庭にいれば、それは公園にいてもよい可能性と相覆っている。他の所にいる可能性が全くない時、犬が庭にいる現実も成り立たないし、「犬が庭にいる」と語る意味がない。それは犬が庭にいることが紛れもない事実であるが、無条件な現実ではないということである。他である可能性に半分食い破られているからである。従ってある場所で実現していることは、存在しない可能性に裏打ちされてしまっている。アリストテレスが神を宙天を超えて天外に、回転の影もなき永遠のエネルゲイアに求めたのは理由あってのことだった。イデアはなくてもよい可能性に汚染されていたのだろうか。

そこで第二に、場所の中にあるとは、その大きい場所の色々な所から眺められるということである。この教室の中にあるとは、前後左右から見えることだ。そして一つの立場の視点から見ると、他の視点からのことは隠れることになる。上り階段と下り階段のエッシャーの騙し絵の如くである。従ってそれぞれが自分の立場から特定の視点において眺めると、その眺めは部分的断片的たらざるを得ないことになる。しかしイデアは全体であった。

イデアは「何であるか、それ自身」とは、「何であるか、と問わせているそれ自身」であり、あらゆる答えの試みを論駁破壊して、それでもなお「何であるか」の全体へと対話させているその「何か」に他ならない。問うては答え、答えては問う「何か」の道行きは（もし成功するとすれば）、自分を支えるあらゆる立場を崩壊させつつ無知を徐々に露わにし、そして突如として「何であるか」と問わせている「それ自身」に出会うのである。イデアとは、自己を虚無に立てる〈それ自身〉である。イデアは場の中にない、とは、場の設定により自己を支える筈のあらゆる立場が崩落し、あらゆる考え、主張、望みが木っ端微塵になる虚無においてということなのである。プラトンはそれを「真昼の暗黒」と称している（『法律』897d9）。旧約には、「神の顔を見るものは死ぬべし」（出エジプト記33・20）とあった。

しかしプラトンもやがて「何であるか」の問いそのものに対する「その先」、解答にあたる筈のものの必要を感じた。あらゆる解答の破壊という否定性だけだったからである。それが「何であるか」を充足する筈の範例イデア（パラデイグマ　イデア）の構想である。そのもっとも鮮明な例は、われわれが先に見た『国家』の最善国家である。それは「正義とは何か」を探究する中で、可能な限りim-personalな視点から実現したものとして言語で作られたモデルである。それは歴史的具体的文脈のどこにもないユートピア（atopia）である。[13] しかし正義を考察しようとすれば、誰にとっても（im-personal）参照可能なモデルであり、批判軸である。つまり新しい問いと議論を呼び起こす暫定モデルなのである。

3　アリストテレス――部分への道（「第一なるが故に、普遍的」katholou houtōs hoti prōtē.）

既にプラトンに見たように、アリストテレスにあっても「コウモリの目は日中の光に耐えないように、われわれのこころの目である理性は、あらゆるものの中でもっとも明るいものに耐えない」（『形而上学』993b9-11）として、真理の無条件な全体そのものは、人間理性には耐え得ないとしている。そしてちょうどビッグバンの灼熱の超光輝が広く薄く世界に拡散して、世界のどの部分においても微かな宇宙マイクロ波背景輻射があの灼熱光輝の痕跡となっているように、アリストテレスは全体そのものに向かうプラトンと違って、小さな部分に向かう。世界のあらゆる方向のあらゆる部分、あらゆる分野と地平がそれぞれに固有の原理構造と方式でもって真理を宿しているからである。アリストテレスが「万学の祖」となった所以である。偶然にも断片にも見える小さな部分こそが、人間が木っ端微塵にならずに全体に接近できる道だからである。

アリストテレスは存在全体の理解のために、あらゆる存在の中で実体を第一とした（「古来より探究され、難問になっている〈存在とは何か〉は、〈実体とは何か〉である」（『形而上学』1028b4））。存在の普遍的広袤を尽くすより、第一実体を焦点にして、その内に外に原因系を追求するところにアリストテレスの神の存在証明がある。個体実体としての生命が誕生し存在する原因の原因の、と遡源して全天を超えて天外の「不動の動者」に到達する、という所説は、一個の生命の存在のために宇宙は全エネルギーを惜しまず、ということである。どんなに小さな生命の現実でも、どれほど偶然の断片に見えても、世界の先端という焦点の意義を帯び、世界史的意味があるということになる。台所の竈の前でヘラクレイトスが「ここにもまた神々はいましたもう」といった、とアリストテレスはその『動物部分論』639a1-10で紹介している。マクロコスモスとミクロコスモスの照応である。小さく目立たない部分において全体に出会う、とする局所現前の機構はキリスト教の三位一体論の中核をなしている。

人間の目的を幸福とするアリストテレスの倫理学は、個人が任意に自分の掲げる目的を達成する自己実現を幸福としたのではなく、幸福を人間本性の卓越性（徳）に従った活動にあるとしたものである。その徳は、常に揺れ動く欲求と感情に関し、やり過ぎとやり足りなさを避けて中間を選ぶ善い行為を繰り返す習慣によって方向づけられて、「第二の本性」と呼ばれるほど自然になった人柄の力である。「一羽の燕が春をもたらすのではない」とアリストテレスほど習慣を強調したものはいない。

そして徳の第一番目に分析されたのが勇気であり[14]、戦場で死の恐怖に耐えることとされている（『ニコマコス倫理学』1115a6-35)。つまり生命の終わりが徳の始めなのである。どの徳にも「小さな死」が含まれている、ということができる。別に表現すれば、徳は個人性と共同性が交差する結節点である。個人の自己実現は人間性の充実開花として、社会生活という文脈でなければ不可能ということである。アリストテレスは人間を政治的動物としたが、国家が存在する理由は、市民が生きるためではなく「善く生きるため」であり、それは家族のような肉の連帯でない市民が共生することにある（『政治学』1252b30）。

ところがその習慣論に水を浴びせるような議論が『形而上学』にある。九巻三章である。現実態と可能態を区別せず、現実に活動してなければ、その能力もない、とするメガラ派の議論があったからである。大工は建築能力の持ち主である。建築活動をしていなくても、その能力はあり、大工はやはり大工である。これが常識であり、またアリストテレスが習慣による能力形成を指摘した時に乗った基礎である。メガラ派はよく知られていない。ただパルメニデスの一派だというだけである。パルメニデスの「有るか無いか」、「有るは有る、無いは無い」を受けていることだけは明らかである。つまり存在と無以外に中間は何もない。現実に活動しているか、いないか、だけであり、その中間に能力がある（可能性がある）、などということを一切認めない立場である。常識にも反し、アリストテレスの基礎論にも反する奇っ怪な論に見える。メガラ派を批判的に紹介するアリストテレスの真意は測りがたい。

今自分が武士として、明日戦うことになっているとしよう。相手のことを色々想定しながら練習するであろう。さて当日になった。どうするか。昨日は、相手の輪郭を思い描き、能力と気質とを推し量りながら自分なりの対処法、戦い方を練習したのである。それはシャドーボクシングに等しい。自分のこころの中にいる相手だったからである。しかし今目の前にいるのは、現実に生きている人である。どんなに精確緻密に描いても、こころの中の他者と現実の他者とは全く違う。実物とその似像とは「同名異義 homonyma」である、としたのが、現存アリストテレス全集の冒頭第一行目であった（『範疇論』1a1）。こころの中の他者は、自分のこころに描かれた似像でしかないからである。

しかし戦いの具体現実はシャドーボクシングとは全く違う。できることは何か。練習して習得したものをすべて捨てることである。そうでなければ、型にはまった行動しか取れない。すべてを忘れ、すべてを捨てて、無になって現実の相手と直面するだけである。既に習得している能力を発揮するのではない。新しい活動を始めるのであり、それとともに新しい能力も誕生することになる。それが、今までなかった、そしてこれからも決してないであろうただ一回限りの活動の現実なのである。表現は奇異に聞こえるけれども、唯一回性の活動と共に能力も誕生し、活動の終了と共にその能力は消えるのである。現実活動即可能態（能力）、の非連続の創造である。今、この現実活動と共に、無の底から可能態（能力）も新しく誕生するのである。そのいみで、人生いつでも初舞台、といってよい。そして人生いつでも千秋楽、である。それがわれわれの現実なのである。イエスは弟子たちに対して「（証言するために）出頭する時、どのように、何を言おうかと心配してはならない。何を話すかはその時に与えられるであろう」と指摘していた（マタイ10・19）。

そして実に「今は常に異なっている」（『形而上学』1002b7）。習得済みの能力の発揮が、同じこと、類似のことの繰り返しとしての行為であるのに対して、既知既存の可能性の延長ではなく、今新しく零地点から誕生する唯一回性の現実活動は似て異なるものである。「一羽の燕が春をもたらす」のである、次の瞬間にはその春は終わるけれども。それが戦いという形であっても、時間の連続性を断った唯一回の今の現実そのものとして、全人格をかけた活動であり、敵という人格に出会う現実である。嵩においては世界の片隅の小さな部分であるが、かけがえない唯一回の現実が存在理解の橋頭堡だったのである。思えば、「善きサマリア人」の譬えの伝えるところ、敵に対してすら近みは創造され、隣人は唯一回生起の現実そのものだった。[15]

既に遠い過去ともなったが、一九四二年一二月八日未明、ハワイ沖にあった連合艦隊機動部隊は真珠湾攻撃に直面していた。その出撃に際し、機動部隊司令官南雲中将は、「本日ここに諸氏の壮途を見送るに当たり、本職は改めて激励の辞は述べない。明治三八年日本海海戦の時、東郷司令長官が掲げた歴史的信号旗Z旗を掲げてこれに代える」と言った。なぜ全く新しい敵と全く新しい戦いを始めるに当たって、新しい言葉を語らなかったのだろうか。「あれは良かった。もう一度」は幻想である。現実はどれほど似ていても繰り返さず、今無の底から生まれ、たちまち無の中へ消える、残酷なほど一回限りの現実である。現実の脚下は、無限の深淵である。しかし唯一回の現実は指の間だからすぐ漏れ落ちる。それはあまりに耐え難いから、人間は「陽はまた昇る」とサイクルの持続の時間を生活時間として日々を送っているのである。昼夜の交代、月日の経過、四季の巡り、と区別を組み込みながら年々歳々の繰り返しの時間を過ごしている。

さてアリストテレスはプラトンの『国家』で提示された家庭・財産共有制に対して、不自然として退けた（『政治学』II.1-5）。アリストテレスには自分の物を保つ所有は自然なあり方であった。その反対に「みんなの物」は誰の物でもないことになる故に、誰も特別気遣いをしない。公共物、公共財は疎略に扱われがちになるのが普通である（現在であれば、地球環境も挙げるべきだろう）。大事にするのは、何よりも己が近みにある自分の物である。

しかし物が当の物として存在する意味は、それが「本来何であり、何のためであるか」という本質に即した固有の働き、機能において決まる。机ならその上で字を書き、本を読むためにある。従ってその物をその物の働きにおいて使うことに意味があり（『弁論術』1361a24、『ニコマコス倫理学』1133a27）、「誰の」ということは本質的でない。時計は時を正確に計る機能の発揮において、その存在は現勢態として顕現化するのである。そこでアリストテレスは物の私的所有を認め、しかし物をその本来の働きにおいて使う使用を可能な限り共通にすることを提案している（『政治学』1263a25-26,38-39）。私有制と共有制の中間とも見える。

アリストテレスは徳の一つとして気前のよさを挙げていた。財産の使用に関する中間の性格であり、両極は浪費とケチである。その徳は自分の所有する財を適切な場合に適切な仕方で贈与する力量であって、所有に関わる自由の発現である。

このように私的所有を認めながら、贈与を含む共通の使用にまで広げる構想がアリストテレスの公案だったのである。改めて言うならば、アリストテレスは人間の本性からして自己愛の事実と所有の喜びを認め、なおかつ友人を援助することを自分の人格を拡大する徳のダイナミズムだと理解している。アリストテレスにとって善は人間が実現する善であり（『ニコマコス倫理学』1094a19）、その実現の中核に自分が位置していることを要求した。自分の活動を通して実現する実践的善が、倫理学と政治学の目的だったのである。

従って友愛の現実態とは、財を共有しているという状態ではなく、今、共有するという活動自体である。その一翼を自分が担うのである。こうして社会の紐帯としては、友愛は正義に勝ることになる。

しかしプラトンは、共有制が友人を作るから私有財は放棄した（友の物は共の物）。友愛の紐帯は、共有しているという状態だと見たからである。プラトンにすれば、アリストテレスの方式では自我中心主義を完全に支配できるか、疑うであろう。人間の欲求は根深いからである。動物の欲求は制限されており、その満足させる手段、方法の範囲も制限されているが、人間の欲求だけは、欲求自身もその充足手段も無限に多様化する。欲求と共にあらゆる方向に文化と技術は発展してきたのである。人間の欲求は、「もっともっと（pleonexia）」を本質にしており、無限に増殖することにある（『政治学』1267b34）。そして金があらゆる欲望を叶えることができるから、金への欲望が欲求を代表する[16]（『国家』580e-581a）。プラトンの懸念は、すべての人が欲求のこの歯止めのない大いなる支配の下にいることだった。神と教会の権威と王の権力から解放された近代以降、科学技術の発展と経済という私的領域の解放と相俟って、人間は欲求を次々と実現達成させては、また新しい欲求を生み出し続けている。世界全体を巻き込んで混乱させる「強欲資本主義」という言葉を聞くと共に、マンモンの猛威を見ると共に、プラトンの危惧が杞憂でないことを思い知るであろう。

最後に二点。第一に、アリストテレスは所有を分析して、「自分固有の所有とは、疎遠にする（apallotrisai）ことが自分の力にあること」（『弁論術』1361a21-22）と説明している。疎遠にするとは、売却と贈与である。つまり「自分の物」とは、自分が自由にできるもののことであるが、その自由の極として「自分の物」でなくすことができることに他ならない。「自分の物」は、「他人の物」にする自由が自分にあるということである。

「自分の物」が自由に与えることに意義があるとすれば、そして身体がもっとも固有に「自分の物」であるとすれば（「わたしの身体」に触れるものは「わたし」に触れるのである）、身体は与えられることにその秘密があることになる。献身の美徳がなぜ貴重かということが知れよう。確かにわれわれが人に認められたいと思えば、何よりも身体をもって仕えることである。それは奴隷の形に似て、しかし強制とは反対の自由の発現である（ルカ10・38〜42にあるマリアに対するマルタ）。とすれば仕合わせとは「仕え合わせ」との意義をもつことになろう。そして己の身体を相手に与えることが、即ち相手の身体が与えられることになるのが、性愛の至福である。「即ち」が成立しないところでは、暴力に他ならない。がしかし人間が身体をもつ至極は、「友のために生命を渡す以上の愛はない」ことにある。「わたしの身体」は「渡される」[17]。一片のパンを指して「これ我が身体なり」とは（マタイ26・26、マルコ14・22、ルカ22・18）、渡される身体の完成だったろうか。使われ、つまり食べられ消化されていくことにおいて、新しい生命の息吹を呼ぶ秘跡なのだろうか。ちょうど爆弾が、使われ、爆発して消えていくことにおいて、生命を奪っていくのと反対に。

第二に、私的所有を認めて、共通の使用を提案したアリストテレスは、旅先で飢えたら他人の畑の物を使ってよいとするスパルタの法律を紹介しつつ、これを良策としている[18]（『政治学』1263a36-37）。

スパルタの法律の延長上にアリストテレスが見たことは、全体が部分に凝縮収斂する機構からして、非日常の状況で突発的にまた避けがたく飢えて死に直面したとき、世界全体が曲率無限大の如く歪んで一人の人一点に収束し、「世界はわたしの世界である」となることだといってよかろう。これは社会生活の表舞台のことではない。普通の社会事情で他人の畑のものを食べるのは盗みでしかない。しかし食物の存在する意味は、「誰かのもの」であることではなく、食料として使用すること、食べることにある。誰であれ「わたし」としての自己を局所特異点とするような極点にあって、絶対の欠落である死の淵に沈む直前に響き渡る、「今、生きて善い」との保証である。時間の持続を断って、である。旧約の申命記二三章二五～二五節にも同じ響きがある。飢えた時、隣人の畑に入ってブドウ、麦を食べてよいとしつつ、ただし「籠に入れてはならない。鎌を使ってはならない」と厳命している。余剰に取ることは明日に備えてということで、自分の所有のためであって、盗みに他ならない。

今、食べて善い、つまり生きていることは善い。が明日は知れない。明日はどうなるか、全く知らない。明日がそもそもあるのかどうかさえ分からない。そうした明日の不安定さ、予測不可能さ、つまりは未来が全く掴めないことでさえ、今の生命のこの現実を揺るがすことあるまじ、との保証である。「野の百合を見よ、ソロモンの栄華でさえこの花一つほども装わじ」と言ったイエスは、直後に「明日は炉に投げ入れられる野の草」と言っている（マタイ6・29～30）。

これを日常生活のこと、人生劇場の表舞台のことと混同してはならない。ここにあるのは個人と社会の生活の大地を底割る別脈絡の超秩序系である。似た消息をわれわれは「弥陀の五劫思惟の願をよくよく案ずれば、ひとへに親鸞一人がためなりけり」に嗅ぎ分けることができよう。もとより親鸞一人に特別な資格あってのことでは全くなかった。自力作善のかなわぬ「煩悩具足の凡夫」、「罪悪深重、煩悩熾盛」の身なればこそ、仏の「至心に廻向したまへり」あればこそ、である。絶対の助けが要る、ということで先のことと同じなのである。

4　アテネとエルサレム——言語態二相

ギリシア語の世界では、「語る（legein）」ことと「存在する（einai）」ことは違い、言語（logos）と存在（on）には隙間がある。言即事、となるような強い言語は人間にはなかった。そうであればこそ、あることをある通りに語ること（legein to on hōs estin.）が、真（alēthes）である。

しかしそれは、ありもしないことを語り、存在を隠すことも可能だということでもある。嘘をつく、欺すことも、人間の言葉の能力であった。ギリシア人がもっとも愛好した『オデュッセイア』の主人公オデュッセウスは、欺す知略にかけても卓越した英雄だったのである。ソクラテスは『ヒピアス小』でそのようなオデュッセウスを批判している。人間の言語には意識しあるいは意識しないうちに事の真実を隠す可能性が包蔵されているからこそ、ソクラテスは一人一人との対話問答という狭い文脈で、意見、想い込みに吟味と批判の十字砲火を浴びせることを自分の使命としたのである。他方では、言葉が真偽両様の可能性に開かれたままになっている現実に、どうしたら虚偽と矛盾とに陥らない広い地平を確保できるか、にギリシア人は腐心し、理由の説明を与える証明によって誰にも共通して開かれた真理を担保する知識体系（epistēmē）を確立した。ギリシアに科学が誕生した所以である。

さてしかし、ヘブライでは言葉と存在は二つの次元として二元化せず、一元的に結びついているという。根本語ダーバールとは言即事だという。[19] 物と言葉、精神と物質は分離されず、むしろ一つの次元として圧縮され、言葉は行為の歴史文脈から抽象されない。ヘブライでは言葉に創造力を認め、むしろ旧約聖書が「神、光あれと言い給いきに、光ありき」で始まったように、神の言葉による世界創造がヘブライのすべての始めだったのである。従って世界の隅々に至るまで、神から独立した実在性の実体はなく、神の言葉の脈動、少なくともその痕跡を湛えている、という言語理解・現実認識がユダヤのものである。

こうして神の戒めは人間の前で正当化をまったく必要としなかった[20]。それほど神の言葉は即ち人間の現実そのものであり、あるいは現実を造形させる強い言語であった（ソクラテスは「ソクラテス以上に知恵のあるものはいない」というデルポイの神託を吟味しないでは受け入れなかった）。そして神の言即事の局所現前のために召命されたのが預言者である。こうして「聞け（シェマー）、イスラエル」（申命記6・4）がユダヤ民族の根本経験だった[21]（聴覚民族）。それに対してギリシア人の根本経験は立ち現れという存在経験であり、従って視覚が優位を占める（視覚民族）。「戦場と集会」において行動と言葉で際立って立ち現れることを求めた。人間が言葉をもつ動物だと捉えたギリシア人は、自由に自分の考えを形成し、公共社会で自分の意見を言う自由人をその典型とした。何でも話せるという発言の権利（parrēsia）が社会性を形作っている。ギリシアに民主主義が生まれた所以である。「聞け」と要求されるのは奴隷である。自分の意見を持たないもの・持てないものは、他人の意見に動かされ支配されるだけである。

5　パウロ――サウロの自己欺瞞と解放

「わたしは汝である」は、宮本久雄『ヘブライ的脱在論』[22]の第五章で登場するもので、この本の白眉だと思うし、氏の言う「エヒェロギー脱在論」の鍵だろう。そこではパウロの回心の分析の中で、「なぜ、わたしを迫害するのか」が「わたしは、迫害されているキリスト者である」→「わたしは彼らである」→「わたしは彼である」→「わたしは汝である」と直線的に指示されているので、少し回り道をして再考したい。パウロは闇の中で何を見たのだろうか。何を聞いたのだろうか。

ダマスコ事件を伝えるのは『使徒行伝』第九章が最初であるが、ダマスコ途上、突如激光に襲われて世界は闇に消え、そしてパウロは大地に打ち倒れた。人間は二本足で立つ動物である。すっくと大地に立ち、世界を己の面前において向こうに回し（ob-jectum 即ち前に投げ置かれた）、文明文化の武器でこれに開拓の鋤を入れる（cultivate）。オイディプスが解いたスフィンクスの謎の動物は、始め四本、そして二本、最後に三本の足であったが、最後に零本とすべきであった。人間は最後には死の床に横たわるだけだからである。自分の足で自立し自律する人間の姿はそこにはない。そしてそれが薙ぎ倒されたパウロだったのである。

パウロはファリサイ人としてもっとも厳しい宗派に属しており（26・5）、祖先の律法について厳しい教えを受け、神に対して熱心だったサウロ（22・3）、と自己紹介をしている。そして新しいキリスト教徒のグループに対して、死に至るまで迫害し、男女とも投獄し（22・4）、怒り狂って外国の町まで迫害の手を伸ばした（26・11）。誰よりも熱心な律法主義者であったサウロにあったのは、律法と自分の良心である。

フォン・ラートによれば、バビロン捕囚事件の後、イスラエルは歴史的自然的結合の共同体としての民族性を弱め、律法によって誰がイスラエルかを決めて純血を保とうとするようになったという[23]。ヤハヴェの意志は特定の歴史状況のイスラエルに向けて語られ、具体個別の問題に対応するものであったが、律法が時間と歴史に関係のない妥当性をもつ絶対的なもの、教義的な「律法」になったという。個人が独立して、自己と神の関係に自覚的になった時、抽象的客観的原理としての律法の前に、個人が主観的良心をもって立つ、という構造である。

さて律法は命令する。それは「外」からであり、しかしこころの「内」に入り込んで良心を刺激し、かつは圧迫する。他方で行動する自分がおり、良心はその行動と律法を眺め比較する。こうして内に外に葛藤が生まれるのが律法主義者である[24]。そして律法を完全には守れないという軋轢がいつもある。もっともはっきりしているのが、「汝ら、我が如く聖なるべし、完全たるべし」（創世記17・1、申命記18・13、レビ記20・26）である。この完全体と聖性の掟は完全には守れない。そこへ他者が現れる。こともあろうに、愛は律法以上のものだという。ますます不安を掻き立てられる。

そこで自己防御反応が生まれるのである。似たような者同士がグループを作り、「外」に敵を求めて攻撃することである。こうして律法を守らないものを攻撃する。他人の破戒の事実を責めている限り、自分は善と正義の側にいると思うことができ、自分の闇を見なくて済むからである。姦通の女に、「律法に従って石打の刑を」と迫ったファリサイ人に見られた自己欺瞞である（ヨハネ8・3〜11）。そして不安と恐れからますます攻撃的になる。サウロに見る通りである。

「サウロ、サウロ」と闇の中で呼びかける「なぜわたしを迫害するか（ti me diōkeis:）」は、世界の中で起きた見える日常事実についての記述、解説、評価、情報伝達などの種類の言葉ではない。世界全体が茫然自失の闇に投げ込まれていたからである。むしろ事実を変容させ、事実を事割る真実との出会い、事実を超える運命との出会いを脈筋に載せる言葉である。

神は天地創造の後、まるでそれでは不足するかの如く、「われわれに象り、われわれに似せて、人を創ろう」（創世記1・26）、と人間を創ったとある。神は神そのものである（Gottheit）だけでは足りず、世界の神になったが（Gott）、それでも足りなかった。神は「危険を犯して他の神を造った」のである[25]（「あなた方は神々である」ヨハネ10・34）。それが「聞け、イスラエル」と呼ばわった神であった。

従って「聞け、イスラエル」という言葉は、聞くことだけを要求したわけではない。「聞いて、答えよ」とのことである。応答することへ促す「聞け」である。聞かれた言葉は答えを期待している。[26]言葉を聞くことは、呼びかけられるままの受動性において応答する人間を立ち上げる言即事である。聖書の伝えるところによれば、神が塵に生命の息吹を吹くと、これに息吹かれて人間アダムが登場したという。「サウロ、サウロ」と闇に響く呼びかけに、既にこれに応答するサウロの「わたし」が浮かび上がりつつあった。

一般に言語使用の現場文脈では、「わたし」は話者であり、「君」は聞き手である。そして話すことは聞くことへ、聞くことは話すことへ、絶えず転換する。それが対話である。従って話し手と聞き手の間の人称代名詞「わたし」と「君」も絶えず交代する。絶えず話し手と聞き手の間の「わたし」と「君」の間の振動にいるのが、自己としての〈わたし〉なのである。

しかしその〈わたし〉は、永遠の絶対者でも閉鎖完結系の一者でもない。およそ自己原因ではなく、相対的で脆弱であり、未完成不完全性の一者である。「わたし」として他者に向けて話をするだけではなく、話しかけられ、聞く立場におかれ、「君」と呼ばれることを受け入れよ、と求められる〈わたし〉である。いつ、誰からどのように「君」と呼びかけられるか分からない。思わぬことを聞く立場におかれ、激しく揺さぶられて不快になったり不安になったりすることもありうる。「君」と呼びかけられることで外から揺さぶられ、何よりも新しい状況に置かれ、新しく考え直すことを迫られ、そして「わたし」として内から応答することを求められる〈わたし〉なのである。

従ってどちらが主となり従となることなく、話すことと聞くことが相互に入れ替わり、「わたし」と「君」が交換する対話構造である限り、「わたし」には「君」と共にいる共同体の地平への開けがある。そこで人を殺せば、その人の中の人間の共同体自体を抹殺し、同時に自分の中の共同体を抹殺し、その人を共同体から追放すれば、自分をも追放することになる。[27] しかしサウロはそれだけではなかった。ではサウロは何を追放し、あるいは迫害し、そして自分をも追放し、また迫害することになったのだろうか。

世界は闇に消え、ダマスコへ行く持続の時間が断たれて、サウロが今直面している現実は、「なぜわたしを迫害しているか」という声であった。目的語は「キリスト教徒を」でも「彼らを」でもなかった。「わたしを」である。

自分自身を巻き込む大疑団の渦の中でサウロが挙げた問いは、「あなたは誰ですか」であり、答は「わたしは君が迫害しているイエスである」であった。サウロは生前のイエスに会ったことはないのだから、これは十字架のイエス即ち、復活のキリストである。つまり今の現実は神の支配とこの世界の区別と結合の凝縮点ということである。この特異点ともいうべき極点にあっては、言葉は自在に交差し、多次元にわたる多義性をまといつつ振動し、サウロを内に外に叩いて揺さぶる強い言語である。言即事に載って、新しい事の創造に言葉が凝結しようとするからである。従って言葉が包蔵している種子がまったく新しい可能性を展開して、真実との出会いという言即事を生み出すことがあってよい。イエスの問いかけの「なぜわたしを迫害しているか」の「わたしを」は、イエスからこれを聞くサウロ自身のことに転位して響いたのではあるまいか。「わたしを迫害する」ことにおいて、自分で自分を迫害している、と。

もしそうであるとすれば、イエスの始めの言葉は事の始めである。「迫害するものを呪う」（ロマ12・14）のではなく、迫害されているものからの呼びかけはサウロの応答を求めている。それは迫害する敵も自分の外へは置き捨てにしない問いかけであり、迫害されるものが迫害するものを己自身に等しいものとして担う言即事である。サウロの〈わたし〉において、自己よりもなお自己なる真理に出会ったこのことを、後にパウロは「もはや我生くるにあらず。キリストこそ我において生くるなり」（ガラティア2・20）と展開したのである。

こうしてサウロにとって、「なぜ（お前と呼ばれる）わたしがわたしを迫害するのか」と響くならば、神の正義の側にいるとした自分が、行動しようとしても守れない律法の前で敗れる自分を覆い隠す自己欺瞞からも、自分で自分を神経症的に責め立てることからも、解放されるであろう。自分の罪を責めるのも、その罪責感を覆い隠すのも、根本にあるのは自己中心的な不安であり、自分の不安を取り除きたいだけだからである。「神より奇跡を」に似て、「真理より我がこころ安からんことを」に過ぎなかったからである。これまた後に「自分で自分のことを裁くこともしない」（コリント前4・3）といっている。

しかし振り返って見れば、それまでのサウロは人一倍熱心なユダヤ教徒として、律法こそが神の義に即した生き方の究極的基準だとしてきた。しかし徹底した自己分裂と自己欺瞞の苦悩があった。律法を前にした意志の無力を知り抜いていたからである。そこには本質的な難問があった。「もし律法によらなければ、わたしは罪を知らなかった。律法が「むさぼるなかれ」といわなければ、わたしはむさぼりを知らなかった」（ロマ7・7）とあるように、律法と共に罪が息を吹き返すという事実である。律法が両義的なのである。

律法が登場すると、第一に、「むさぼるな」といわれるなら、むさぼることとむさぼらないことの両方の可能性が考えられなければ、「むさぼるな」と禁止する意味がない。禁令は、むさぼる可能性のある中で、むさぼらないことを選択するように命じているからである。律法によって、その律法の反対のことが人間の可能性として浮かび出ることになる。

そしてその上に、自由の幻惑が誕生する。「〜するな」という禁止であれ、「〜せよ」という命令であれ、そのとき要求された限界の「その先」を覗いてみたくなるという誘いがこころに生まれることである。「この先立入禁止」といわれなければ、その先へ行きたいと特に心惹かれることがなかった。何でもなかったのである。禁止された途端に、「その彼方」を見たい、と唆られる。そして一線を踏み越えることになる。外からの命令と共に内に自由の脈動が発動するのである。

かの楽園でアダムとイブは禁断の木の実に唆られたが、律法が与えられると、「その彼方」を望見したい自由の兆しが生まれる。律法によって罪が来たことは、自由誕生の代償であった。「なすべし」に対しては常に不足し、「なすべからず」に対しては常に過剰、が人間にとって本性的傾きになったのである。そこにあるのは自由の目眩であり、意志の痙攣である。「義人なし。一人だになし」（ロマ3・10）。そして「罪の値は死」（ロマ6・23）であった。

確かにサウロは、律法に従ってこれを自分の能力と努力で実現達成する完全性を目指した（汝ら、完全たるべし）。そして直面したのは、その不可能性であった。しかしその完全性は達成可能だったろうか。もとより不可能ではない。不可能なことを神が命じたとしたら、自己矛盾でしかないからである。律法のことごとくを成就する聖者はいるであろう。その時聖者は神であろう（我が如く聖なるべし）。神は別の神を創ろうとしたのである。しかしそれはあって極めて稀なことであろう。サウロを始めとして大多数のものがその外に落ちこぼれるであろう。

しかしそれだけではなく、自分の能力で達成する完全性は、律法の精神に少しく外れることがある。神与の掟を生きるべき「神の民」が選ばれたのは、「どの民より貧弱」であったからだ、とある（申命記7・7）。そして「わたしが正しいので、主はわたしを導いてこの土地をえさせて下さった、と思ってはならない」（申命記9・4）、「自分の力と手の働きで、この富を築いた、などと考えてはならない」（申命記8・17）。

そして何よりも安息日の掟は、「働いてはならない」となっていたではないか（出エジプト記23・12、35・2）。そして十戒の中でその規定がもっとも長かった（出エジプト記20・8〜11）。安息日は、自分の能力と勤勉さの努力で命を支えているのではないことを、従って誰もが平等であることを、そして神の恵みをこそ根拠として存在が守られていることを、思い起こすべき日だった。安息日の掟こそ、何も要求しない要求であり、律法破りの律法、律法を超える律法なのである。自分の能力と努力で律法を達成し、善を実現する完全性とは違う別の完全性があったというべきである（アリストテレスが実践理性による善の実現をこそ幸福とする倫理学を構築した『ニコマコス倫理学』で、最後の第一〇巻でその幸福を二次的なものとし、観照を究極の幸福としたことが思い合わされる）。

その別の完全性とは、三章末で僅かに触れた存在それ自身の完全性である。自分の能力と懸命な努力で律法を達成し最善の生き方を成就するという完全性ではない。そんな成就達成にほど遠く、掟を破り、掟に破れ、完全性を裏切り、完全性に裏切られて無の中に落ちるものにさえ届く完全性である。世に自己実現が喧しい。自分の望みを高く掲げ、計画を立てて最善の努力をする。自分の能力で自分の望みを達成することほど人と生まれてきた誇らしい喜びはあるまい。しかし身心をめぐる、個人・社会をめぐるあらゆる条件の障害を受けて自己実現にほど遠い人生を強いられた人が近き辺りに少なからずいるのに、自分の自己実現だけを喜ぶとならば、『無量寿経』衆生済度の第一八願「正覚をとらじ」を何と聞くであろう。

話を戻そう。別の秩序の完全性は存在自体、生命そのものの完全性と呼ぶべきことであった。何をどのように実現達成したか、その成功・失敗を数えない完全性である（ブドウ園の主人の譬え）。しかしもし律法の要求をあまねく実現達成することによる完全性なら、神であることの成就であろう。もしそうであるなら、絶対の助けを、神の憐れみと恵みを、必要とはしない。必要としない筈である（それは錯覚であるかも知れない、という信仰の深淵に落ちたのが「信仰厚く、正しい生涯を送った」ヨブの問題であった）。

サウロは律法による完全性が不可能であること、むしろ律法が罪を明らかにすることに直面していた。その虚無の不安と恐れのために、これを忘れよう、見ないようにしようと、「この聖所と律法に逆らう」（使徒行伝６・13）キリスト教徒に対して、「憎悪からの脅かしと殺意を一杯息しながら生きていた（empneōn）」（使徒行伝９・１）。そして「裁くは我なり」と、暗い攻撃衝動に駆り立てられていた。そんな自己欺瞞、虚無の霊の誑かしに振り回されていたのである。

「なぜわたしを迫害するか」は、そのサウロの自己脚下から言葉の次元を変えつつ内に外に叩いたのである。律法の業によらず、その他あらゆる種類の業績によらず、業績故の権利の主張によらず、存在と生命それ自体の完全性、つまり無条件の肯定（憐れみと恵みの祝福）は、自分の能力の達成による完全性とは異にしている。どれほど道を過ち、無残敗残の人生の人でも、これを自己と同一なるものとして担い愛し抜く十字架は、天地を貫く「我は汝なり」の指標である。

6　モーセ——ego sum qui sum. (ego eimi ho ōn.)

ここでのアプローチは原文のヘブライ語ではないので、ヘブライ的脱在論のダイナミズムとは違うだろう。しかし違う見解も脱在論[28]をより理解するために役に立つこともあろう。

さて『出エジプト記』三章のテキストはこうなっていた。モーセは燃える芝の不思議を見ようとして山に登ると、「モーセ、モーセ」と呼びかける声があった。そして「サンダルを脱げ。立っているのは聖なる場所だから」と言われた。モーセは一個独立した実体であり、エジプトの王子としてもミディアンの羊飼いとしても、自分の足で立って振る舞い、自由にどこにでも行けた。しかし今、自由で独立した主体はまったく取り消されたのである。そしてモーセは神の顔（enōpios）を見るのを恐れて顔（prosōpon）を伏せた。神とは、そして絶対的なるものとは、われわれ人間が顔を上げて直面すること不可能な何かである。イデアは自己を虚無の中に立てるものであった。人間には無限の全体そのものに出会うとは、「ただ百雑粋」（『正法眼藏』「古鏡」）即ち木っ端微塵なのである。

その神はエジプトのイスラエルの民の苦境を知って、エジプトから導き出すためにモーセを遣わすという。モーセが「わたしは何者ですか（tis eimi）」そして「なぜ導き出しますか」と聞いたのに対して、神は、「〈お前と共にいるだろう〉、これがお前を遣わす徴だ」という。そこでモーセが「イスラエル人に、君たちの先祖の神がわたしを君たちの所へ遣わした、と言えば、「その神の名は何か」と聞くでしょう。何と答えましょうか」と尋ねたことに対して、神の答が、件の「わたしは、わたしがあるところのものである」であった。

これは神の本質定義ではなく、神が自己をどのように顕示するか、の問題だということは今や明らかであろう。[29]つまり神はそれ自体だけの絶対的存在ではなく、関係づけられた存在、あるいはむしろ関係へと脱在して働きかける存在である。しかしどのように働きかけるのか。働きの現場は何か。

一般に名前は、その使用が二つに大別される。[30]一つは呼びかけである（「サウロ、サウロ」「モーセ、モーセ」）。もう一つは、対象が不在の文脈で、その対象を名指しすることである。前者は対象が現前している文脈で呼びかけるのに対して、後者は対象が話の現場にいない時に、話者とも聞き手とも異なる第三の対象として指示特定する三人称の使用である。曰く、「ソクラテスは裁判に出かけた」「君はサウロに賛成したか」「モーセはヨシュアを後継者にした」など、特定の対象をその名を以て指示して何ごとかを話すことになる。従って名前は本人不在の文脈でもっとも自然な言語記号である点で、「アベルはどこにいるか」（創世記4・9）が名前のもっとも典型的な使用法である（ただし「お前の兄弟アベル」とあり、等しいもの、共にいるものという意味の「兄弟」でもあった。そこに共存と不在の緊張があったのである）。

ここで神の名前が登場する背景には二つのことがある。一つは、モーセの「わたしは何者か」という問いである。捉えがたいほど不思議な、しかし否定しがたいこの今の現実は何であり、これに直面している自分とは何者か、ということである。第二は、ユダヤ人たちが自分たちを解放する神の名前を問うであろうということである。ユダヤ人が四〇〇年にわたってエジプトにおいて奴隷の苦しみに喘ぎ、しかし「アブラハムの神、イサクの神、ヤコブの神」という族長たちの神信仰によりつつ解放を待望してきた歴史文脈がある。その信仰は、部族の終わりなき持続と繁栄の約束にあった（創世記17・4〜8）。今新しく起きようとしている救いの出来事に際して求められたのは、部族の神信仰のより深い新しい理解である。必要なことは何か付け加える情報ではなく、今までの生活の中に根がありながら、不在の神の新しい理解をもたらす名前である。

その名は、「わたしは、わたしはあるところのものである」。三人称で不在の遠みに隠蔽する名前の代わりに、一人称で自らを開示する名前である。その名を与えられることはどういうことか。「わたしは、わたしはあるところのものである」を聞くとはどういうことか。

先に見た通り、ギリシアでは言葉は何よりも自分自身の意見を自由に形成して、これを公共社会で自由に発言することに意味があった。表現の自由は現代でも基本的人権を形成している。言わせてもらいたい、言う権利がある、とは公的私的両面での自己主張として誰でもが望むところである。自己主張は自己表現でもあって、文化の根本でもある。信仰厚く、正しい人生を生きてきたヨブは、すべてを奪われ、苦境の底に落ちた時、始めは「唇をもって罪を犯すことがなかった」（2・10）が、やがて神に向かって「言わせてもらいたい」と声を上げたものである。最後は神の「聞け、わたしが話す」（42・4）になるけれども。しかり、ヘブライでは「聞く前に答えるなら恥」（箴言18・13）とあるように、聞くことは人間を真の人間らしくする根源である。[31] 話す前に沈黙がある（「聞け、イスラエル」）。

わたしにも言いたいことがある、言わせてもらいたい、とは物言う人間の最後まで残る言う権利（の主張）である。人を中々死なせないのは、その主張なのである。人生終わりに近づいて、こころに迫るのは、人生劇場の舞台途中退場を強制される痛苦ではあるまいか。人生計画を立て、自己実現に努力もし、そして多くの汗と涙と失敗と成功を折り重ねた舞台も、自己実現にはおよそほど遠く意に満たない舞台も、容赦なく途中で幕が下りる。まだ時間がある、可能性がある筈だのに、未完成不完全なまま終わる（それとも「汝、完全たれ」に十分答えただろうか。あるいは「善人にも悪人にも太陽を照らし、雨を降らした」だろうか）。わたしにも言いたいことがある。意見を、希望を、弁明を言わせてもらいたい。しかし言葉をもって生きる人間にとって重要な言う権利が重要でなくなる、無意味になることが死なのである。自分の考えをわたしも言いたい、という欲求がまったく空無にされるとともに、わたしは無に沈むのである（汝、塵から生まれしもの、塵に帰るべし）。死は苦き死でしかない。中々死ねないわけである。

では神の名前はどのように響いたのだろうか。「わたしは、わたしはあるところのものである」は、エジプトのイスラエル人への名前の告知としての性格があった。しかしモーセ自身にとってそうであったように、告知の性格を取り払えば眼目は、その全体が「わたしはある」に凝結収斂したのではないか（ここでは、〈わたしはいるぞ〉と訳しておきたい）[32]。〈わたしはいるぞ（ho ōn）〉がわたしを君たちに遣わした」、と言えとある（「我が名は……〈わたしはここにいるぞ（pareimi）〉」イザヤ52・6〜7）。いかなる自由も主体性も力も発言権も、否、およそ自己の自己たる実体性そのものが脱落した虚無の中、その消滅点において永遠に響く〈わたしはいるぞ〉を受動性の極みにおいて聞くことは、その聞くものもなくして聞くことは、それ自体が「わたしはある」を成り立たせるのではないか（遠く弱く薄暗い反映でしかないけれども）。

エジプトへ行くも、そこから人々を連れ出すも、その行為はまたこれがバネになる以外ではない。「人はパンのみにて生きるにあらず、神の言葉で生きる」（アモス8・11〜12）とある。そしてエレミアは「神の言葉を食べた」（15・16）といっている。食べたとは無条件で受け入れたことであり、それで命と存在を与えられたのである。人間の言語にこんなに強い言語、事実そのものを作り出す言即事の強い言語はない。

あえて遠い、従って誤解を招く類比を語ればデカルトである。cogito, ergo sum. ではなく、audio.＝sum. である。デカルトは cogito. と sum. の間に ergo を鋏んだことで、cogito. から反省レベルで sum. を導出したことになり、「我思う」と「我あり」の二つの命題の言語レベルが全然違っている。しかしここでは ergo の入る余地がない。沈黙の中で響く〈わたしはいるぞ〉を聞くことと自身が、自己の「わたしはある」が即ち成り立つことに他ならないからである。ただの塵に神の命が息吹かれて、人間が誕生したという（創世記2・7）。

従って純粋な個体としての自己、純粋にそれ自身なる自己はない。五章で対話構造において触れたように、それ自身で完結した個体性としての自己は幻想である。もっとも内奥において、聞くべく、また応答すべく外に向けて破り開かれているからである。あのデカルトでさえ懐疑を遂行するためには、自分がそのために使っている言語を疑ってはいなかった。疑えば、懐疑自身が自壊する。従ってデカルトは言語（フランス語）を人々と共有していたのである。デカルトの新しい「自我」の哲学も、その基底では言語共同体への水平の開けを包蔵している以外ではなかった。そしてここでは超越への開けが加わる。人間とは底割れした実存に他ならない。

それまでの「祖先の神」は、族長の名を介しての神でしかなかった（アブラハムの神、イサクの神、ヤコブの神）。そしてアブラハムはイサクを生み、イサクはヤコブを生んだように、男女の性によって生成と持続を生きてきた部族の「われわれ」の神であった。今やその「われわれ」の神であることを一厘一毛揺るがすことなく、「わたし」の神となったのである。〈わたしはいるぞ〉を自分自身に語りかける言葉として聞くことになったからである。[33]〈わたしはいるぞ〉を聞くことで生まれる「わたしはある」だからである。人間は男と女から生まれてこの世界の住人であり、そして塵から〈わたしはいるぞ〉に息吹かれ生まれて新しい人である。神のみに帰属する新人である。出エジプトの事件は、ユダヤの部族から「新しい民イスラエル」の創建の物語だという。とすれば新しい「われわれ」の開けでもある。世界から根こそぎなって神にのみ帰属し、神との結びつきによってのみ存在する、と理解した新人としての「イスラエル」は、その聖なる結びつきの証として律法を新しい日々の生き方としたものである。

しかしその「われわれ」はパウロが願ったように、さらに新しい次元において一層拡がりうるであろう。[34]〈わたしはいるぞ〉は「これこそ永遠にわたしの名」（出エジプト記3・15）であった。[35]生成と持続とはまったくカテゴリーを異にする永遠だったからである。自己がいかなる発言権も個体実体性もなく無限の深淵に沈む中で響く〈わたしはいるぞ〉は、これを聞く誰にとっても等しい根拠であり、己れのこころにまします「哲学者の神、科学者の神」ならず「われわれ」の神であるだろう。

聞くこと、聞くことへ帰入することであって、言うことではない。といって繰り返すが、自己があって、聞くわけではない。無に沈むことであって、自己表現も自己主張も余地が全くなった。ここで自我の徹底した放念捨棄という点で、われわれには懐かしい絶対他力の浄土宗、とりわけその頂点としての一遍に触れておきたい。称名念仏は「南無阿弥陀仏」の六字に極まる。しかし称名とはいいながら、「智慧をも捨て、善悪の境界をも捨て、貴賤高下の道理をも捨て、地獄をおそるる心をも捨て、極楽を願ふ心をも捨て、また諸宗の悟りをも捨て、一切の事を捨てて申す念仏[36]」であれば、自分で言うこと、称えることではない。むしろ阿弥陀仏の摂取不捨の大慈大悲の根源律動、生命の脈動に私心なく「志心信楽して」自らを渡すだけであろう。〈わたし〉は渡しなのである[37]。「清瀧や　波に散り込む　青松葉」とは芭蕉最後の句であった[38]。

註

（1）このヌメニオスについては、M.Burnyeat, 'latonism in the Bible:Numenius of Apamea or *Exodus* and Eternity' (R.Salles, ed., *Metaphysics, Soul, and Ethics in Ancient Thought*: Themes from the Work of Richard Sorabji (Oxford,2005), 143-169）に教えられた。なおアッティカ語とはアテネ地方のギリシア語のこと。

（2）ヘレニズムとヘブライイズムの対比は、T・ボーマン『ヘブライ人とギリシヤ人の思惟』（植田重雄訳、新教出版社、一九七二年）、C・トレモンタン『ヘブル思想の特質』（西村俊昭訳、創文社、二〇〇三年）、A・J・ヘッシェル『人間を探し求める神――ユダヤ教の哲学――』（森泉弘次訳、教文館、一九九八年）第一章、同『イスラエル預言者下』（森泉弘次訳、教文館、二〇〇四年）第三章がある。しかしここでの論考は面ではなく、点と点を結ぶ程度のことに限られる。

（3）ソクラテス裁判については、拙稿「聖書の言語宇宙――ソクラテスとイエス――」（宮本久雄・大貫隆・山本巍『聖書の言語を超えて』（東京大学出版会、一九九七年）一六～三三頁、「戦死者追悼演説と哲学の言語――プラトン『メネクセノス』」（『哲学・科学史論叢第三号』（東京大学教養学部哲学・科学史部会、二〇〇一年）一～一九頁で考察した。

（4）実体があらゆる存在の焦点にも核にもなることを表現したアリストテレスの「第一なるが故に、普遍的」（『形而上学』1026a30）を転倒させた言葉。

（5）プラトンの議論が impersonal な方向で進んでいることについては、J.Annas, *An Introduction to Plato's Republic* (Oxford, 1981), 259-269, M.Burnyeat, 'Plato on Why Mathematics is Good for the Soul' (*Proceedings of the British Academy*, 103 (Oxford, 2000), 1-81 参照。

（6）哲学者がそれ以外の二タイプよりも、互いの快苦について高く広い視野からよりよく判断する能力があって、非対称的であることが指摘されている（581e-583a）。

（7）本稿と違って「天上の国」を天体秩序とするのは、F.M.Cornford (*The Republic of Plato* (Oxford, 1972) p.319 n.1) と近くは納富信留（『プラトン理想国の現代』慶應大学出版会、二〇一二年、二一五～二三九頁）である。その他にもテキスト上の問題があるが（cf. J. Adam, *The Republic of Plato II* (Cambridge, 1902) p.369-370）、紙数の関係で省略する。

（8）H・アレント『全体主義の起源2』（大島通資、大島かおり訳、みすず書房、二〇〇三年）、第五章「国民国家の没落と人権の終焉」参照。近現代の論であるが、事の本質は古代も変わらない。

（9）独裁者が権力で国家全体を支配して国を「自分の国、我がもの」にするのとは反対に、「自分が――他の人と共に――それに帰属する国」のことである。アメリカに移住して憲法に従って市民権をとれば、今やアメリカは「我が国、自分の国」である。

（10）『国家』は、「牝馬らはわたしを運びぬ……この世のすべてをうち越えて」で始まる序章をもつパルメニデスのプラトン版のように見える。
(11)少数のものを残して後は絶え果てて新しい民が始まる「ノアの箱船」、エジプト脱出後、新しい契約の民になるために、古い世代が死に絶える沙漠の放浪四〇年、バアル神に従ったものはすべて死に、これに膝を屈しなかった、エリア指導の七〇〇〇人だけが残されて新しい民になった出来事(『列王記上』19・18)、というように、ユダヤ民族が繰り返し徹底して体験した、世界から根こそぎにする離脱と切断とも違う。
(12)『根拠よりの挑戦――ギリシア哲学究考――』(東京大学出版会、一九七四年)第Ⅲ部。例えば一三五、一四四、一九二、二一二、二一九頁など。
(13)ユートピアとはいっても実現可能性は担保されている(N.White, *A Companion to Plato's Republic* (Blackwell, 1979), p.21)。現実の世界に最善の国家を建設するより具体的な課題は、クレタ島の新植民地という場所を設定してプラトン最後の『法律』で引き受けられている。
(14)徳の細目の名前だけを挙げれば、節制、高邁な精神、気前の良さ、豪気、機知、穏和、誠実、慎み、情愛、義憤、法律を守り財を分配し不平等を正す正義。
(15)拙稿「聖書の言語宇宙」九八～一〇一頁参照。サマリア人とユダヤ人とは敵対関係だった。
(16)金が、過去を変え、未来を掌握する万能の力にも見える点は、拙稿「聖書の言語宇宙」八〇～八五頁参照。
(17)「わたし」と「渡し」の言葉の遊びは、井上忠「途の埋草二つ三つ」(『性と死を超えるもの』法蔵館、一九八五年)一六七頁。
(18)拙稿「聖書の言語宇宙」六一～六三頁参照。
(19)宮本久雄『ヘブライ的脱在論』(東京大学出版会、二〇一一年)二〇、一九二～一九四頁、同『旅人の脱在論』(創文社、二〇一一年)一一一頁、同『他者の風来』(日本キリスト教団出版局、二〇一二年)三七～四四頁、ボーマン『ヘブライ人とギリシヤ人の思惟』九七～一〇二頁、トレモンタン『ヘブル思想の特質』八七～九一頁、G・フォン・ラート『旧約聖書神学Ⅱ』一一五～一三八頁、M・ザラデル『ハイデガーとヘブライの遺産』(合田正人訳、法政大学出版局、一九九五年)六三～八〇頁。
(20)G・フォン・ラート『旧約聖書神学Ⅰ』(荒井章三訳、日本キリスト教団出版局、二〇〇六年)二六七頁。

（21）『エゼキエル』は、第一章がＳＦ映画のような光景から始まり、「わたしはその声を聞いた」で第二章に転じて、極めて印象的である。

（22）『ヘブライ的脱在論』一九五頁。

（23）フォン・ラート『旧約聖書神学Ｉ』一二八～一二九、二七二～二七三、四九六、五〇二頁。

（24）大貫隆は「自己分裂」という「苦難を『用いる』」（宮本久雄・大貫隆・山本巍『受難の意味』東京大学出版会、二〇〇六年、四三頁）。氏は他者との宗教的敬虔の競争がエゴイズムを助長する点を強調している。律法主義は点取り競争なのである。従って律法を破る罪は複数形で語られることになる（二五～二八頁）。

（25）トレモンタン『ヘブル思想の特質』二六頁。

（26）Ｈ・Ｗ・ヴォルフ『旧約聖書の人間論』（大串元亮訳、日本キリスト教団出版局、二〇〇五年）一六三～一六七頁参照。

（27）この点は、Ｊ・－Ｆ・リオタール「他者の権利」（Ｓ・シュート、Ｓ・ハーリー編『人権について』（中島吉弘・松田まゆみ訳、みすず書房、二〇〇五年、一六七～一八二頁）が面白かった。

なおブーバーは、インドの tat twam as（あなたはそれである）に匹敵する同一化の原理として、バール・シェム・トブに由来する言葉を引用して「なぜならイスラエルの人間ひとりびとりは、統一性にその根拠をもっているからである。そしてそれ故に、「隣人」を『両手で』で押しのけることが禁じられている。というのは、誰でも彼の仲間を押しのけるものは、自分を押しのけるものであるから」としている（Ｍ・ブーバー『ハシディズム』平石善司訳、みすず書房、一九九七年、二〇一頁）。

（28）ヘブライ的脱在論が宮本氏年来の中心テーマである。その基礎にあるレヴィナスの、他者への責任に透徹した『存在の彼方へ』にも直接触れることができなかった。

（29）今ではフォン・ラート、ブーバー、宮本など諸権威の共通理解である。

（30）旧約は「固有名の形而上学」とトレモンタンはいっているが（一六四頁）、一般に古代世界では、名前の知識によって神を自分の支配下に置くことになると信じられ、特にエジプトでは神の名の知識で神になりうるとさえ信じられたという（Ｍ・ブーバー『神の王国』木田献一・北博訳、日本キリスト教団出版局、二〇〇三年、一二九頁)。しかし不在の対象だからこそ、その名の知識を特権的にもつものが魔術的作用を働くのである。

(31) ヴォルフ『旧約聖書の人間論』一六三頁。

(32) 因みにブーバーは「わたしは、現=存する」としている(『モーセ』荒井章三・早乙女禮子・山本邦子訳、日本キリスト教団出版局、二〇〇二年、六六頁)。宮本氏では、例えば「わたしは在らんとして在るだろう」「わたしは在らん、だからわたしは在る」(『ヘブライ的脱在論』二〇頁)。

(33) ブーバーは十戒が一人称で起草されているが、その魂は「あなた」であることを強調している。自分自身への語りかけとして聞くものが核なのである(『モーセ』一六三頁)。

(34) 選ばれた個人・民の選びの意味の問題である。選びは部分の選びであり、かつ全体のための選びである。なおJ・タウベスは、パウロはモーセに代わって「新しいイスラエル」創建を企図したとしている(『パウロの政治神学』高橋哲哉、清水一浩訳、岩波書店、二〇一〇年)。

(35)「永遠に」のヘブライ語レオラムは、「秘め隠された」の意味のレアレムとも読める、とタルムードにある由(ヘッシェル『人間を探し求める神』八九頁)。暴露された神名は、暴露されても暴露されても明るさの中に留まる秘密であり、見える事実地平の物のように掴むこと不可能な掴み不可能性である。

(36) 柳宗悦の名著『南無阿弥陀仏』(岩波文庫、一九九九年、二四一頁)による。

(37) S・ヴェーユが、「神が一人称で思考するというこの能力を(人間に)賦与したのは、愛によってその能力を放棄しうるためである」という印象深い言葉を残している(『前キリスト教的直感』今村純子訳、法政大学出版局、二〇一一年、一六三頁)。

(38) 本稿は、二〇一二年七月七日に上智大で開かれたシンポジウム「ハヤトロギアの展開」で発表した原稿を加筆訂正したものである。

ハヤトロギア（歴程神学）の課題

——ホワイトヘッド・ヨーナス・西田哲学の思索を手引きとして——

田中　裕

一九八四年に南山大学で開催された国際学会で、私はホワイトヘッド哲学とハヤトロギアの関係について論じた[1]。これは、有賀鐵太郎のオリゲネス研究や、キリスト教に於ける存在論の問題に触発され、ホワイトヘッド哲学をハヤトロギアの文脈で捉えた論文である。ハヤトロギアとは、ヘブル思想とギリシャ哲学との緊張と対立の只中に於いて成立した世界宗教であるキリスト教的な思惟を出エジプト記におけるモーゼの受けた神名の啓示という出来事、すなわち אֶהְיֶה אֲשֶׁר אֶהְיֶה (ehyeh asher ehyeh) の動詞ハヤーに含意される神論を意味する。この出来事はユダヤ民族がエジプトという囚われの大地を離脱し、歴史的世界へと脱出したことを記念するものであるので、今後、この出来事に立脚する神論であるハヤトロギアを「歴程神学」と呼ぶことにする。

ハヤトロギアは単に時間と歴史的世界に対するキリスト者の独自の了解にとどまらず、物質的なもの（サルクス）と精神的なもの（プネウマ）にかんするキリスト教的な独自の了解、受肉、受難、死／復活というキリスト教神学の根本的な事柄に関わっている。それらはギリシャ的な理性にとっては愚かなことであり、ユダヤ人にとっては躓きであった。ハヤトロギアは、このような神学的な事柄を、我々の人格的な超越論的な経験に即して、いかに語るかという課題を提示する。そして、この問題を、後期のハイデッガーに由来する存在－神論の脱構築という文脈で考えたい。すなわち、存在者を存在せしめているものを高次の存在者として意識の前に現前するものとして立てる形而上学の脱構築という文脈で考えることが本論の課題である。

最初にホワイトヘッドの哲学とそれに影響を受けたヨーナスの生命の哲学を取りあげる。此処での課題は、「生あるもの」と「生きること」の間にある生命論的差異とでも云うべきものを問題とする。生きることを根拠づけるために大文字の「生」をもちだすことによって生の理解は成立するであろうか。寧ろ、「生の哲学」は「死生の哲学」にならざるを得ないのではないか。田辺元が嘗て云った様に、「生の存在学」は、「死の弁証法」に転換されるべきではないか、という観点からヨーナスとホワイトヘッドの生命哲学を論じたい。

次に、キリスト教との関わりという視点から、西田哲学を考察し、この哲学が通常理解されているような意味での汎神論ではないこと、実在の根柢を人格性にみるとともに、対象認識によるよりも人格的な愛ないし信仰において神を知るべき事、そして対象的な「有」として神を認識する宗教哲学ではなく、そのような「有」をあらしめる創造作用を「無」の場所に於いて捉える「絶対無」の神学の成立を西田の宗教哲学の展開の中に辿ってみたい。

I　ハンス・ヨーナスとホワイトヘッドの生命哲学と神学についての考察

――環境倫理の死生学的基礎

環境倫理の分野で先駆的な仕事をした哲学者であるハンス・ヨーナスは、『責任という原理』と対を為す主著である『生命の原理』や、その思想的な遺書とも云うべき講演記録『哲学・世紀末に於ける回顧と展望』のなかで、最も影響を受けた哲学者としてハイデッガーをあげると共に、後半生に於ける彼の生命哲学の構築にさいしてはホワイトヘッドの有機体の哲学に深く影響されたことを認めている。(2)

ヨーナスもホワイトヘッドも共に、存在よりも生成を基本的な範疇とし、生成を価値実現の過程として記述することによって、自然的存在と精神的価値、物質的なるものと観念的なるものの二元的分離を超克することを課題としている。そして、時間性に立脚する実存のカテゴリーを、人間を含む有機体生命にも適用できるように普遍化し、そのような有機的生命の進化の宇宙的なプロセスの中に人間存在を位置づける。次に、このような存在論＝価値論を背景として、人間の当為と責任の問題が論ぜられる。その際に、同世代の互恵性にもとづく共時的倫理だけではなく、通時的な世代間倫理を主題化し、人間が他の人間に対してだけでなく、意識を持たぬ自然に対して有する責任をも含む「責任倫理」を構築する。上記の論点について、ヨーナスとホワイトヘッドの見方を比較しつつ、私自身の見解を述べておきたい。

人間中心主義から生命中心主義への転換を訴えるエコロジストは、「環境」という言葉そのものにも人間中心主義の残滓を認めて、その代わりに「生命圏」という言葉で人間を含む生命システム全体を表現することを提案している。(3) しかしながら、そのような「生命圏」を主張する論者であっても、生命圏にある物質的な世界の全体、すなわち無機物をも含めて一切の現実的な存在が、それぞれ固有の價値をもつという主張をすることは西欧の思想史に於いては希である。ホワイトヘッドの形而上学は、この点に於いては、極めてラジカルである。そこでは、我々が無機物質と考えているものも、物質性と観念性の両極を兼ね備える活動的存在（actual entities）の結合体であり、宇宙をそれぞれの観点から抱握し、自らを実現する意味に於いては、一切の現実的存在が、他者に対してのみならず、自己自身に於ける価値を有するのである。

このように現実に存在しているものをすべて活動的存在として捉えるホワイトヘッドの有機体の哲学に対して、ヨーナスは「その知的な力強さと哲学的意義に於いて私達の時代に匹敵するものをもたない」ことを高く評価している。しかしながら、ヨーナスは、ホワイトヘッドとは違って、死せる無機物質と新陳代謝を特徴とする生命的有機体の間には決定的な断絶があるという観点から、「生命の登場と共に生じた存在論的革命」を強調し、ホワイトヘッドの有機体の哲学は、ライプニッツのような一元論的・モナド論的な考え方が強調されるために、「通常の物理的カテゴリーに従えば謎である生命の同一性が謎でなくなる」ことに不満を呈している。(4)

ホワイトヘッドに比べるとヨーナスは西欧のコスモロジーの伝統に忠実であって、無機の物質的世界を本質的に生命なき物体の集合体と考え、植物と動物、そして理性的な魂をもつ人間のみを生命の哲学の対象としている。生命とは無機物質への解体という意味での死と隣り合わせであり、そのような生命をもつ有機体の出現を、宇宙の歴史における「存在論的革命」と捉える発想がある。

しかしながら、生物と非生物との非連続性を強調するこのような考え方には、近代の科学的唯物論を前提としたうえで、宇宙に於ける生命の出現を説明しようとする近代的な自然観——ヨーナス自身はその克服を目指しているのであるが——の残滓があるのではないだろうか。

ヨーナスの批判は、一般にホワイトヘッドの自然哲学を汎生命主義として理解する誤解に基づいている。ある有機体が「生きている」かそうでないかは、一つ一つのミクロ的な活動的生起について云われることではなく、諸々の活動的諸生起の連鎖からなるマクロ的な構造化された社会存在について云われる事柄である。したがって、ホワイトヘッドの哲学は、より適切に云えば、汎主体主義（pan-subjectivism）なのであって、意識や生命を伴うとは限らない諸々の感受作用が目指す主体の生成を万有の基底にみとめる自然哲学なのである。

このように有機体という概念の適用範囲において、それをあくまでも無機物質との対比に於いて理解するヨーナスと、すべての現実存在を有機体として捉えるホワイトヘッドとの間に相違点があることは認められるが、ヨーナスの『生命の原理』とホワイトヘッドの『過程と実在』には、有機体の哲学という存在論を基盤として人間の自由と責任を基礎づけようとする課題が共通している。ヨーナスの場合、ハイデッガー的な実存の哲学を有機体の哲学によって乗り越えてゆくという文脈で「有機体と自由」を語り、「一方では観念論および実存主義の哲学の人間中心主義的な制約を、他方では自然科学の唯物論的な制約を共に打破すること」を試みたわけであるが、彼はその際に、ホワイトヘッドが『過程と実在』で試みた存在論と同じ試みを、彼の言葉で、次のように要約している。(op. cit. S.9)

人間が自己の内に見出す大いなる矛盾——自由と必然、自律と依存、自我と世界、関係と個別化、創造性と可死性——はもっとも原始的な生命形態の内にすでに萌芽的な原型を有しているのであって、それぞれの生命形態は存在と非存在の危うい均衡を保ちつつ、つねにすでに「超越」の内的な地平を自らの内に含む。

実存論的な時間分析と実存カテゴリーによって解明された人間存在の自己矛盾を、有機的生命分析に適用した「哲学的生物学」がヨーナスの構想であったが、ホワイトヘッドの試みたことは、ヨナスよりもさらにラジカルであった。そこでは、単に「原始的生命形態」と云うにとどまらず、あるとあらゆる現実存在の根柢にある創造性に着眼し、創造性によって産出され、自己決定する主体的な活動的存在がいかにして世界から生成するか、またそのような主体がいかにして自己超越体として、自己を世界に客観として与えるかを分析したものと云えるであろう。今此処に実存して、自己と世界と神の存在に関わる人間に於いて重要な意味をもつ範疇的図式を、記述的に一般化して、万有の根柢にある活動的存在そのものの生成論的分析に適用したところに『過程と実在』の思弁哲学の基本的な構想があったからである。

ハンス・ヨーナスは『生命の原理』の後で、環境倫理学に多大な影響を与えた『責任原理』を出版した。ホワイトヘッドには、形而上学の書としての『過程と実在』と『観念の冒険』における文明論はあるが、独立の倫理学的著作はない。しかしながら、『過程と実在』の範疇的図式論には、存在と当為を媒介する議論が含まれている。すなわち、範疇的図式は、八つの存在の範疇、二七の説明の範疇、九つの範疇的責務（Categorial Obligation）によって構成されるが、このなかの範疇的責務こそが、生成論によって存在論と倫理学を媒介する役割をはたしているのである。ホワイトヘッドの議論に即して云えば、

（一）創造活動によって主体的統一性を獲得した活動的存在が、
（二）客観的統一性と
（三）客観的多様性を首尾一貫したかたちで保持しつつ、
（四）物的抱握を基盤として精神的な価値を実現し、
（五）観念的逆転の範疇によって過去の現実的世界を超越する新しい価値を実現し、
（六）変換の範疇によって個々の活動的存在が形づくる社会存在において公共世界に於ける価値の存続を実現し、
（七）主体的調和の範疇において、諸々の感受作用、否定的な抱握作用の「共生（concrescence）」の創造過程によって生み出された「主体」が、同時にそれらの諸々の感受作用の主体として予定調和的に成立することを述べ、
（八）そのような主体こそが、目的を志向的に感受の内的充実を目指すものであることを指摘し、最後に、
（九）自由と決定の範疇に於いて、活動的存在の内的な自己決定と外的な自由の存在論的な根拠を保証する。

この範疇的責務にかんする存在論的議論は、人間の行為に関わる倫理学そのものではないが、いかにして人間の倫理的な責務が、身体的な触発と観念的評価を統合から生じるか、また、個々の活動的生起が、いかにして自らの主体性と客観世界の多様性を統合し、自由と責任を負う主体として生成するかを、一般的に記述したものである。ハンス・ヨーナスの生命哲学は、生と死が矛盾的に結合したものとして有機体を捉えていた。彼は、ホワイトヘッドの形而上学が、ライプニッツのモナドロジーとおなじく、死の問題を忘却しているのではないかという危惧を表明している。この危惧もまた、ホワイトヘッドの哲学を汎生命主義とみる誤解に根ざすものであるが、生命倫理でいう生とは死と切り離すことが出来ぬということ、したがって生命倫理は死生学という視点から捉えなければならないことを指摘したものとしては正当なものである。

私は昨年度上智大学で「共生」を主題とする国際会議を主催したが、「共生」もまた、死を免れることのない存在である我々自身のことを忘れては論じることの出来ない問題である。そもそも生物が生きるということ自体の中に、死が不可分のものとして前提されている。死者は、主観的存在としては消滅したとしても、客観としては、生者の内に依然として生きている存在である。ホワイトヘッドは、人間の生死の問題を、普遍的な存在論を背景として論じ、活動的な生起の生成と消滅の文脈に位置づける。すなわち、一個の活動的生起としての自己は、主体として消滅することによって、はじめて客観として他者の内に存在することができるものである。「死しても尚生きている」というのではなく、「死することによって生きる」という、この「客観的不滅性」の思想が、科学技術の時代に於ける死生学にたいして如何なる意味を持つかを考察しなければならない。

一つの含意は、死は独我論的あるいはモナド的な個体の経験する事柄ではないという事である。誰もが自己自身の死を経験できないにもかかわらず、個々の人間の実存にとって本質的な意味をもつ特異な可能性として死を捉えたことは実存哲学の洞察であったが、それだけでは一面的なのであって、死は、単なる実存的可能性にとどまるものではなく、その中に客観的・公共的側面を不可欠的にもたざるをえないという現実を直視しなければならないであろう。すなわち、他者の死は自己の生にとって、自己の死は他者の生にとって本質的な関わりをもつという意味で、死は現実の生と不可分である。

尊厳死や臓器移植や妊娠中絶のような生命倫理の諸問題を論じる場合、我々は、往々にして個人の死の選擇に関する自己決定権として論じがちであるが、生死を交差する自己と他者の関わりという、ホワイトヘッド哲学に固有の「共生」の視点を持つことが必要であろう。

現代の応用倫理学に於いては、正義の倫理と責任の倫理と並んで「ケアの倫理」の必要性が次第に認識されている。そこに於いては、自己と他者との具体的な関係性に立脚した倫理学が説かれ、「自律」と「普遍性」を重んじる「正義の倫理」と対立ないし、それを補完する倫理学の立場として登場した。生命倫理や医療倫理に於いては、患者の自己決定権の問題などを普遍的な原理に基づいて考察するだけでは医療の現場において生まれる複雑な状況に対応できないという反省が生まれ、医療状況の個別的な配慮を重視するようになった。とくにターミナル・ケアとグリーフ・ケアは、死に直面してもはや回復の望みのない患者に対する配慮であり、自己にとってかけがえのない伴侶や肉親の死によって受けた悲嘆に苦しむ人への配慮である。そのようなケアーは、倫理的な自己決定をおこなう主体そのものの存在が問題となる以上、普遍的な理性と意識的な生の立場に基づく個人主義の倫理では捉えきれず、理性よりも根源的な意識以前のレベルで成立する具体的関係と、そのような関係によって触発された情感をふくむトータルな人間把握をすることが肝要となるが、それこそがケアーの倫理に固有の領域である。

ホワイトヘッドは、『観念の冒険』において、そのような情感に立脚する具体的な関係こそが人間経験の根柢でありことを指摘している。彼は、「配慮（Concern）」というクエーカー教徒の用語を使って、主–客の情感的構造を、「主観としての経験の生起は、客観に対して配慮を持つ。そして配慮は同時に、客観を主観の経験に於ける構成要素として位置づけ、情感的色調（affective tone）は、この客観から引き出され、それへと差し向けられている」と述べる。この主–客構造は、知るものと知られるものとの関係ではなく、それよりも根源的な情感的関係である。言い換えれば、我々は理性的存在である以前のレベルで他者と情感的関係を通して交流しており、その段階においてすでに主体的に活動しているのである。そして、眞に活動的なる現実的存在は、常に客観で有ると同時に主観でもあるのであるから、ホワイトヘッドの云う「配慮」の構造は、意識や理性の働く以前の段階で、すでに相互主観的構造をもっている。言い換えるならば、「配慮」こそは、情念と理性との統合体である人格相互の交わりを根柢に於いて支える具体的関係に他ならない。

他者によって配慮された人格的経験を持つものこそ他者を深く配慮しうると云うケアの倫理学の主張は、このように配慮を意識以前、理性以前の経験のレベルで捉えるときに、単なる主知主義的な形式的倫理学を越えて、「人格への配慮」を中心とする実質的な倫理的学への道を開くであろう。

次に単なる理性的な形而上学にとどまらず、ヨーナスの提起した神学的問題を、歴程神学の課題として取りあげよう。ヨーナスの「アウシュビッツ以後の神学」は、あえて批判哲学の禁を犯して、神話的な物語として語られたが、そこにおける中心的な論点は「神の全能」の否定である。アウシュビッツという根源悪の事実を前にして、「歴史の主」としての神の全能、神の善性、そして神の可知性をすべて認めることは論理的に不可能であるというトリレンマが議論の出発点である。ヨーナスは、ユダヤ教の「神の収縮」という神話を手掛かりに、アウシュビッツにおける神の無能力を弁明する。神はすでに人間を創造するときにその全能性を全面的に放棄したのであるから、人間は全能なる神の救済をあてにするのではなく、自らを創造した神に対して被造物としての責任を自覚し、本質的に偶然に支配されたこの世界に於いて、被造物としての人類の存続に対して、自ら責任を負うべきことを論じている。

ホワイトヘッドの形而上学でも「神の全能」は否定される。しかし、それはヨーナスのように創造主の全能の放棄、ないし人間に対する全面的な譲渡という神話によって物語られるのではなく、形而上学の究極の範疇を神ではなく創造性（Creativity）とするところに示される。

創造性は如何なる意味でも対象化されざる根源的な活動であり、神よりも存在論的に先行する。時空を越えた無限なる現実的存在者としての神をすら超越する創造性は、一性と多性とならび、神と世界とに共通の超越論的述語であり、普遍の普遍（the universal of universals）である。

創造性は存在と価値に関しては無記であり、それが現実化するために神と世界を共に必要とする。現実的存在者としての神は、伝統的神学で前提されていたような有的な全能の創造主ではなく、神の存在は本性的に神ならざる有限なる時間的世界を必要とし、有限なる時間的世界もまた本性的に世界ならざる神を必要とするという意味で、創造性―神―世界は不可分の三一構造を形づくる。

創造性は、さらに一性と多性という超越論的述語と組み合わさって究極の範疇（the categories of the ultimate）を形成する。「多性」を「一性」とならんで超越論的述語とするところに、ホワイトヘッドが新プラトン主義の伝統を脱構築して、世界の多様性を肯定的に受容する形而上学を構想したことを示している。すなわち、自己同一性（self-identity）だけではなく、自己差異性（self-diversity）が創造性には必要であり、自己同一は、「多性」と「一性」が歴史の中で相互に創造的に転換するプロセスによって歴史的世界が成立する。「多は一となることによって、一によって多様化される」（The many become one, and are increased by one）。

歴程神学における創造性（creativity）と神との関係は、シェリングの自由論に於ける「神の内なる自然」と神の関係、ないしベーメの「無底」と神の関係に先駆を認めることが出来るが、伝統的なキリスト教神学には見られぬものである。それはむしろ大乗仏教に於ける空性（sunyata）ないし真如と、真如より来るものとしての如来の関係（空性の顕了）に近いが、救済を歴史の中に於ける創造性の活動のただなかにおいて求める点が大乗仏教とは違っている。すなわち輪廻転生する生死の円環的連鎖、永劫回帰する世界（そこには来世においても新しきものは無い）からの解脱ではなく、一回きりのかけがえのない歴史的世界における創造活動の中で救済を求める点が、空性ではなく創造性を超越論的述語とした意味がある。すなわち、歴程において、既在性が物質的世界からの限定を表現するとすれば、将来性が理念的世界からの限定を表現するのである。両者の限定のもとに現在に於いて自己形成を行う主体は、自己創造的被造物（self-creating creature）であり、世界をその都度抱握することによって、世界を内在させ、そのことによってその現実世界を超越する存在として、他者としての諸々の現実的存在に自己を与える。この自己能与の結果が活動的生起の自己超越性（superjective nature）である。

この意味で、有限なる活動的生起は、物質性と理念性を両極として統合するモナドであるが、世界を内在させることによって、未来の本質的に新しい世界に向けて自己超越するのである。この点に於いて、個々の活動的生起は、創造的世界の創造的要素として、無限の現実的存在である神と世界との関係を、逆対応的に表現する。すなわち、神に於いては、無尽蔵の永遠的形相の理念的評価が先行し、物質的世界によるこれらの理念の世界による制約された実現が後行するのに対し、個々の有限なる活動的生起は、世界に於て既に実現された諸理念を物質的に抱握することから自己形成を開始し、自己の主体性を導く原初の目的因を神より理念的に与えられること（理念的転換）によっての自己をあたらしき存在として既存の世界に与える。神において先なるものは個的実存である活動的生起にとっては後なるものであり、神に於いて後なるものはその活動的生起にとっては先なるものである。このような神と個々の実存者との逆対応的関係によって世界の歴程が成立する。

次に、キリスト教に於ける神と自然との共生というテーマをホワイトヘッドの宗教哲学を手引きとして考察しよう。新約聖書の正典ではないが、二世紀に成立したと推定されるトマス福音書のイエス語録77には次の言葉がある。

(John S. Kloppenborg et al. *Q-Thomas Reader*, Polebridge Press 1990)

イエス言ひ給ふ。我在りて万物の上なる光なり。我在りて万物なり。万物は我より出で、我に達せり。木を割りてみよ。我自らそこに在り。石を上げよ。そこに汝等我を見出すなり。

これは、トマス福音書の中で最も良く知られた一節である。新約聖書学者の佐藤研氏は一つの可能性として、トマス福音書は、禅宗における公案のような読まれ方をしたのではないかと述べている。公案が、究極的には「汝は何ものか?」と問い、本来の自己の所在を問うものであるならば、トマス福音書が志向するものもまた、イエスをイエスたらしめていた本来的自己にキリスト者が目覚めることを要求しているからである。

「木を割りてみよ……」は、オクシュリンコス・パピルスにギリシャ語断片として見出されていたテキストであり、これについて、ホワイトヘッドは一九二六年に公刊した『宗教とその形成』の中で次のように言っている。

(A. N. Whitehead, *Religion in the Making*, pp.61-62, Cambridge University Press, 1926)

数年前あるエジプト人の墓で一枚のパピルスが発見されたが、この文献は、たまたま「キリストの語録」と呼ばれる初期キリスト教徒の編集書であった。その正確な信頼性とその正確な権威とがわれわれにとって問題なのではない。私がそれを引用するのは、キリスト生誕後の最初の数世紀間にエジプトにいた多くのキリスト教徒の心理状態を示すものとしてである。その当時、エジプトはキリスト教思想の神学的指導者たちを提供していた。我々は、この『キリストの語録』のなかに「木を割って見よ、そうすれば私はそこにいる」という言葉を見出すのである。これは内在性の強力な主張の一例に過ぎないが、セム族的概念からのはなはだしい離脱を示している。内在性は周知の現代的教説である。注意しなければならない点は、この教えが新約聖書の様々な部分に内包されていることであり、またキリスト教の最初の神学時代において顕在的であったということである。

この引用文は、極端な超越性と極端な内在性のドグマの双方を否定するホワイトヘッド自身の神学思想を投影したものでもあったが、彼が、引用したオクシュリンコス・パピルスの文は、二〇年後、やはりエジプトのナグハマディで発見されたコプト語訳のトマス福音書の一節であったことが判明した。トマス福音書について、その聖書学に於ける意義を洞察した最初の学者の一人であり、校訂者でもあったユトレヒト大学の古代キリスト教史家G・クイスペルは、上述の「木を割りて見よ……」を含むイエス語録の言葉のいくつかをトマス福音書の中に認めたときに、直観的に、「この福音書には共観福音書に編集されているイエスの言葉伝承そのものが収録されている、すなわち現行の福音書よりも旧い段階の福音書ではないか」と思ったということである。（荒井献『隠されたイエス――トマスによる福音書』講談社、九頁）

私自身は、トマス福音書はイエス語録なる文藝様式のキリスト教文書が実在したことを示す重要な発見であると思うが、ここでは、トマス福音書にあって共観福音書にない言葉（アグラファ）が、歴史的イエスにさかのぼる伝承であるかどうかという聖書学者の専門的論争には立ち入らない。そういうことよりも、私は、ホワイトヘッドと同じように、イエスのこの言葉を伝えた最初期のキリスト教徒がもっていたキリスト理解から深く学び、それを適切に解釈することによって、彼らと共に生き、その精神を現代において継承することに関心があるのである。ここでは神と自然との「共生」という主題に関連づけて、このトマス福音書の言葉を解釈してみよう。

イエスは大工の息子であり、「木を割って……」「石をあげて……」ということばの示すように、彼は、樹木や岩石を加工し、家を造る手仕事労働に子供時代より親しかったであろう。そして、「木を割る……」ことは、当然の事ながら、樹木の生命を犠牲にして、それを人間のために役立てることを意味している。我々が建築をするということは、樹木の生命を奪うことを意味するのであり、いうなれば樹木の死のお陰で我々は生活しているのである。

まことに汝等に告ぐ。一粒の麦、地に落ちて死なずば、ただ一つにてあらむ。死なば多くの実を結ぶべし。

（ヨハネ12・24）

というヨハネ伝のイエスは、御自身の受難を一粒の麦に喩えている。「野の花」「空の鳥」のなかに父なる神の心を感じ取る感性は、建築士が見捨てた石ころや、割れた樹木の中にさえ、いやそのような小さきものの中にこそ御自身を見出していたのではないか。端的に言って、イエスは、樹の痛みを知る人ではなかったろうか？　仏教においても「草木国土悉皆成仏」という思想は、樹木を伐採して寺院を建築することを生業とする仏教者が、樹木に感謝する意をこめて言い始めたものであって、素朴なアニミズムなどではなかったという。私は、福音書の中に描かれたイエスのなかに、そのような、他者の犠牲を代償として生きなければならぬ人間の生のただ中に受肉したキリストのこころ、「悲しみの人にして悩みを知る」キリストの、すべての被造物におよぶ無限の愛と救済の意志を感じるのである。イエスによる救済は、只人間にのみむけられているのではない。それは「いと小さき物」を含むすべての被造物に対して向けられているのである。パウロもまた、ロマ書の中で次のように言う。

それ造られたるものは切に慕ひて神の子たちの現れんことを待つ。造られたるものの虚無に服せしは、己が願によるにあらず。服せしめ給ひしものによるなり。されどなほ造られたるものにも滅亡の僕たるさまより解かれて、神の子たちの光栄の自由に入る望みはのこれり。我等は知る、すべて造られたるものの今に至るまで共に嘆き、ともに苦しむことを。（ロマ8・19～22）

キリスト教が人間のみを特別視して、他の被造物を顧みないと言うものがいるが、すくなくも初代教会の使徒の言葉は、そういうものではないようである。「すべての被造物が今に至るまで共に嘆き、ともに苦しむ」ことを知る彼らにとって、キリストの無化（ケノーシス）とその救済の行為は、ひとり人間のみにとどまらず、草木や石のごとき被造物にまで及ぶものであった。

キリスト教の典礼の中心は聖体拝領であり、最後の晩餐というかけがえのない歴史的出来事の反復であると同時に、神の食卓にまねかれて食事を共にする（convivium の）儀式であった。それは、神自身にほかならぬキリストが自らの死によって、他者に内在し、他者と共に生きるという意味での「共生（convivium）」を表すものでもあった。ニーチェが神の死を語る遙か以前に、キリスト者のほうは、自己の死によって他者を生かす神自身の働きを記念していたのである。

Ⅱ　絶対無と創造作用の神学――西田哲学からのアプローチ

西田の宗教哲学については、仏教思想、とくに禅と浄土真宗とのかかわりから之を論じることが一般的であるが、それをキリスト教との関わりで捉えるとどうなるであろうか。

西田とキリスト教との邂逅は、彼が参禅修行による真正の自己の探求の只中で福音書の言葉に出会ったとき、すなわち彼が善の研究を出版するよりも一四年以前に遡る[5]。

西田は、彼の弟子の西谷啓治や久松真一とは違って、宗教以後のニヒリズムの克服や無神論のテーゼによって後近代の哲学ならしめるという動機をもってキリスト教を論じていない。彼はただ、キリスト教と仏教の思想を、自己自身の経験のうちから直接に語り直すことによって、キリスト教と仏教の根源に還ることのみを求め、浅薄なる学者や宗教家が頭で考えたに過ぎない宗教を批判することを自分の使命としている[6]。

西田は、趙州の「無字」の公案をなかなか透過せず悪戦苦闘する。このときの経験は多大な影響を後の西田に及ぼしたが、ここで注意すべきは西田が二七歳の時に滴水和尚が西田に宛てた書簡を、西田が後々まで大切に保管していたという事実である。「無字」との出会いは、さしあたっては、和尚からの強烈な「無」という返答、「我に語句無く一法の人に与へるもの無し」であった。西田にとって「無字の公案」は、無の哲学的概念などを全く寄せ付けない、強烈なパワーを秘めた絶対否定の言語行為であった[7]。

人は「無」を「概念」として論じるのではなくて、「言葉」として身心のすべてを賭けた問答における言葉の生きた働きの中で捉えねばならないだろう。

西田の禅体験は大慧宗杲の看話禅の系譜をひく臨済禅による修行であった。「無門関」の無字の公案は、儒教・道教・仏教の三つの教えが根柢に於いて一致するという大慧宗杲の考えが反映しており、仏法を「大道」として捉える思想が根柢にある。その禅は、西田にとってキリスト教をも排除しない「大道」であった。まことに大いなる道には門がないが、同時にそれは「無」という絶対否定を経験したもののみが入ることの出来る「道」でもあった。西田は、当時の心境を「参禅は以て大道を明し、学問は以て眞智を開く。道を以て體となし、学問を以て四肢となす」と云う言葉を日記の雑録欄の扉に記している[8]。

公案禅の修行も聖書の言葉も、西田にとっては自己の直面する二律背反的な限界状況を突破するための道であった。すなわち彼の哲学は、知的好奇心を満たす「驚き」に発するものではなく、「死者に対しての心尽くし」に端を発する「人生の悲哀」から生まれたものであった。「死の問題を解決し得て、はじめて生の意義を悟ることが出来る」とは、相次ぐ肉親の死に直面した三七歳の時の西田の言葉であった。[9]

西田の処女作『善の研究』のなかでのキリスト教論に特徴的なのは、「否定の道（via negativa）」を強調する消極的神学である。それは、キリスト教の教義やイデオロギーを突破して、「純粋経験」から直接に自分の言葉でキリスト教を積極的に語るために必要な道であった。擬ディオニシュース、スコトス・エリュゲナ、マイスター・エックハルト、ニコラウス・クザーヌスなどのキリスト教的プラトン主義の系譜に属する思想家を手引きとして、西田はキリスト教を純粋経験から直接に論じている。[10]

『善の研究』以来、最晩年にいたるまで、西田が一貫して変えなかった宗教哲学の立場のひとつは、彼が実在の根柢を人格的なものとして捉えていたことである。『善の研究』には、相互人格的な交わりに関しては、「我々の個人性は神性の分化せるものであり、人間は直ちに神の自覚であり、各自の発展は即ち神の発展を完成する」という言葉がある。人格の相互承認をもたらす関係を「愛」とみなすイリングウオルスを引用し、無限の「愛」なるが故に神はすべての人格を包含するとともにすべての人格の独立を認める、と述べている。[11]

罪の問題は、『善の研究』では、最晩年の宗教論ほどつきつめて論じられてはいないが、オスカー・ワイルドの獄中記 *De Profundis* を引用しつつ、「人は己が過去を変ずることは出来ない」という「ギリシャ人の考え」とは異なり、キリストは罪人も過去を変ずることを可能ならしめたという考え方に共感している。[12]

実在の根柢は人格的なものと捉える西田にとって、神こそは最も人格的なものであった。非人格的なものに向かう対象的認識によっては神を認識することはできず、ただ愛または信の直覚によって知り神を知ることができるのである。『善の研究』の最終章において「我は神を知らず、我ただ神を愛すまたはこれを信ずというものは、最も能く神を知る」[13]と西田は述べたが、この立場は、後期西田に於いては神を論じることはできず、ただ場所的論理によってのみ語ることができるという考え方に展開する。對象論理によっては神を論じることはできず、ただ場所的論理によってのみ語ることができるという考え方に展開する。

『善の研究』は多くの論者によって汎神論であるがゆえにキリスト教とは相容れないということが指摘されたし、またスピノザの哲学との類似などが指摘されてきた。しかしながら、西田が京都大学に赴任した後に公刊された『自覚に於ける直観と反省』において、スピノザ的な神即自然の汎神論の否定が明言されていることは注目すべきである。ここでは西田は、絶対自由意志の立場から（それを西田はフィヒテ哲学を更に一歩進めて「神の意志」と言い替える）、スコトス・エリュゲナを引用しつつスピノザの必然説を批判し、キリスト教の自由意志と無からの創造説を積極的に評価しているのである。西田は次のように汎神論を否定し、自由意志と無からの創造説を肯定的に語っている。

スコトゥス・エリューゲナなどが神に於いては何らの必然も何らの定命もない、定命（Praedestinatio）は神の意志の決定にすぎぬという語に深い意味があるのである。主知論者が自由意志を空想の如くに考へるのは意志を対象化して見るが故である、之を自然の世界に投射して見るが為である。併し苟も之を自然的因果の世界に投射した時には、既に意志といふものではなくなる、何らの意味に於てでも意志の背後に因果を認めるのは、意志を否定するといふことである。ただに外的必然のみならず、内的必然即ちスピノーザの所謂必然的自由といふことも、意志と結合することは出来ぬのである。意志は創造的無から来って創造的無に還り去るとか、神の意志に依って世界が生ずるとか云ふことは、我々の因果律の考えに対して深い矛盾と感ぜられるであろう。併し、無より有を生ずると云ふ事ほど、我々に直接にして疑ふべからざる事実はない、我々の此現実に於いて絶えず無より有を生じつつあるのである。之を潜在的なるものが顕現的となると云ふも、単に空名に依って我々の論理的要求を満足しうるのみであって、その実何ものも説明し得たのではない。かく無より有を生ずる創造作用の点、絶対に直接にして何らの思議を入れない所、そこに絶対自由の意志がある、我々は此処において無限の実在に接することができる、即ち神の意志に接続することができるのである。[14]

プラトンの理念の前にプロチノスの一者を認めねばならぬ、而して此一者はプロチヌスの云った如き流出Emanation の根源と云ふ如きものではなくして、寧ろオリゲネスの云った如き創造的意志でなければならぬ。絶対的自由の意志が翻って己自身を見た時、そこに無限なる世界の創造的発展がある、かくして認識対象として与えられた最も直接な最初の対象は歴史でなければならぬ、ベーメの云った如く対象無き意志が己自身を顧みた時、この世界が成立するのである。[15]

勿論、『自覚における直観と反省』は「悪戦苦闘のドキュメント」であり、西田自身にとっては過渡的な著作と見るべきである。しかし、後期の西田哲学に於いても「無からの創造」は重要な概念であり、世界から一方向的に超越した対象的絶対者の創造ではない創造作用の理解は西田の宗教哲学の要に位置するものである。『働くものから見る物へ』の序文、とくに「幾千年来我等の祖先を育み来たった東洋文化の根柢には、形なきものの形を見、聲なきものの聲を聞くと言ったようなものが潜む[16]」という言葉は良く知られているが、キリスト教はかならずしもこのような東西の対比のなかで西洋に属するわけではない。しかし、このような発想は、主語的に自己同一的な実体的有を基軸として展開される存在論とは違った形で、「有」をあらしめる究極の「一般者」を、対象的な有ではなくて「無の場所」にもとめる西田哲学の独特な「一般者」理解を生み出すこととなった。そして、次第にこのような「無」の立場から、キリスト教神学の伝統的な諸概念が脱構築／再構築されていくものとして西田の宗教哲学の展開を位置づけることができる。

西田六二歳の時の著作、『無の自覺的限定』の宗教論は、まさにキリスト教論である。滝沢克己はこの著作を読み、後に西田のすすめによりカールバルトの神学を聴講したときに、非キリスト者である西田がバルトと同じ問題を論じていることに驚き、後年、「西田哲学はこのときに生まれ、この国の言葉をもって語られたる真《まこと》の神の証言《あかし》としての悔改《メタノイア》の哲学である」[17]と書くことになったが、それはある意味で西田がキリスト教的な経験の事実にそれだけ肉薄したことを意味している。

西田はまず「哲学史上自覚の深き意義に徹底し万物をその立場から見た人」としてアウグスチヌスの言葉を引用し、その「三位一体論」を神学的人間学として評価し、「我々が外物を離れて深い内省的事実のなかに自己自身の実在性を求めるとき、自ずから神に至らざるを得ない」と書く[18]。ここで注意すべきは、「自覚」を我々に促す神の働きを「創造」という言葉で西田が表現するようになることがあげられる。これ以降、創造という働きが、単に「自己が自己に於いて自己を映す」という写像作用の代わりに用いられると共に、自己の内に完結する自己内写像の作用を突破する「絶対の他」という用語が「無の自覺的限定」のなかに登場するようになる。

「無の自覺的限定」では、他者論とアガペー論、そして原罪論というキリスト教的テーマが集中的に取りあげられる。まず、「肉親」への愛、「我国人」への愛を越える愛が、エロースならぬアガペーとして位置づけられ、絶対に分離せるものの結合としてキリスト教的愛が考察される[19]。

次に自己知よりも「汝」の呼びかけ、「物のよびかけ」が先行することが指摘され、「過ぎ去った汝として過去を見ることから歴史が始まる」という歴史認識が示される。「自己自身の底に蔵する絶対の他と考へられるものが絶対の汝という意義を有するが故に、我々は自己の底に無限の責任を感じ、自己の存在そのものが罪悪と考へられねばならぬ」という立場からキリスト教的な「原罪」の意味するものが語られる。すなわち「自己自身の底に絶対の他を見るといづことの逆に絶対の他に於いて自己を見る」という意味に於いてのみ、真に自己自身の底に原罪を蔵し、「自己の存在そのものを罪とする人格的自己」が考えられること、そこに西田はキリスト教の云うアガペーの意味を見出している。[20]

　西田にとって宗教の問題は、ある意味で彼の哲学的思惟のアルファであると同時にオメガでもある。しかし、その思惟は、アルファの以前、およびオメガの以後を限りなく追求するということを付記せねばならない。西田は、哲学的思惟の可能根拠を求めて、思惟の原理以前の経験、原理（アルケー）をさらに遡る無底の経験、ないし経験の無底へと下降する。この下降的な超越ないしケノシス的な超越こそが、西田の宗教哲学に於ける超越論的経験の基本的な特徴である。「有を存在せしめる根拠」を再び存在者として定立することはできない。したがって、（卓越した意味での）存在者、もっとも完全なる存在者を目指す「上昇的超越」、すなわち神的なエロースにもとづくプラトン的な超越は、下降的超越の経験無くしては成立しない。上昇的超越は、対象化しえぬものを対象化する「ノエマ的超越」に立脚する限りは、経験の裏付けを持たぬカント以前の形而上学的思惟として斥けられる。西田のいう場所的論理においては「ノエーシス的超越」という語が使用されたが、それは知的直観としてのノエーシスの立場をもって哲学的思惟の終結と見なす立場そのものの超越、すなわち「メタ・ノエーシス」の立場をも含意している。田辺の『懺悔道としての哲学』の立場は、ある意味に於いて西田のうちに既に存在していたものである。

　最晩年の西田哲学のキリスト教論は、哲学論文集で西田哲学の行為論の要をなしていた行為的直観をも越えるものであった。そこでは、「神の言葉」が、聞くべくして見るべからざるものとして、主題化される。[21]

『場所的論理と宗教的世界観』を執筆中に鈴木大拙に宛てた書簡に依れば、西田は第二次世界大戦に於ける日本の敗北と予感しつつ、その終末論的な意識のもとで、旧約の預言書を読み、おそらくはじめて旧約聖書に内在する預言者の精神に触れたと思われる。西田は大拙に向かって、バビロン捕囚時代のユダヤ民族の精神に学ぶべきことを指摘し、「民族の自信を唯武力と結合する民族は武力と共に亡びる」と述べる。それと同時に、鈴木大拙の言う

「即非」の論理に共感し、その立場から、「人というもの即ち人格」というものを出し、それを現実の歴史的世界に結合することを自分の課題としていると述べる。(22)

西田の遺作とも云うべき『場所的論理と宗教的世界観』には、キルケゴールの『怖れとおののき』でとりあげられたアブラハムのイサク献供の物語に対する西田の『即非的弁証法』による独特の釈義が含まれる。旧約聖書学者の関根清三氏を囲む二〇一〇年のシンポジウムで取りあげたのでここでは繰り返さないが、即非の弁証法すなわち西田のいう絶対矛盾的自己同一が、自己と絶対者との関係について述べられるに先だって、絶対者自身の事柄として論じられ、「絶対の神は自己自身の中に絶對の否定を含む神でなければならない」ということ、「悪逆無道を救う神にして、真に絶対の神である」という独自の神観が提示される。

西田の云う「即非の弁証法」は、キリスト教論に適用されることによって、日本化された仏教の典型である天台本覚論などの「煩悩即菩提」「生死即涅槃」のごとき絶対否定を含まぬ「即」の融通無碍の立場とは質的に異なる論理となっている。そこでは、「人間の根柢に堕罪を考えるということは、きわめて深い宗教的世界観である」ことが認められる。絶対矛盾的自己同一は、抽象名詞として理解してはならず、それ自身が動詞として理解すべきであり、そこでいう神は「神性」のごとき働きのない抽象的な属性ではない。神と人との関係はあくまでも逆対応的であり、我々の宗教心は、我々の自己から起こるのではなく、神または仏の呼び声であり、神または仏の働きであり、自己成立の根源からである以上、それは自己同一性を基軸とする存在-神論の形而上学のもっともラジカルな批判を内に蔵している。

註

（1）"Hayathology and Whitehead's Process Thought" presented at an international conference, *Process and Reality: East and West*, sponsored by Nanzan University and the Japan Society for Process Studies. pp.7-21. (1984).

（2）Hans Jonas, "Heidegger and Theology", presented at the Second Consultation on Hermeneutics, convened by the Graduate School of Drew University, April 9-11, 1964, contained in the tenth essay of *The Phenomenon of Life: Toward a Philosophical Biology*, Northwestern University, 2001. pp.2, 25n, 28, 29, 81, 95, 96, 252, ハンス・ヨーナス、『生命の哲学――有機体と自由』（細見和之・吉本陵訳）、法政大学出版局、二〇〇八、二頁、『哲学・世紀末における回顧と展望』（尾形慶次訳）、東信堂、一九九六、二四頁。

（3）Thomas Berry, *The Dream of the Earth*, Sierra Club Nature and Natural Philosophy Library, San Francisco, 1988, p.22.

（4）Hans Jonas, *Das Prinzip Leben*, Suhrkampf, 1977, S.177.

（5）山本良吉宛書簡（明治三〇年一一月一一日　旧全集18:45-46）。

（6）「現今の宗教」（明治三三年一二月　旧全集13:81-84）。

（7）滴水和尚からの書簡、明治三〇年（西田幾多郎選集　別巻1:83 燈影舎）。

（8）日記　明治三五年一二月　雑録欄　巻末の扉に記す（旧全集17:99）。

（9）「思索と体験」旧友藤岡作太郎の国文学史講話出版に寄せて（全集1:419-420）。

（10）「善の研究」（旧全集1:189-190）はクザーヌスの「隠れたる神」に言及している。また、新全集16に収録された西田の研究ノート（断章2）には、キリスト教神秘主義者の著作からの引用が数多く見られる。

（11）「善の研究」（旧全集1:193-194）。

（12）「善の研究」（旧全集1:195-196）。また、新全集16に新に収録された西田の研究ノート（断章2）にもオスカー・ワイルドの獄中記の言葉が多く収録されている。人間のありかたを「悲哀」において見るワイルドの獄中記の一文に西田が共感したことは間違いない。

(13)「善の研究」(旧全集 1:200)。

(14)「自覚に於ける直観と反省」(旧全集 2:280-281)。

(15)同書(旧全集 2:287)。

(16)「働くものから見るものへ」序文(旧全集 6:6)。

(17)『西田哲学の根本問題』こぶし書房刊、二一四頁、二〇〇四(法蔵館『滝沢克己著作集第一巻』は一九七二)。

(18)「場所の自己限定としての意識作用」(旧全集 6:116)。

(19)「自由意志」(旧全集 6:319)。

(20)「私と汝」(旧全集 6:424)。

(21)「哲学の根本問題」(旧全集 7:428)。

(22)昭和二〇年三月一一日及び同年五月一一日の鈴木大拙宛書簡(旧全集 19:399、19:426)。

ハヤトロギア概念を巡る国内研究の動向
――なぜ今ハヤトロギアを再考するのか？――

平松　虹太朗

はじめに

「ハヤトロギア」という術語は、今からおよそ半世紀ほど前に、神学およびキリスト教学の泰斗有賀鐵太郎によって提唱された概念である。[1] ハヤトロギアとは簡潔に言ってしまえば、ギリシア的な世界認識であるオントロギアとは異なった、ヘブライズム独自の世界認識（思考法）の存在を提唱する歴史解釈学的概念である。[2] 近年、宗教や哲学の領野において、このハヤトロギアという概念に対する関心が徐々に高まって来ているが、それはなぜだろうか。[3]

たとえば、長年ハヤトロギア概念に対して精力的なアプローチを行ってきた宮本久雄氏は、「他者」疎外をもたらす存在神論というイデオロギーを克服するために、ハヤトロギア的思考の遺産である物語り的な言語使用の道を模索している。[4] 宮本氏はその道程で、ギリシア教父や中世キリスト教思想、レヴィナスやアーレントなどの現代思想家の著作の読解・解釈を通じて、有賀のハヤトロギア概念を「エヒイェロギア」という倫理概念へと昇華し発展させてきた。本書の前身である『共生学』第7号も、宮本氏の発案のもと、二〇一二年に上智大学で行われたシンポジウムが元となっている。

この他にも、ハヤトロギア概念への関心の高まりは、その発祥地である京都大学においても見受けられる。同基督教学会が刊行している『基督教学研究』では、二〇一〇年と二〇一一年の二号にわたり、ハヤトロギアをテーマとした特集号が出された。このように、研究の数自体はまだまだ少ないものの、ハヤトロギアという概念は決して局所的な関心や物珍しさから取り沙汰されているものではなく、今なおアクチュアリティーを持つ重要なテーマの一つなのである。

本稿では、主に『基督教学研究』に掲載された論文を元にして、『共生学』以外でのハヤトロギア研究の動向を概観してみたいと思う。それにより、本書に寄稿された論稿と併せて、ここ数年に発表されてきたハヤトロギア概念に関する国内の研究動向を多角的に把握することができるだろう。これらの研究における方法論やアプローチは研究者ごとに様々であるが、それは同時にハヤトロギア概念が抱えている問題の射程の広さを意味していると思われる。ハヤトロギア概念をめぐり、研究者たちが何を問題として取り上げ、各々どこに重点を置いているのか、その力点にはどのような傾向が見られるのかについて考察していきたい。そして最後にそれらを踏まえた上で、私なりに「なぜ今ハヤトロギアを再考するのか」という問いに回答してみたいと思う。

『共生学』や『基督教学研究』に寄稿されたハヤトロギアに関する論文は、主に二つの傾向に分けることができる。一つは、有賀自身の提唱したハヤトロギア概念そのものを精査する論文、もう一方は、ハヤトロギア概念を一つの契機とし、自身の関心や研究テーマと関連させて言及する論文である。言い換えれば、前者が有賀鐵太郎のハヤトロギア論の再考であり、後者がそれを応用した個別テーマの研究と言えよう。特に後者の場合、有賀のハヤトロギア概念を厳密に使用するというよりは、様々な文脈における聖書的・ヘブライ的論理、すなわち「ハヤトロギア的」なものの探究へと関心がシフトしている。以下、上記の区分を意識しつつ、論評していきたい。

1. 有賀鐵太郎の方法論

まずはじめに、水垣渉氏の論稿「有賀鐵太郎のハヤトロギアの構想、特質、及び問題点[5]」に沿って、有賀の研究の方法論について確認してみたい。水垣氏はこの論稿の冒頭で、「ハヤトロギアの構想の成立を跡づけつつ、ハヤトロギアの特質を再確認し、問題点をいくらかでも明らかにする[6]」とその目的を述べ、この言に従い、大きく二つの視点に分けて論を進めている。前半はハヤトロギアが考案されるに至った方法論の分析について、後半はハヤトロギアの内容の分析について扱われている。

水垣氏はまず、ハヤトロギアの構想の成立を跡づけるために、有賀の学問的方法の変遷について言及している。それは有賀の使用する「ハヤトロギア」という概念が、「ヘブライ的存在論」や「歴史的、動的把握」、あるいは「生成の哲学」のような一般化された非歴史的概念なのではなく、あくまで方法論の探究の過程で有賀が練り上げた歴史分析のための概念であることを示めさんがためである[7]。

有賀は、常に神学が学（Wissenschaft）として成立する条件を模索しつづけていた[8]。それは、啓示を対象とする従来の神学の方法では、学問的な客観性や普遍性を保ち得ず、常に教義（ドグマ）の押しつけになってしまうからである。内容の善し悪しはともかく、そのような神学は、教権による一解釈の強制に外ならず、そこに学的性格は存在しないと有賀は考えていた。教義はただ受け入れるものであり、疑い、検証する性格のものではない。そしてそのような教義に基づく神学（教義神学）は、もはや神「学」とは言えないのである[9]。このように考えた有賀は、神学の対象を啓示を受ける側、すなわち「人間的体験」に限定することで、理性的言語によるロゴス化の道を開こうと試みたのである（この場合、「啓示」は学的に反省可能な「痕跡」[10]として語られることになる）[11]。では、このように対象を限定した上で展開された有賀の方法論とは、一体どのようなものなのだろうか。水垣氏によれば、有賀のキリスト教研究は、「人格的共感的理解から神学的解釈学へ、神学的解釈学からキリスト教学へ」[12]という研究方法の推移として展開したとされる。

有賀はキリスト教を研究するにあたり、まずその思想を体現した一人格に着目する。それは、自らの信仰の立場を放棄し、諸学問の方法に依存してしまった近代神学に対する反省が彼の中にあったからである。この反省を元に、近代神学とは異なる方法を模索していた有賀は、神学が学として成立するためには、自らの信仰の立場から同様の体験をもった人格に共感して了解する、共感的理解による解釈学的方法が必要であると考えたのである[13]。

有賀の場合、オリゲネスやフィロン、イグナティオスがその共感の相手であった。有賀はこの共感的理解に基づく研究を「神学的解釈学」[14]と呼び、キリスト教の啓示的性格を保ちつつ、学的性格をも保持しうる神学を打ち立てることができると考えたのである。

有賀の考えたこの神学的解釈学の理解の対象は、まず第一に個々の信仰体験をもった「人格」である。しかし、過去にタイムスリップできない私たちにとって、その相手となる人格と直接交流することは、原理的に不可能である。それゆえ、対象となる人格を分析するということは、その人格が書き残したテクストを分析するということに他ならない[15]。

つまり、「神学的解釈学」とはテクストに現出する人格に共感し、その人格（テクスト）との対話を通して、この世にもたらされた啓示を解釈することなのである。しかし、この共感的理解に基づく啓示解釈は、ともすると解釈者たちの個々の体験や解釈基準に左右されてしまい、多様な啓示解釈を生むことになる。それはテクストに内包する意味の豊潤さの表われであると同時に、あらゆる解釈を承認する相対主義化の危険をも孕んでいる。そこで有賀は、相対主義という泥沼化を避けるために「キリスト教的体験たらしめるところの、啓示体験の基本的構造[16]」の解明へと乗り出したのである。

こうして、テクストに現出する人格への共感的理解から出発した有賀の研究は、次の段階として、その人格を形成するに至った思想的背景へと焦点を移すことになる。この変化はほとんど必然的に要請されたものであった。水垣氏が語るように、「共感的人格理解は、源を異にする複数の思想が互いに相交わり、緊張をはらんだ歴史的状況が現出するところで、キリスト者の人格はどうなるのか、という問題意識に至らざるをえな[17]」かったからである。キリスト教的人格を形成するに至った啓示の本質的構造、その性格、そしてその歴史的場を詳らかにすることが、次の課題として要請されてきたのである[18]。

この課題に対する有賀の回答が、かの「ハヤトロギア」であり、それに関連する諸々の概念群であった。「キリスト教における啓示の本質的内容が如何なるものであるかを学ぶためには、何よりも先ずキリスト教体験をその歴史の相において捉えて、その本質が何処にあるかを認識しなければなら[19]」なかったからである。

ゆえに、「ハヤトロギア」という概念は、有賀の歴史神学という一連の構想[20]の中で生まれた概念であり、従来の啓示を対象とした神学や、ギリシア哲学の言語を用いて語られるキリスト教思想の研究から発見されたものではなかった。そして、このような過程で生み落とされた「ハヤトロギア」という概念は、必然的に相対的な性格を持つ用語である[21]。有賀があえて「ハヤトロギア」という新造語を作り出したのも、それまでの神学やキリスト教研究において支配的であった「オンの論理」（オントロギア）と対置させることで、キリスト教思想に内在するもう一つの思想的傾向を明らかにしようと目論んだためであった。思想は、言葉（ロゴス）とその配置によって提示される。そして、言葉とその配置を制御する一連の思考の流れを人は論理（ロゴス）と呼ぶ。聖書に登場するヘブライ人たちは、彼らの世界認識をヘブライ語を通して表現し、ヘブライ語によって語ってきた。そして、彼らの世界認識が一つの思想を形成しているのであれば、そこには当然オントロギアとは異なった独自の論理が存在し、「それが論理である限りロゴス的に究明されなければならない」[22]という考えが、有賀の中にはあったのである。

この言語（言語空間）に基づく論理の固有性は、相異なる性格の論理構造と比較することで、よりはっきりとその特徴が浮き彫りにされる。そこで有賀は、「キリスト教学」という学的立場を自身の立ち位置として定め、キリスト教思想と「キリスト教ならざるもの」の思想との関係を考察することで、そこに内在する論理構造の比較を行ったのである。それは従来の近代的歴史観に基づいた歴史神学の枠を越えるものであった。

このような研究を経た有賀は、キリスト教学の中で見出した「緊張[23]（トノーシス）」概念を神学の学的根拠に据えることで、神学の学問的意義を提示するに至る。[24]つまり、有賀の中では、キリスト教学が神学の学的土台を提供するものとして、歴史的認識の知（緊張関係の分析）を提供する役割を担っているのである。そして神学は、キリスト教学の学的成果に基づき、聖書に記された内容[25]を神の啓示として無条件に承認（信仰）しつつ、「それらの事象の意味の内的また外的連関を求め、乃至はそれらから一つの体系を演繹する」[26]のである。なぜなら、「神学は、非合理的信仰によって受けとめられる啓示の事実をその出発点とするわけであるが、しかもその事実を事実として放置するだけではもとよりいまだ神学とはならない。それを啓示として承認しつつ、しかもこれについての理論的反省をすることによって初めてそれが神学となる」[27]からである。水垣氏は、この一連の学問的プログラムこそが、有賀の「最大の学問的功績」であると評価し、「ハヤトロギア」という奇抜な術語にのみ目を奪われるのではなく、その学的プログラム全体を通して評価すべきだと主張している。[28]では次に、そのプログラムの内実に迫っていこう。

2. ハヤトロギアと論理の中断

1で確認してきたように、有賀の研究はその明確な方法論に基づいて構想されたものであった。そしてこれらの研究の骨格を担っているのが、有賀の作り出したいくつかの新造語たちである。ここでは、その中で特に重要なものとして、「ハヤトロギア」と「論理の中断」という二つの術語について、先の水垣論文と勝村弘也氏の論稿「ハヤトロギアの批判的継承に向けて」[29]を参照し、触れておきたい。

勝村氏の論稿では、ハヤトロギアという概念を見い出すまでの有賀の道程を辿ることで、「ハヤトロギアが有する今日的意義」とその「学問的継承の可能性」の解明が目論まれている。[30]そのためこの論稿では、主に有賀自身のハヤトロギア概念の精査に紙面が割かれている。批判するにせよ、受容するにせよ、継承するためにはその内実と不足（欠点）を正確に理解していることが不可欠だからである。以下では、勝村論文で言及されている、文献学的な関心から行われるハヤトロギア概念の分析と、有賀の提示した「論理の中断」という弁証法的ロジックに的を絞り、有賀の著作を再度検証しながら言及してみたい。

(1) 文献学的視座から行われるハヤトロギア分析

勝村氏は先の水垣氏同様、ハヤトロギア概念が「オントロギアの対立概念としてキリスト教思想のもつ根本的な特質を明らかにするために導入された基礎概念[31]」であると指摘している。ただし、有賀自身が既に言及しているように、ハヤトロギア概念の導入は、単にヘブライズムとヘレニズムを対置することが目的だったのではない。その本意は、「両者の対比および関係について、もう一歩進めた考察をすること[32]」、そして「両者の対比をもっと内容的・実質的に闡明にするとともに、両者の正しい内的関係の可能性(33)を明らかにすることにあった。つまり、有賀の構想においては、ヘブライズムを独立したものとして検証することが目的だったのではなく、あくまでもヘブライズムとヘレニズムとの関係性を明らかにすることが第一の目的だったのである。それは有賀の関心が、あくまでキリスト教の思想史的起源の探究、あるいはキリスト教が「思想」をもつに至った構造の探究にあったからである。

ではこのような試みを始めるにあたり、有賀はどのような手順を踏んだのだろうか。歴史神学に携わる者としてその学的手続きを強く意識していた有賀は(34)、まず「神は存在それ自体（ipsum esse）である」という古典的命題の歴史的な形成の過程、すなわちその成立の経緯《いきさつ》について議論の焦点を絞っている。そして、この命題が孕む問題を言語学的、文献学的に実証可能な問題として捉え直し、議論の始点としている(35)。具体的には、出エジプト記三章一四節における神名啓示の一句、「エヒイェ・アシェル・エヒイェ（אהיה אשר אהיה）」というヘブライ語を、ギリシャ語の「エゴー・エイミー・ホ・オン（Ἐγώ εἰμι ὁ ὤν）」やラテン語の「エゴ・スム・キ・スム（Ego sum qui sum）」と翻訳して、ヘブライ語の原文の意味を正確に伝達できたのかという問題である(36)。有賀はこの問題を考察するにあたり、トーレイフ・ボーマンの主著『ヘブライ人とギリシャ人の思惟(37)』に依拠し、ヘブライ語動詞の動的性格と、その代表的事例であるハーヤー動詞の解釈に着目して、論を展開している。

①　第一に有賀が指摘しているのは、ヘブライ語における状態動詞の動的な性格である。概して、ヨーロッパ諸語の状態動詞は、静止の意味のみを表示するものである。たとえば、「座る」（sit down）という動作動詞と「座っている」（sit）という状態動詞は、異なる表現をもって言い表わされる。それに対し、ヘブライ語では、状態動詞の中に動的意味までもが同時に存在しているのである。つまり、先の例で言えば、ヨーシェブ（ישב）というヘブライ語動詞には、「座る」という動作としての意味と、「座っている」という状態としての意味が、同じ単語（この

例の場合、עמד）の中に同時に含意されているのである。有賀はこのヘブライ語の状態動詞の特性を根拠とし、ヘブライ人たちは「運動と静止とを互いに対立的なものと見ていない[38]」と分析している。

② 第二に有賀は、繋辞を必要としないヘブライ語の名詞文を取り上げ、be動詞を初めとしたヨーロッパ諸語との違いについて言及している。ヘブライ語では、繋辞となる存在動詞（be, être, sein など）を名詞の間に挟まず、ただ二つの名詞を並べることで、名詞間の内的関係性を表現することができる。たとえば、「私は主である（I am the Lord）」という意味を表わすのに、「私、王（I the Lord）」と表現するようなものである。有賀はこの名詞文の特徴について、「実質または内容の一致が主語と述語との間の同一性を確立する[39]」と分析している。

③ 以上二点のヘブライ語における特性を確認した後、有賀はヨーロッパ諸語で繋辞として機能している存在動詞の意味の問題へと話を進める。英語の be やフランス語の être、あるいはその源流であるギリシア語の εἰμι やラテン語の esse といったヨーロッパ諸語の存在動詞は、ただ「ある」こと（存在）のみを意味する。それに対し、ヘブライ語のハーヤー（היה）という動詞は、単に「ある」という「存在」の意味だけでなく、先の状態動詞のように、「成る」（become）や「生起する」（happen）といった動的意味までもが同時に含意されているのである。そしてさらに言えば、この動詞は、存在の意味よりも生成・生起としての動的意味の方が、より支配的な動詞なのである[40]。

これらの言語学的分析を踏まえた上で、有賀は出エジプト記三章一四節における神名開示の語源的解釈を行っている。「エヒイェ・アシェル・エヒイェ」（אהיה אשר אהיה）という神からモーセへの呼びかけを分析すると、エヒイェ（אהיה）はハーヤー動詞の一人称単数の未完了形、アシェル（אשר）は関係詞か接続詞として機能する単語ということが分かる。有賀はこの「エヒイェ・アシェル・エヒイェ」という表現の中に、ハーヤー動詞の持つ生成・

生起の意味を看取し、常に働きかける神、あるいは絶対的主体として働く神の有り様を読み取るのである[41]。有賀曰く、この働きかける者としての神理解こそ、「キリスト教思想の理解の上に極めて基本的・原理的意味を持つもの[42]」なのである。そしてこのような考察を経て、有賀は神名開示に見出されるハーヤー動詞の動的性格と、そのような言語的特性を持つヘブライ語、そしてそこから導き出される一連の論理（思考法・世界把握とその表現）を総称し、「ハヤトロギア（ハーヤーの論理）」と命名したのである。

以上が、神の問題を神名開示の言語学的側面からアプローチした有賀の解釈の要約である。しかし、この有賀の解釈が一から十まで正しいとは限らない。事実これらの有賀の理解は、文献学的に見ればいくつか問題点があると勝村氏は指摘している。それは、第一にボーマンの著書に過剰なまでに依拠した有賀のヘブライ語理解における問題[43]、第二にヘブライ的思考法なるものの文献学的裏付けの可否の問題[44]である。

第一のヘブライ語理解の問題に関しては、特に有賀の名詞文理解について言及されている。名詞文の特徴に関して、有賀は「ヘブライ語においては、このように主語と述語とが繋辞の媒介なしに結合しうる[45]」と説明しているが、勝村氏はこの有賀の見解を斥け、「そもそも主語と述語の関係で文を考察する方法が、ヘブライ語文の場合にはかなりの無理が生じる[46]」と述べた上で、現代言語学の分析方法の導入を推奨している（名詞文の問題は、第三章で扱う手島氏の論文においても、さらに別の角度から検証されている）。

第二のヘブライ的思考法の文献学的な裏付けの問題については、水垣論文、勝村論文共に、クラウス・コッホの研究を援用している。「二〇世紀のドイツ語圏におけるヘブライ的思考法に関する議論をリードしてきた[47]」コッホは、『「ヘブライ的思考は存在するか？」』という論文（の中）で、ヘルダーからジェームズ・バーに至るまでの研究史を概観[48]した上で、それまでの研究にはヘブライ的思考を全体として把握するための学的方法論が欠如していたことを指摘している。そして、ボーマンを含めコッホ以前のヘブライ的思考の存在を主張してきた諸学説は、「ヘブライ的思考の一部をもって（その）全体に代えるのではなく、その全体的配置関係を方法的に把握しなければならない[49]」と批判された。こうして、このコッホの指摘以後、ヘブライ的思考の存在をアプリオリなものとして無批判に受け入れることはできなくなったのである。

では有賀の場合はどうであろうか。水垣氏によれば、このコッホの批判は有賀自身のハヤトロギア概念には適用されないとされる。なぜなら、有賀のハヤトロギア概念はオントロギアやハヤ・オントロギアと一つのセットをなしている概念だからであり、またキリスト教思想の歴史的な発展過程という一連の流れを、一つの全体的な視座から捉えるのであれば、「相対的にヘブライ的思考の固有性は把握可能になる[50]」からである。つまり、私たちはこのハヤトロギア概念の相対性を認めた上で、「有賀が取り出したヘブライ的思考法なるものが、文献学的な裏付けをもつものであるかどうか[51]」という問題を追究していく必要があるのである。

(2) 論理の中断

このように、有賀が提唱したハヤトロギアという概念は、キリスト教思想の発展を歴史的に分析する上で導入された相対的な概念である。ただし有賀も指摘しているように、キリスト教はユダヤ教とヘレニズム的発想との単純な出会いから誕生したものではない。あくまでキリスト教の根底にあったのは、ヘレニズム的オントロギアとは異なる論理、ハヤトロギア（ヘブライ的思考法）であった。

さらに言えば、「ヘブライ的・キリスト教的思想のうちにオントロギアが入って来たとき、そのオントロギアはもはやギリシアのままのものではなく、その中に、むしろ、その底に、ハヤトロギアを持っているようなオントロギアとなったのである」[52]。有賀は、この純粋なハヤトロギアとも異なる、キリスト教思想の中に内在した二つの論理（思考法）の融合した状態を、「ハヤ・オントロギア」と名づけている。そして、キリスト教をこのハヤ・オントロギア構造へと向かわせた歴史的発端を「論理の中断」と呼んでいる[53]。

以下、有賀の描いたキリスト教思想誕生までの見取り図を確認しておこう。

有賀はまずヘブライ人の時間理解について触れ、オントロギア的な線状的・量的な時間理解とは異なる、質的な時間理解について紹介している。時間の質的な理解とは、時間に量的開きがある場合でも、出来事の質が同じであれば、その時は共に「今」として理解されるというものである。もし仮に、過去の出来事と同じ質の出来事が現在、そして将来起こったとしたら、それらの出来事は共に「今」の出来事として受け止められる。そして、そのような時間理解の中で生きてきたヘブライ人たちだからこそ、過去の祝福の約束（契約）と、未来における成就の期待（希望）とを同時に表現する思想、メシアニズム（メシア待望論）が誕生したと有賀は考えたのである。

このヘブライ人たちの中に生まれたメシアニズムという思想は、同時に終末論的性格[54]を持った思想でもあった。メシアニズムや終末論のような思想は、量的な時間理解からは決して生まれてこない発想である。なぜなら、量的な時間理解では原理的に初めと終わりを設定することができず、過去も未来も無限に延長可能なものとして把握することになるからである。現代の自然科学はこの時間理解に沿って展開されている。それに対し、質的な時間理解においては、その世界の捉え方（解釈体系）次第で、初めと終わりを設定することが可能である。

ユダヤ教内の終末論的メシアニズムは、セレウコス朝シリアによる強引なヘレニズム化政策や、エルサレム神殿での異教崇拝の強制などの艱難にあって、その精神は黙示文学の中へと引き継がれることになった。メシアによる救済と栄光の王国の建国という秘義について語るこれらの黙示文学は、当時のユダヤ人たちの間に民族主義的傾向を生み、政治的イデオロギーとして機能することとなる。有賀はこれを「民族主義的アポカリュプティク」と呼称している。そしてこの民族主義的アポカリュプティクは、紀元後の二度に亘るローマとの闘い結果、ユダヤ教内における思想的影響力を失い、以後ユダヤ教は律法解釈を主流とするラビ文学に基づいた宗教へと変化したとみた。

一方、当時のユダヤ教内には、このような民族主義的アポカリュプティクとは異なるもう一つのアポカリュプティクが存在しており、それがキリスト教の発生に関わったと有賀は考えている。それがイエスや洗礼者ヨハネの説いた「神の国」思想であった。この「神の国」思想の特徴は、愛の力による「神の国」の現在性と、その個人的・内面的志向性に力点を置いているところにある。有賀はこの「神の国」思想を、「実存的に純粋化された終末論（アポカリュプティク）としての『福音』（εὐαγγέλιον）」[55]、あるいはハヤトロギアの純化された形とみなし、民族主義的アポカリュプティクとは異なる終末論の有り様をそこに見い出している。

そしてこの二つのアポカリュプティクの違いは、両者の使用する「メシア」という言葉の意味の違いに端的に現れていると有賀は説明している。民族主義的アポカリュプティクの中で語られた「メシア」とは、権力を持ち、軍事的・政治的指導者として活躍する者という意味での「救世主」であった。それに対し、イエスが説き、そして体現した「メシア」とは、「愛による非暴力的抵抗、正義と愛とを共に貫徹する道としての受難を唯一の運命として受け取らしめる」[56]存在であった[57]。このようなイエスによって意味を一八〇度転換された「メシア」という言葉は、キリスト教が発生するまでの一連の「論理の中断」を示す好例であると有賀はみなしている。

そしてこの「論理の中断」が、イエスの十字架上での死（受難）において極致に達したことで、それまでのユダヤ教を支配していた民族主義的ハヤトロギアが粉砕され、「普遍的福音としてのキリスト教」[58]が生まれたとみている。ただし注意が必要なのは、この十字架上の死という出来事は、のちに思想となる原動力を孕んだものではあっても、それ自体はあくまでイエスの弟子たちの体験であり、思想それ自体として精錬されたものではなかったということである。言い換えば、イエスの十字架上での死を体験した弟子たちは、前言語的現場にその身を置いていたということである。

そこで有賀は、イエスの十字架上での死からキリスト教思想（キリスト教的ハヤトロギア）が出現する前に、一段階間を設けるのである。この間は「プネウマトロギア」と呼ばれ、聖霊体験・復活体験を思想化する上での核として提案されている。[59] 逆に言えば、このプネウマトロギア的要素を持たない思想は、たとえその他の点でキリスト教的要素・性格を持ち合わせていたとしても、それは非キリスト教思想であり、似非キリスト教思想でしかないのである。[60]

このように「論理の中断」は、ある一つの意味世界・言語空間において成立している言葉を再解釈し、新しい意味を与えることで生じるものである。[61] そしてそれは、単なる抽象的な思惟の中で完結する純理論的な事象ではなく、行為として言葉が体現されるところまでをも含む。中断するのはあくまで論理（言葉）の現場であるが、その作動因は前言語的現場（体験・行為）の領域にまで及んでいるのである。その点、ヘブライ語のダーバール（דבר）という語が、言葉と事柄を同時に含意する語であるのは非常に示唆的であろう。

ただし、体験や行為と一口に言ってもそのレベルは様々である。イエスの場合、それは生物にとって究極の行為、他者のための自らの死の選択であった。そしてそれは従来のユダヤ教における旧約解釈とは異なった新しい論理に従うものであった。この新しい言葉の解釈に従い、死を受け入れたイエスの行為は、結果としてそれまでの意味世界を破綻させる力を持ち得たのである。死の選択という行為が必ずしも世界や歴史に影響を与えるとは言い切れないが、イエスの場合は、その後の人類史を大きく左様する巨大な流れを生み出したのである。この歴史的事実は否定しようがない。

このように、有賀の考える「論理の中断」という論理は、キリスト教の教義や思想が生まれる前段階の状況を整理し、説明するための枠組みを提供してくれる。ただし、先のハヤトロギア概念同様、有賀の説をただそのまま鵜呑みにすることはできない。勝村氏は、論理の中断に関する一連の有賀の説明にもいくつか問題点があると指摘している。それは、第一に有賀が「論理の中断」をイエスの十字架における死と復活に限定して言及している点、第二にキリスト教発生以前のアポカリュプティクを単に民族主義的と分類している点、第三に紀元前後のユダヤ教を黙示文学と知恵文学の二系統に単純化して説明している点である。

詳しくは勝村氏の論稿を読んでいただきたいが、問題点を整理すると、第一の点については、旧約テクストおよび旧約の預言者たちの中には、すでに「論理の中断」という論理が働いていたということ、第二の点については、黙示思想の内実は一つの思想としてまとめられるほど単純なものではなく、単に民族主義的と性格づけるだけでは不充分だということ、そして第三の点については、有賀の想定した知恵の流れを汲むヘレニズム的ユダヤ教の存在は、現在では事実誤認だということである[62]。

とはいえ、このようないくつかの細かい修正は必要になるものの、有賀の提示した諸概念はいまだ有効なものであることを勝村氏は認めている。そして、これらのことを踏まえた上で改めて問うべきこととは、はじめに確認したように、その今日的意義と学問的継承の可能性がどこにあるのかという問題である。この問題に対して、今現在取られているアプローチは、次の二つの関心が主だったものであろう。一つは、勝村論文、そして次の手島氏の論稿で言及されている文献学的視点からのアプローチである。これはヘブライ的思考法、ヘブライ思想の独自性をどのように文献から実証することができるのかという問いの探究とも言える（この問いは、聖書学だけでなく、ユダヤ学やキリスト教学が協働して取り組む必要のある課題である。ユダヤ学に関しては引き続き3で取り上げた）。そしてもう一方のアプローチが、ハヤトロギアという概念の中に思想的意義を見い出し、それを発展させていく研究である。その一例を、4で扱う佐藤氏の論稿の中で確認してみたい。また後者のアプローチに関しては、本書に掲載されている諸論稿も併せて参照していただきたい。

3. 旧約的ハヤトロギアとラビ・ハヤトロギア

この節ではハヤトロギア研究の一例として、ユダヤ学の視点に基づくアプローチを確認し、ヘブライズムの学的分析の必要性を再考してみたい。というのも、キリスト教学の重要課題として、ヘブライズムの学的分析の必要性を訴えていたのは、他ならぬ有賀本人だったからである。有賀はこれまでの旧約研究のほとんどが、オントロギア的言語から分析された研究であったこと、旧約文学の中には独自の論理が働いていたことを認め、ヘブライ思想はあくまでヘブライ思想として研究されるべきものと主張していた。しかし、ヘブライズム、ヘブライ思想と一口で言っても、その内実は多岐に亘る。有賀はどのような意味でこのヘブライズムという言葉を使用していたのだろうか。また有賀のヘブライズムがある限定を想定したものであるならば、有賀の意図を越えて、どこまでパースペクティブを広げることができるのだろうか[63]。このような問いを念頭に、以下では手島勲矢氏の論稿「有賀流ヘブライズムとユダヤ思想——二つのハヤトロギアについて」を手引きとして、ヘブライズムの学的分析の必要性について確認していく。

⑴ ユダヤ学からのハヤトロギア概念考察の必要性

有賀はキリスト教思想史の起源を探究するにあたり、その当時主流派であったハルナックやヴェルナーなどの教理史理解に疑義を呈していた。というのも、二〇世紀のドイツ主導の聖書学やキリスト教関係の研究では、キリスト教の本質とユダヤ教の歴史背景を分離しようとする議論が盛んであり、ユダヤ的要素を排除することで、キリスト教の優越性を示す傾向があったからである。しかし有賀は、キリスト教の本質が、現代のユダヤ教と同根の旧約的ハヤトロギアにあることを見抜いていた（「破られざるハヤトロギア」）。キリスト教はユダヤ教のヘレニズム化による洗練（sophisticated）の末に生じた宗教なのではなく、「論理の中断」を挟んでいようとも、依然としてハヤトロギアがその主幹として機能している宗教なのである。[64] このキリスト教的ハヤトロギア、すなわちプネウマトロギアは、それまでのユダヤ教とキリスト教とを繋ぐ結節点であると同時に、両者を区別する分離壁でもある。そしてキリスト教思想は、この同質性と差異性を抱えつつ、オントロギア的思考と出会うことで、その教義・教理形成の道を歩むこととなったのである。

だが、一方でこの旧約的ハヤトロギアは、依然としてユダヤ教の中でその命脈を繋いできた。[65] 手島氏は、キリスト教思想の中に残った「破られざるハヤトロギア」（プネウマトロギア）を究明するためには、ラビ・ユダヤ教に引き継がれたもう一つの「破られざるハヤトロギア」についても考察する必要があると主張している。[66] つまり、ユダヤ学の視座から有賀のハヤトロギア概念を再考する場合、キリスト教における不連続の連続性と、ラビ・ユダヤ教における旧約的ハヤトロギアからの連続性という、二つのハヤトロギアを意識して考察する必要があるということである。

前者は「論理の中断」によって、そのアイデンティティを大きく変えたが、後者は多少の変化はあれど今日に至るまでその一貫性を保ってきた。この連続性、ないし不連続性を実質的に規定してきたのが聖書テクストである。ユダヤ教では伝統的に、ヘブライ語原文の聖書をその信仰の基礎に据えてきた。一方、キリスト教においては、ヘブライ語原文をギリシア語に翻訳したセプトゥアギンタを旧約理解の根拠としてきた。翻訳とは、単に対応する単語を他言語に置き換える一対一の置換作業ではなく、翻訳者の解釈が必然的に介入する創作行為である。それは言ってしまえば、別の作品、別のテクストを生み出すことに他ならない。

そしてなにより、使用するテクストの違いは、「異なる言語の二つの聖書解釈の場の発生[67]」を意味している。一方はギリシア語のテクストを使用し、ギリシア語でヘブライ的伝統に基づいた聖書を解釈したのに対し、もう一方はヘブライ語のテクストを使って、ヘブライ語で解釈した。このような二つの言語場において、旧約的ハヤトロギアはそれぞれオントロギア的思考と交流することとなったのである[68]。その結果、前者のキリスト教では、この旧約的ハヤトロギアがイエスの受難による「論理の中断」を契機とし、ハヤ・オントロギア構造を持つようになった。一方、後者のラビ・ユダヤ教では、サアディアやガビーロール、マイモニデスのようなアリストテレス受容者が登場したとは言え、ユダヤ教全体においては、基本的にオントロギア的言語が支配的になることはなく、あくまでも対立項として対置される存在に止まったのである。

この二つの言語場、解釈空間における二つの「破られざるハヤトロギア」の系譜の探究、すなわちキリスト教とラビ・ユダヤ教の思想研究は、有賀のハヤトロギア・プロジェクトをさらに発展させる可能性を有した道の一つであろう[69]。

(2) ユダヤ学からのヘブライ語理解

では、具体的にユダヤ学はハヤトロギア研究にどのような貢献をなしうるのだろうか。その一例として、手島氏は有賀のヘブライ語理解に言及している。すでに2でも確認したように、有賀のハヤトロギア概念は、ヘブライ語の特性を始点として論じられたものであった。だがその際、有賀が分析の対象としていたのは、旧約聖書の中に登場する聖書ヘブライ語のみであった。それは有賀がキリスト教学者として、キリスト教思想の起源の探究を研究の中心に据えていたからであり、キリスト教成立以後のヘブライ語に関しては、彼にとって副次的産物にすぎなかったためであろう。[70]

しかし、その言語的特性を根拠にヘブライ的思考法なるものを説明するのであれば、キリスト教成立以後のヘブライ語についても、共通してその傾向を看取できねばなるまい。そのように考えると、聖書ヘブライ語以後のヘブライ語、すなわちラビ・ヘブライ語にも検証の手を伸ばし、ヘブライ語という言語の特性について、いま一度考察しなおす必要があると思われる。[71] 以下では、この点に関する例として、手島氏の言及しているハーヤー動詞の名詞文問題を略述しておきたい。

手島氏は先の論稿の中で、有賀やボーマンがハーヤー動詞を考察する際に、時制の問題と名詞文の問題を切り離して考えていることに問題があると指摘している。

> この「ハヤー」動詞の考察で「時制」の問題と名詞文を切り離したことは、ヘブライ的思考とギリシア的思考の関係を考える上で、致命的に思える。もしボーマン他の旧約学者が「ラション・ミシュナー」にも視野をひろげ、そのミシュナー・ヘブライ語文法の視点からも「ハヤー」動詞の用法を追求していたなら、「ハヤー」動詞の時制の問題と名詞文の問題（繋辞の欠如）が切り離せないことは彼らにも明白だと思えるが、聖書ヘブライ語文法のみに注意を限ると、ヘブライ人には時制の観念がないという判断に引き寄せられやすくなる。[72]

ボーマン自身は、当時の神学やセム学において蔓延していた、ヘブライ語動詞には時制がないという「先入観(Dogma)」には組していないものの、「セム語の時称観念は多くは現象を動作の完了、未完了の観点のもとにみるがゆえに、三つの時間領域（過去、現在、未来）をもつインドゲルマン系の言語の構造とはもともと異質的である」[73]と考え、あくまで両言語における時間の捉え方の差異を強調している。だが実際は、ヘブライ語でもアスペクトの違いを表わす完了形（接尾辞形）と未完了形（接頭辞形）を用いて、過去形と未来形のテンス（時制）を表現している（もちろん例外はある）[74]。

手島氏はこのことを踏まえ、時制の問題で重要なのは、ヘブライ語に「現在」を表現する繋辞がないことであると主張している。ヘブライ語は他の欧米諸語と異なり、存在動詞を繋辞として挿入することなく、二つの名詞を接続できる（名詞文）ことは既に言及した。このような名詞文という形での現在の表現や、アスペクトがテンスをも表現しているといった傾向は、聖書ヘブライ語がラビ・ヘブライ語へと移行していく過程で、より明瞭になっていくと手島氏は説明している。特にラビ・ヘブライ語以降、ヘブライ語では名詞文以外での現在を表現する際に、分詞の形で現在形を表現しており、形容詞や名詞のように性数の区別を示す語尾をつけて区別するようになる。例えば「学ぶ」という動詞は、לומד（男性単数）、לומדת（女性単数）、לומדים（男性複数）、לומדות（女性複数）といったように、分詞の接尾辞を付けることで性数を区別する。

手島氏はヘブライ語におけるこのような文法的特徴から、「動詞を伴わない名詞文と動詞を伴う文の対照に時制のエッセンスがある」[75]と考え、そのような名詞文に表われる現在の表現法を「ヘブライ的現在」[76]と名づけている。そして、この「ヘブライ的現在」の文法的表われである名詞文の考察が、有賀やボーマンのような、動詞主体のヘブライ語分析よりも重要になってくると主張している。

このような考察は、聖書のみならず、ラビ文献を元にヘブライ語文法を分析した結果、明らかになったものである。この一例からも分かるように、有賀が志した「ヘブライズムの純粋に学的分析」を一層押し進めるためには、有賀の想定する枠組みを越えて、より広範な視座から追究していく必要があるだろう。

コッホが主張したように、キリスト教発生以前に遡及して、ヘブライ的思考法なるものを単独で抽出することは、ほとんど不可能かもしれないが、キリスト教発生以後の二つの「破られざるハヤトロギア」を比較することで、「ハヤトロギア的」なるもの（ヘブライ的思考法）を何らかの形で抽出することはできないだろうか。これは今後の課題であるが、具体的な出発点の一つとして考えられるのは、手島氏も指摘しているように、ユダヤ教の聖書解釈とユダヤ思想のヘブライ語文献の研究であろう。キリスト教はハヤ・オントロギア構造のもとで聖書を解釈してきたが、ユダヤ教はそれとは異なる視点から聖書を解釈してきた。ミシュナやタルムード、あるいは各種アガダーをはじめとする膨大なラビ文献を精査・検討し、古代から現代に至るまでのユダヤ教文献の研究が今後の課題になると思われる。(77)

4. ハヤトロギア研究の思想的意義

最後に、有賀のハヤトロギア研究の継承可能性として、その思想的意義について触れておきたい。とはいえ、有賀の用いたハヤトロギアという概念は、上記で確認してきた通り、本来オントロギアやハヤ・オントロギアとは切り離せない概念であり、ヘブライ的思考法なるものを単独で論じることは、歴史的、文献学的には困難なものであった。あたかもヘブライ的思考法なるものがアプリオリに存在していると考え、それを前提に何かを語ることは、観念の遊戯になりかねない。それゆえ、オントロギア（ギリシア的思考）とは異なる、ハヤトロギア（ヘブライ的思考）なるものを西洋思想史の中に見出すためには、まずは西洋思想史に内在するハヤトロギア的な要素・性格を持った主題を、個々に浮き彫りにする必要があるだろう。西洋思想史がキリスト教思想史とほとんど不可分な関係にあるからには、そこで語られてきた概念・言葉はオントロギア的要素だけでなく、ハヤトロギア的要素もが綯い交ぜになったハヤ・オントロギア的概念・言語のはずだからである。

佐藤啓介氏の論稿「二十世紀フランス哲学とハヤトロギア？――神と存在の関係をめぐる問いの変貌[78]」は、その意味で「存在」という言葉に内在する、ハヤトロギア的性格を明るみに出そうとする試みである。より範囲を絞って言えば、現代フランス哲学とハヤトロギア概念の接点を探る試みと言えよう。

だが佐藤氏は、この問題設定を真っ正面から取り組むことはできないと語っている。なぜなら、そもそも現代フランス哲学の現場には、有賀のハヤトロギア概念を直接に引用、言及している事例（テクスト）がほとんど存在しないからである。佐藤氏はそのような事実を指摘した上で、有賀の問題設定の中心にあった「神と存在の関係」の問題に論点を移している。つまり、「神と存在との関係が、フランス哲学でどのように問われてきたのか[79]」という問いへと主題を変換し、その問いの変化の歴史を記述することで、ハヤトロギア概念との架橋を成そうと試みているのである。それゆえ、この論稿は全部で五つのセクションに分かれているが、最初の四つのセクションはハヤトロギア概念に関する直接的な考察ではなく、「神と存在」についての哲学史的な考察となっている。以下、簡単に要点をまとめておこう。

佐藤氏は、現代フランス哲学における「神と存在の関係」の問題が、ハイデガーによる存在神論批判の提唱前後で大きく変化したと考え、エティエンヌ・ジルソン、マルティン・ハイデガー、エマニュエル・レヴィナス、ジャン・リュック・マリオンの四人の思想家の思想を取り上げている[80]。

① 一人目のジルソンの思想は、ハイデガーによる存在神論批判が提唱される以前の代表的事例として扱われている。佐藤氏の狙いは、ジルソンとハイデガーがそれぞれ何を主題とし、問題として考察してきたのかを整理する

ことで、ハイデガー以後の思想史におけるパラダイムの変化、差分を明確にすることにある。

ジルソンはその主著『中世哲学の精神[81]』の中で、トマス・アクィナスの神観を用いて、「存在」概念を「神」の本質とみなしている。そして佐藤氏によれば、これが「二〇世紀前半のフランス哲学における、神と存在の関係をめぐる定式的な問い方[82]」であったとされる。このジルソンの想定した「存在＝神」とは、自存的・能動的な働きを持ち、かつ諸存在を存在せしめる第一原因として神を理解する神観のことである。このようなジルソンの神理解により、「確かに二〇世紀前半のフランス哲学においては、神と存在という問題系に関して、神の本質としての『存在させる働き』という方向へ考察する道筋が開かれていた[83]」のであった。

②　しかし、ジルソンが提示したこの存在と神を同一視する発想は、二〇世紀後半、ハイデガーによって批判されることになる。ハイデガー曰く、ある存在者Aを思惟する場合、存在者Aとは異なる別の存在者Bとの差異を把握することによって、Aという存在者は思惟されうる。つまり、差異がなければ、私たちは存在者を思惟することができないのである。そして、これらの差異を前提に思考される存在者を根拠づけているもの、それが「存在」である。
ハイデガーは、この「存在者」と「存在」の違い、「である（essence）」と「がある（existence）」の違い（存在論的差異）が、いつのまにか西洋思想史の中で忘れられてきたと指摘し、この差異が忘却されたまま、「存在」という概念が「神」という言葉と結びついたことで、さらなる混乱が生じたと考えたのである。すなわち、存在論的差異を忘却した後の西洋思想史では、あらゆる存在者の最も優れた者（創造する神という最高存在者）を「神」と呼ぶと同時に、あらゆる存在者の根拠（第一原因）をも、「神」と呼ぶようになったのである。つまり、本来異なる存在論的次元の言葉が、「神」という言葉の中で同時に結びつけられたのである。

このように、ハイデガーが存在論的差異を無視した神理解（存在神論）を批判したことで、それ以後の思想史では、「（存在者を存在させる）普遍的な働きとしての存在と、（様々な存在者のうちで）最高かつ究極的なものとしての神とを結びつけて思惟することが禁じられ[84]」ることとなったのである。

③　ここまでは、フランス現代思想における「神と存在の関係」の問題を考える上での前提条件の確認である。本題はここからとなる。先のハイデガーによる存在神論の批判以後、「神と存在の関係」の問題系が大きく転換したのは、レヴィナスその人においてであった。レヴィナス自身が言及している通り、ハイデガーとレヴィナスの違いは、「一切の意味の起源」をどこに見出すのかという問題に収斂される[85]。つまり、「存在」を意味の根拠とするハイデガーに対し、レヴィナスは「神」に意味の最終的根拠があると考えたのである[86]。佐藤氏によれば、このレヴィナスによるハイデガーとの訣別が、フランス現代思想史における、神の問題それ自体への探究の始まりであるとされる。「図式的にいえば、ジルソンにおいて結ばれていた存在－神－論のハイフンの引き離しがハイデガーによってなされ、その次に、存在側に優位を認めてそちらに思惟を従わせるか（ハイデガー）、神側に優位を認めてそちらに思惟を従わせるか（レヴィナス）、その決定的な選択がここでなされたのである[87]」。

では、レヴィナスの考える意味の根源、すなわち「神」とは、どのように規定されているのだろうか。一体何がレヴィナスにそのような発想をもたらしたのだろうか。意味の根源とは、意味がどこから生まれてくるのかということである。レヴィナスはこの意味の生まれ故郷を、自己（〈同〉）と他者（〈他〉）との倫理的関係の中に見出している。

哲学の伝統においては、倫理は、第一義的なものと断定された存在論の層に覆い被さるような層としてつねに捉えられてきました。ですから、倫理はただちに〈同〉と係わり、自己と同一的なものと係わることになります。しかし倫理は、世界や存在や認識や〈同〉や〈同〉の認識とは係わらないようなある意味をもたらすのではないでしょうか。ある超越をもたらすのではないでしょうか。（中略）なぜなら、認識するということそれ自体、他なるものへと超越することであり、〈同〉から〈他〉へと赴くことだからです(88)。

〈他〉とは、〈同〉には回収されず、比較や共時化の不可能な存在を指すが、レヴィナスはこの倫理的関係の中に、西洋哲学を支配してきた存在論的な合理的思考、認識論的な世界把握とは別の思考を見出そうとしている。佐藤氏は言及していないが、この存在論的な合理性と倫理的関係（存在を超えた思考）を対比しているレヴィナスの言明の裏には、ある種のハヤトロギア的考察があったのではないかと筆者は考える。以下でその根拠を述べたい。

同等なものとの関係はギリシャ的なものです。しかしながら、私は話している、それとは別の関係について話しているわけですから、ギリシャ的なこの合理性、同等なもののこの合理性は、それを相対化しようとする言説そのものによって要請されていることになります。存在の彼方をめぐってここで展開されようとしている言説は整合的なものたらんとしているのです(89)（傍点筆者）。

「それとは別の関係」、あるいは「相対化しようとする言説」とは、レヴィナスがオントロギア的思考と対置している何ものかである。そしてその言説はあくまで「整合的たらんとしている」ものだとレヴィナスは言う。このギリシア的な言説とは別の言説とレヴィナスが言う時、一体彼は何を想定しているのだろうか。引き続きレヴィナスの言葉を追ってみよう。

> ギリシャ人たちにとっては、言説は意味が伝えられ、明確化される場でありましたが、それはまた、意味が思考する者にすでにして提示されているような場でもあります。言説のこのような整合性のなかで、思考それ自体が思考されるのです。まず思考があって、ついで言説があるのではない、思考そのものが言説をはらんでいるのです。（中略）西欧の伝統にとっては、言語的表現が意味としての意味にとって重要なものでした。言語がなければ意味はないのです。そして、この意味としての意味は存在の現出なのです(90)。

『聖書』の神は意味を持たない、つまり厳密には思惟不可能である、と主張することは可能である。これも選択肢のもうひとつの極にある考え方だろう。「神の概念は疑わしい概念であるのではなく、そもそもまったく概念ではないのである」とデロム女史は近刊のなかで書いている。彼女は、「アブラハム、イサク、ヤコブの神」の超越を、思惟のために必須の概念のうちに数え入れることを拒否する哲学的合理主義の高貴な血統を継承する立場からこう述べているのである。『聖書』があらゆる理解の上に置くものは、知解可能性の敷居にまだ達していないかったらしい。

それゆえ問題は次のように立てられ、それがこれから先の私たちの問題となるだろう。意味は存在の「存在すること」と等しいのか。別の言い方をすれば、哲学において意味であるとされている意味とは、すでにして意味の限定ではないのか。それは意味の派生物あるいは意味からの漂流ではないのだろうか。本質（essence）——すなわち存在の武勲詩、存在としての存在——と等価であるような意味は、現前——「同一なるもの」の時間——のうちにとりこまれているのではないのか。この問いに「然り」と答えるためには、条件づけられた意味から出発して、存在の用語法によっても、存在者の用語法によっても語られ得ないようなある意味に遡及することが可能でなくてはならない[91]（傍点筆者）。

なぜ意味と現れることとの融合があるかと言うと、提示しつつ定立し、そのようにして顕示するとき、すでに存在が介入しているからです。そのため、すべての意味は臆見的なものであるかに見えます。けれども、臆見に反する逆説的な（para-doxal）意味（つまり、臆見的措定ならざる意味）をも語ることができるのではないでしょうか。

言い換えますと、問いとして言語を考えなければならないだろう、ということです。問いそのものは欠損した肯定ではないか、とお考えの方もあるかもしれません。ですが、問いかけるとき、私は肯定することより以下のことしかしていないのでしょうか。問いとはただそれだけのものなのでしょうか。ギリシャ思想にとっては、そうでした。問いはより少ないものなのです。問いは定立される――答えに向けて定立されます。しかし、問いは欠損した肯定にすぎないのでしょうか。（中略）存在論的なこの優位を問いただすことは、哲学に抗して哲学的に立てられる問いであります。私たちが意味のいまひとつの源泉を探すとき、この問いは、哲学を排斥しないよう私たちにも強いているのです。（中略）現代哲学は、臆見的措定とは異なるものを探究すると同時に、それが話すものである限りにおいては、依然として哲学しているからである[92]（傍点筆者）。

レヴィナスはまず、西洋哲学が想定している「意味」という言葉自体に、すでに存在概念（オントロギア）が侵食していると考える。それはギリシャ人たちの生きた特殊な言語空間、「意味が思考する者にすでにして提示されているような場」で考えられた「意味」である[93]。そしてそのような「意味」とは、存在の現出を前提とした「意味」だという。レヴィナスはこのような「意味」理解に対し、「意味は存在の『存在すること』と等しいのか。別の言い方をすれば、哲学において意味であるとされている意味とは、すでにして意味の限定ではないのか」と問いかける。言い換えれば、オントロギア的言語空間で語られる「意味」に対し、それが普遍的な「意味」理解ではないと指摘しているのである。

レヴィナスはその上で、「存在の用語法によっても、存在者の用語法によっても語られ得ないようなある意味に遡及する」ことを目指す。その際、彼が念頭においているものこそ、聖書であり、聖書の生み出した言語空間であり、聖書の神であった。

つまりレヴィナスは、「意味のいまひとつの源泉」、すなわち倫理的関係に基づく「存在を超えた思考」の所在を聖書の中に求めたのである。そしてこの聖書の中に働く思考法、世界認識を総じて有賀はハヤトロギアと呼んだ。筆者はここに有賀とレヴィナスを繋ぐ接点があるとみる。たとえば、「哲学に抗して哲学的に立てられる問い」というのは、ギリシア的哲学（オントロギア）、すなわち存在を措定させる哲学に対して、ロゴス的に立てられる問いということである。あくまで哲学の土壌で「意味のいまひとつの源泉」を求めたレヴィナスのこの態度は、ヘブライズムをロゴス的に究明しようとした有賀の思想と呼応している。

また上記の引用における「問い」の重要性の喚起は、ユダヤ的思考を意識してのものと考えられる。レヴィナスは随所でユダヤ教のタルムードにおける「問い」の重要性を論じてきたが[94]、それらはみなオントロギアとは異なる「意味のいまひとつの源泉」を探し求める過程と言えるのではないだろうか。「問いとは好奇心から人間が発する問いかけではなく、存在が問いただされるその仕方であり、存在が底なしの深淵、基礎の不在と化す仕方[95]」なのである。問うこと、それはオントロギア的言語空間で固定化された意味（自己同一性）を解体し、超越（神、絶対他者）へと至る道なのである。

④　この「存在」よりも「神」を優先させようとするレヴィナスの問題設定を引き継ぎ、一層徹底化させたのが、フランス現代思想の旗手ジャン・リュック・マリオンであった。佐藤氏曰く、マリオンの考察は「神と存在の関係をめぐる思索の、一つの到達点を示すもの[96]」である。もちろん、それはマリオンがそっくりそのままレヴィナスの思想を受け継いだという意味ではない。レヴィナスは他者を志向する「意味の源泉」を探究する過程で、絶対他者である「神」について考察した。それに対しマリオンは、「他者」や「倫理」といった概念を核とするレヴィナスの神論とは別の地平から、「神」の問題を考察したのである。

マリオンはまず、ハイデガーの指摘した通り、存在と存在者の違いを正しく理解した上で、出エジプト記の形而上学を考え直す。その結果、そこに記述されている「神」は、テクストに従う限り、最高の存在者ではあるが、あくまで他の諸存在者と同じように、一存在者として理解されてしまう神という結果が導かれる。そして、そのような神は、「存在論的に世界に従属」した神となってしまう。ゆえに、マリオンは、神と（存在者の）世界との隔たり（distance）を強調するのである。なぜなら「神を存在者として考えるや否や、神は世界に存在論的に従属し、神と世界との隔たりが埋められてしまう[97]」からである。こうしてマリオンは、存在から自由な神として、存在という様態のもとにいない神という意味で、「存在なき神」という定式を掲げることになった[98]。

佐藤氏は、このような神と存在の関係を切り離したマリオンにおいて、「『ある』という問題系から、フランス哲学の神論は回復不可能なまでに切り離されたのは間違いない[99]」と分析し、その上で、有賀のハヤトロギアとマリオンの神論を峻別している。

しかし、この場合の「ある（存在）」とは、結局のところオントロギアの文脈で語られた「ある（存在）」なのではないだろうか[100]。有賀のハヤトロギアとは、「存在」（ト・オン）を働きとして捉え、ハーヤーをト・オンのような万物の基底、根拠とみなす別形態のキリスト教的存在論なのではない。聖書の中では「神が働く（ハーヤーする）」

ということ、聖書に記述されている神はハーヤーする神であるということを指摘するものである。[101] それゆえ、ハイデガーが論じた「存在」は、決して有賀の語るハーヤーとイコールではないし、その系譜の上でレヴィナスやマリオンが使用している「存在」概念もまた、ハーヤーではない。

フランス現代思想は、「有賀がキリスト教的存在論として提唱したハヤトロギア的思惟に帰着するのではなく、存在論的差異を正当に理解するがゆえにこそ、存在論から切り離して神を問う思索へとベクトルが向かっていく[102]」と佐藤氏は指摘しているが、筆者としてはむしろ、有賀、レヴィナス、マリオンは同じ地平に向かっていたのではないかと考える。問題は神が何であるかを語ることではなく（これは否定神学にしかならない）、聖書の中で神はどのように語られてきたのかという点にあるのではないだろうか。レヴィナスと有賀の次の言説を見比べて欲しい。

> もし神がなんらかの意味を持っている限り、哲学的言説は神──『聖書』が語っている神──をも包摂することができなければならない。しかし、思惟されたものであるこの神はただちに「存在の武勲詩」の内部に位置づけられる。神は存在者の最たるものという資格でそこに場所を占めることになる。『聖書』の神の知的理解──それが神学である──が哲学的思惟の水準に到達しないのは、神学が、「この存在者の存在」をあらかじめ明示することなしに、神を存在者として思惟するからではない。そうではなくて、神を主題化することを通じて、神学が神を存在の歴程のうちへと導き入れてしまうからなのだ。しかし、それにもかかわらず、『聖書』の神は、実に奇妙な仕方で（つまり諸基準の検査を経た観念とのアナロジーなしに、真実か虚偽かの査問にかけられた観念とのアナロジーなしに）存在の彼方、すなわち超越を意味する。そして、西欧哲学の歴史が超越の破壊であったことは偶然ではない[103]（傍点筆者）。

このことは今日学問的批判を受けて然るべきものであって、ヘブライ的思想系統を正しく評価しようとするなら、オントロギアを神概念に持ちこむことは極力警戒されなければならない。一切を有らしめるものは、みずから先ず「有らんとする意志または力」であるとは言えるだろうが、ただ絶対的に有るということだけでは、そのことは説明できない。「わたしはハーヤーする」（エヒイェ）と「かれはハーヤーせしめる」（ヤハウェ）というハヤトロギア的表現は、オントロギアに翻訳されえないものであって、強いてそれをしようとすれば、それの力は失われる。神と呼ばれる存在がまず有って、その神が一切を無から創造したという思弁ではなく、「有らしめられて有る」ことの自覚を原点として、一切を有らしめ、かつ生起せしめる力との精神的・人格的かかわりを辿ることこそが、ヘブライ的キリスト教的思索のおもむくべき道である[104]（傍点筆者）。

聖書において、神は「存在」（ト・オン）としては記述されていないが、神は「ハーヤーする」ものとして描かれている。マリオンの思想がある種の神学化をなしているのも、このハーヤーする神を語るにはオントロギア的言語ではなく、ハヤトロギア的言語が必要だからであろう。そしてこれが、レヴィナスの言う「哲学への神の到来」だと筆者は考える[105]。

5. むすびにかえて――「なぜ今ハヤトロギアを再考するのか」――

以上、四つの論稿を取り上げ、ここ数年のハヤトロギアに関する国内での研究事例を見てきた。すでに冒頭で言及した通り、その問題意識やアプローチの仕方は、研究者ごとに異なっており、ハヤトロギアの研究は、今後も様々な角度から掘り下げられていくだろう。最後に蛇足かもしれないが、「なぜ今ハヤトロギアを再考するのか」という問いについて、私なりに回答してみたいと思う。

私事ではあるが、二〇一四年八月三日から九月二六日までの約二か月間、エルサレムにあるヘブライ大学のウルパン（語学研修）へ参加してきた。折しも、出国の三週間前からイスラエルとハマスによる内紛が激化し、多数の死傷者を出していた時節であった。度重なる停戦提案とその破棄の繰り返しの後、最終的に停戦合意が達せられたのは八月二六日のこと、その間、パレスチナ側の死者は二千人以上、イスラエル側の死者は約七〇人であった。ここでパレスチナ問題に関する筆者の浅薄な知識を披露するつもりはないし、単純に死傷者数の多寡でイスラエル側を非難するつもりもない。

ただ一つだけ指摘しておきたいのは、ある人種・ある民族・ある宗教だからといって、みながみな一律に同じ思想や考えを持っているわけではないということである。殊更指摘するまでもない当たり前のことであろう。しかし、ともすると私たちは直接面識のない人々を国、人種、宗教、職業、所属組織などの印象だけでレッテルを貼り、一緒くたにまとめて理解することがある。おそらくそれは、紋切り型の言明の方が自分にとって楽だからであろう。断言することで人は自分の言葉に酔い、安心するのである。

しかし、それは同時に、他者に相対することへの恐怖の裏返しとも言えるのではないだろうか。人は異質なものに出会ったとき、それらが自己世界へ浸食してくることを怖れ、多かれ少なかれ不安、恐怖、怒り、嫌悪感を抱く。それはある種の防衛反応であり、自己の世界を保持しようとする抵抗の現れである。ここで言う自己の世界（レヴィナスの言う〈同〉）とは、自己を形成してきた言葉の集合、意味世界のことである。そこに「他者」という異質な意味の浸食が始まると、人は様々な形を通して抵抗するのである。[106]

この自己の意味世界と他者の意味世界のせめぎ合いは、観念的なものから身体的な抗争に至るまで、人間の生のあらゆる領域に存在している。それは《コミュニケーション》のような毒抜きされた無彩色な響きの言葉とは異なり、もっと泥臭く、血生臭い、ある種の動物的なものとして私たちの前に現れてくる。ロゴスは人間と動物とを分つ境界線のように語られることがあるが、むしろ、言葉と言葉、意味と意味との闘争の場においてこそ、人間は最も動物的だと言えるのではないだろうか。

このような闘争を引き起こす他者に対し、自己は己の意味世界を秩序づけ、理性を駆使して安定した言語世界を作り出そうとする。この理性をその働きから「構成的理性」と呼びたい。この構成的理性によって把握される「意味」とは、同一性に基づき「存在」を定立・措定したものである。すなわち、オントロギア的な存在理解に基づく「意味」である。[107]

では同一性に基づき「存在」を措定することの何が問題なのか。それは同一性の外側に存在するもの、意味を共有していない者、〈他〉なる存在を、異質なものとして排除対象とするか、あるいはその同一性の中に強制的に組み込む性格を持っている点にある。

特に、この構成的理性による排除・吸収は、権力と結びついたときにあからさまな形で引き起こされる。個人であれ、組織であれ、力のある者が作り出した意味世界は、力をもたない〈他〉なる存在を組み込もうとする〈権力への意志〉。それは、自身の言語空間に他者を取り込むということ、自身の論理の中に他者を従属させるということに他ならない。そして、特定の意味世界に取り込まれた他者は、もはや本物の「他者」ではなくなり、誰かの自己の一構成要素になってしまうのである。このように、構成的理性によってのみ人間を理解し、語ろうとすることは、「他者」の消失を必然的に招くものなのである。

現代はこの構成的理性に基づく人間理解をもとに発展してきた時代であり、多くの現代人は科学至上主義に囚われて生きている。ただし、誤解すべきでないのは、構成的理性は正しい対象に、正しい使い方をすれば、決して悪いものではないということである。科学技術は運用の仕方を誤りさえしなければ、その価値は正当に評価されるべき素晴らしい人間の営為である。しかし、この科学技術を基礎に据えた現代文明は、喩えるならば舵を失い暴走する船のようなものになりつつある。舵が正常に作動していれば、船はその本来の目的通り、人を遠い世界へと連れて行ってくれる。しかし、舵が効かなくなった船は、タイタニック号が如く氷山にぶつかり、海の藻屑となってしまうだろう。このような問題に対し、レヴィナスはハイデガーを受けて、現代技術と存在神論の関係を指摘している。

存在についての思考に代えて存在神学を立てるこの同じ動きは、相次ぐ忘却をへて、ある学に行き着くことになります。諸存在者にしか注意を向けない学で、それは、諸存在者を自分に仕えさせ、それらを制覇し、自由に操り、諸存在者に対する権力を追求します。こうして、この運動は権力への意志に逢着するのです。それは技術に直面することになるのです。神の死に行き着いた形而上学の終焉や技術の世界の危機は実は、存在神学の延長線上にあるものなのです[108]。

レヴィナスに限らず、二〇世紀中頃から技術に対するこの手の警鐘が多くの思想家たちによって発せられてきた。しかしながら、未だその声は小さな囀《さえず》りにすぎず、巨大な権力の蛮声に掻き消されてしまっている。宮本氏はこの巨大な権力を経済、技術、政治の三位一体である「エコノ＝テクノ＝ビューロクラシー」と呼び、レヴィナスに倣って、その根底に存在神論がイデオロギーとして伏在しているとみる。そして、私たちが乗る船の舵を正常に舵取りするためには、この存在神論の核となるオントロギア的存在理解を転覆させる必要があると主張している。

では、どこにオントロギアとは異なる思考の根拠を見出せばよいのだろうか。その一つの道は、レヴィナスが示した論理に先立つ「倫理」の層にあるのかもしれない。

倫理とは言い換えるなら、存在神学のひとつの層ではなく、存在神学よりも古いなにかであり、倫理のほうが存在神学を解明するはずなのです。有意味なものは必ずや存在しなければならない、というわけではありません。存在のほうが思考を確証することもありますが、しかしあくまで思考が意味を――存在によって開陳された意味を思考するのです。そのような思考は内存在性からの超脱を延長したものなのです。神と存在神学を対立させること、それは意味のある新たな様式を、その新たな観念を認めることです。そして、ある種の倫理的関係こそ、この探究のための出発点となるものです[109]。

そしてこの「意味のある新たな様式」、「新たな観念」を認めるにあたり、ハヤトロギアという枠組みが大きな助けとなると私は考える。宮本氏の言葉を借りて、この新たな観念を「エヒイェロギア」と呼びたい（エヒイェロギアに関する詳しい説明は、本書の他の章を参照していただきたい）。このエヒイェロギアは、歴史解釈学的概念として有賀が提唱したハヤトロギアを、新たな倫理学的概念として語り直したものであり、オントロギア的存在理解を転覆する際の一つのメルクマールとなる概念である。このように有賀が半世紀前に提示した一つの概念群は、いまだにその有効性を欠くことなく、むしろ領域の境界線を越えて、新たな知の発展を促すアクチュアリティーを内包しているのである。

註

※有賀の著作からの引用は、『有賀鐵太郎著作集』（全五巻、創文社、一九八一年）による。以下、『著作集（巻数）』と略す。

（1）初出は、日本宗教学会での発表要旨「ハヤトロギーについて」『宗教研究』（一五〇号、一九五六年、一六八〜一六九頁）。水垣渉「有賀鐵太郎のハヤトロギアの構想、特質、及び問題点」『基督教学研究』（第三〇号、二〇一〇年、一頁）にて言及されている。

（2）「ヘブライ的思考法を私はハヤトロギアと名づけているが、それはすなわち『ハーヤー』の『ロゴス』（理）との意である。これに対してギリシア的思考法はオントロギアである。無論それはト・オンの『ロゴス』（理）を意味するが、この両者の相違を十分明瞭に認識することが今日われわれに最も要望されていることであると言いたい」（著作集四、一八五頁）。そして、武藤一雄氏が語るように、「ハヤトロギアとオントロギアとを類型論的に並列させるのが本書の趣意ではない、むしろ、両者の対立折衝を通じて、ハヤトロギアからハヤ・オントロギアへの展開の必然性と意義とを明らかにしようとするところに、本書の根本的モティーフがある」のである（著作集一、四頁）。

（3）二〇一四年一二月一一日現在、CiNii で「ハヤトロギア」という語を検索すると、一五件の論文が存在する。内訳は以下の通り。有賀鐵太郎本人の論文が二件（一九五七年、一九五八年）、有賀『キリスト教思想における存在論の問題』に対する書評が一件（北森嘉蔵、一九六九年）、宮本久雄の論文が三件（二〇〇四年、二〇〇七年(1)、二〇〇七年(2)）、宮本『存在の季節――ハヤトロギアの誕生』に対する書評が一件（加藤信朗、二〇〇七年）、掛川富康の論文が一件（二〇〇六年）、残りは本稿で取り上げる『基督教学研究』第三〇号、第三一号の特集に掲載された論文（二〇一〇年、二〇一一年）と手島勲矢「有賀流ヘブライズムとユダヤ思想：二つのハヤトロギアについて」（二〇一四年）である。また、森田雄三郎『現代神学はどこへ行くか』（教文館、二〇〇五年）や、芦名定道「日本の宗教哲学とその諸問題：波多野、有賀、北森」『アジア・キリスト教・多元性』（第九号、現代キリスト教思想研究会、二〇一一年、八九〜一一一頁）など、CiNii の検索にヒットしない場合でも、個々の著作や論文の中でハヤトロギアに言及している例もある。

（4）宮本久雄『他者の原トポス――存在と他者をめぐるヘブライ・教父・中世の思索から』創文社、二〇〇〇年。『存在の季節――ハヤトロギア（ヘブライ的存在論）の誕生』知泉書館、二〇〇二年。『他者の甦り――アウシュヴィッツからのエクソダス』創文社、二〇〇八年。『旅人の脱在論――自・他相生の思想と物語りの展開』創文社、二〇一一年。『ヘブライ的脱在論――アウシュヴィッツから他者との共生へ』東京大学出版会、二〇一一年。『他者の風来――ルーアッハ・プネウマ・気をめぐる思索』日本キリスト教団出版局、二〇一二年。

（5）その他、水垣渉「キリスト教思想の本質と構造としての《ハヤトロギア》――有賀鐵太郎の業績とその意義」『李鐘聲博士古稀紀念論文集』（ソウル、一九九二年、六五二〜六八〇頁）。同「故有賀鐵太郎先生の学問的道程」『日本の神学』（一七号、一九七八年、一三〜二二頁）。

（6）水垣、一頁。

（7）水垣、脚注三参照。その他、「有賀にあっては、『こと』が『人格性と歴史』に結びついて考えられており、その意味で歴史からハヤトロギアが構想されていることは、明らかである」（水垣、脚注五）。有賀は、「啓示」が第一に特定の場所、または時における限定した事象（特定の歴史的事象）でなければならないと指摘している。「啓示の啓示たる所以は、それが一般的理由によって与えられていないという点に存するのである」（著作集三、一〇頁）。

（8）著作集四、八頁参照。

（9）「神学を学び、とりわけキリスト教史を考究するに当って、私の始めからの問いであったキリスト教とは何ぞやとの質問に対する解答を求める願いが常に心を捉えて離れなかった。（中略）だがかかる質問に対しては超自然的権威の声としての教理的解答は何らの解答ではない。何故ならかかる解答こそ常に新たな質問を起こさしめるものだからである。それゆえ私の求めたものは学的な解答であり、従ってこれを得るためにはあくまでも学的な方法に拠らなければならないと考えたのである」（著作集一、三〜四頁）。

（10）そしてこの「痕跡」は、「象徴」として歴史の中に現れる。「歴史において神の啓示を見いだすということは、或る特定の歴史的事象ないし観念をそのままに神的として措定することではない。それらの事象ないし観念は神的なるものの表現であるとしても、それは所詮なんらかの象徴を媒介とする譬喩的表現」なのである（著作集三、三八頁）。

(11)「啓示の内容は何らかの意味において解き明かさなければならない。それは教義的に解釈しようとすれば教義主義となり、体験的に解釈しようとすれば近代神学に帰る。しかもその何れもが誤れる道であった。けれどもいかなる解釈をも与えられない啓示は結局啓示とはならない。何故なら、啓示はその本質上、歴史における啓示であらねばならず、又人間に対しての啓示であらねばならないからである」（著作集三、三一頁）。

(12) 水垣、六頁。

(13)「人間としての根源的共感（Ur-Sympathie）とも呼ぶべきものが可能でなければ、凡そ如何なる話合いも成立しないであろうし、いわんや理解は生まれよう筈がない」（著作集四、六頁）。「しからば信仰体験は何によって捉えられるか。それはただ信仰体験によって共感的に捉えられる外はない。けだし総じて如何なる体験なるにせよ体験の了解ないし理解は共感的に、即ち同じ体験をわが身に有つことによって、なされ得るのみである。われわれはこれを共感的理解の方法と呼ぼう」（著作集三、三二～三三頁）。

(14) 現実を言語化することは、取捨選択の行為であり、それは必ず解釈となる。「それが特に神学的と名づけられる所以は、それが文化的人間の立場から企てられる解釈学ではなく、あくまでも信仰の立場に立って企てられるところのものだからである。即ち、キリスト者がキリスト者の体験を共感的に解釈する学である故にかくは名づけられねばならぬのである」（著作集三、三三頁）。

(15)『オリゲネス研究』の解題において、水垣氏は「本書において提出されている方法論は、直接には、古代キリスト教史において、オリゲネス以外にはアウグスティヌスのような人物について適用が可能なだけであって、キリスト教史そのものの解釈学としては、なお不十分であろう。人格の内面を知ることのできる材料を残しているキリスト者は、むしろ例外だからである」（著作集一、五一六頁）と述べている。

(16) 著作集三、三四頁。

(17) 水垣、五頁。

(18)「神学的解釈学は、啓示の本質的構造を歴史の相において捉えかつ闡明せんとするものである」（著作集三、三四頁）。

そして、その本質的構造の探究は、近代神学が取ったアプローチとは異なる。なぜなら、「近代的・人文主義的歴史観によって制約されていた」近代神学の方法では、キリスト教の本質探究といっても、結局は「キリスト教史の雑多なる現象のすべてを割り切るような最大公約数を求めるか、さもなくばそれらすべてによって割り切り得るごとき最小公倍数を求めるに似たもの」であるか、「キリスト教の本質を或る若干箇条の根源的教訓または教理に還元しこれによって一切のキリスト教的現象を計る尺度としようとする試み」であったからである（著作集三、三五〜三六頁）。

(19) 著作集三、四〇頁。

(20) 有賀の歴史神学とは、以下のような歴史認識に基づく。「歴史的一般者は歴史に内在するものとして、ただ歴史のうちからのみ把握されなければならない。あらかじめ理論を構成して置いてそれを歴史のうちに読み込むのではなく、歴史のうちに沈潜することによって、それの意味を行じつつ感得することによって、そこにある構造を見いだし、類型や傾向を発見し、かつ発展の法則又はリズムを究明するのが歴史学の方法であらねばならぬ。（中略）従って歴史的に反省するということはある抽象的・普遍的原理に帰ることでは有り得ない」（著作集三、四五頁）。そして、「真に歴史に学ぶ者は却って真に歴史を超克し得る者」なのである（著作集三、四七頁）。

(21) 「その限りでヘブライ思想がハヤトロギアと呼ばれているのであって、したがってこれは、オントロギアやハヤ・オントロギアと二つのセットをなしている概念であって、歴史的にも方法的にも、これだけを切り離すことはできないものである。（中略）ハヤトロギアをなにかある既定の独立した思想であるかのように思い込んではならない」（水垣、一一〜一二頁）。

(22) 水垣、三頁。

(23) 「ヘブライ思想を、その本来の論理にさかのぼって復元すれば、およそ右に述べたような構造を示すものと言える。そこに考えられている存在は、始めと終りとがあり、またその間にカイロス、むしろ複数でカイロイ、があって、それらとの同時性の意識または体験によって前に向かって行動的に進む歴史的存在である。したがって、それは後にあるもの（過去）と前にあるもの（将来）との間の、ヘブライ的に言えば、先のものと後のものとの間の、緊張のうちにある存在である。ニュッサのグレゴリオス（四世紀）は、パウロの言う『後のものを忘れ、前のものに向かってからだを伸ばしつつ（epekteinomenos）』（ピリピ三・一三）について、そこにある『張り』（teinotonos）をエペクタシス（epektasis）の語をもって表している。したがって、我々がここに考えるべき緊張は、第一義的には、このような意味のトノスである。そこからして、さまざまの緊張関係が考えられるわけであるが、それを総称して私はトノーシスと呼びたいと思う。そうすれば、歴史的に構想された世界は、トノーシスの場であると言えるであろう」（著作集五、二〇一頁）。

（24）有賀がこのような回りくどい道をとったのは、神学を客観的啓示の学として打ち立てることが、原理的に不可能であると分析していたからである。「客観的啓示神学は畢竟するに教派的教義神学とならざるを得ず、従って公同性を有することを得ない」（著作集三、二二頁）。そこで有賀は、啓示そのものを神学の対象とはせずに、この啓示を受容する人間側の体験の研究を神学の対象として位置づける。そして、神学は一度「信仰の絶対性から出て信仰の絶対性に還る間の相対性の世界」に進む必要があった。相対的反省を経ない信仰は、最終的に教条主義化してしまうからである。そのため、己の信じ方が本当に正しい方向へ向かっているのかを知るために、人は歴史的反省による自身の信仰の相対化が求められるのである。有賀の「緊張」概念については、水垣、二三頁、脚注九参照。

（25）ただし、どの文書を「聖書」として認めるかが問題となる。つまり、どの文書を神の啓示とみなし、どの文書を神の啓示でないものと判断するのか（正典・外典の選定）という問題である。その意味で、信仰はまず第一に、テクストの選定によって担保される。たとえば、「第二正典」と呼ばれる文書は、カトリックと正教会で正典とされるが、プロテスタントでは外典や偽典として扱われている。つまり、同じテクストにもかかわらず、一方では神の啓示とみなされているが、もう一方では単なる人間の書いた一文書にしかすぎないのである。

（26）著作集三、一一頁。

（27）同上。

（28）このような有賀の方法論の分析を経て、次に水垣氏はハヤトロギアの内容について論を進めている。本稿では解説の重複を避けるために、水垣論文で言及されているハヤトロギアの内容説明に関しては、次の項でまとめて言及している。

（29）勝村弘也「ハヤトロギアの批判的継承に向けて」『基督教学研究』第三一号、二〇一〇年。ただしこの論稿は、勝村氏の研究領域である古代ヘブライ世界、および聖書研究の視座から論じられている。
（30）勝村、五三頁。
（31）勝村、五六頁。
（32）著作集四、三頁。
（33）同上。
（34）「キリスト者がキリスト者を理解する場合には、そこに何らかの意味での信仰的共感があって、その事を可能にしてくれるのであるが、その理解が学的認識として成立しうるがためには、それが何らかの意味における客観的・普遍的妥当性を持つことが必要である。そのためには第一には、その理解が客観的に承認されうる資料およびそれについての科学的操作に基づいていることが要求される。第二には、その理解の結果が何人にも理性的に理解できる方法で提示さるべきことが要求される」（著作集四、七頁）。
（35）「それは当面の問題としては哲学的または神学的な問題というよりも先ず極めて実証的な言語学的問題なのである」（著作集四、一八三頁）。
（36）この問題の要点は、翻訳の正誤ではなく、どのような形で翻訳され、どのような理解で後世受け取られていったのかという、受容史にある。
（37）トーレイフ・ボーマン『ヘブライ人とギリシャ人の思惟』植田重雄訳、新教出版社、一九五九年。
（38）著作集四、一八六頁。
（39）著作集四、一八七頁。
（40）勝村氏は、ボーマンおよび有賀の指摘しなかったハーヤー動詞の特徴として、ニファル形があることを指摘している。ハーヤーの基本的な意味が「ある」であったならば、再帰的・受動的意味を表わすニファル形は存在しないはずだからである（勝村、六一頁参照）。
（41）著作集四、一八九頁。また有賀は、Yahweh という神の呼び名が、ハーヤーのヒフィル形未完了三人称男性であると解し、「彼はハーヤーさせる」という使役的な意味として理解する。つまり、ヘブライ的思惟の中における神とは、「一切のハーヤーをしてハーヤーせしめる主体」であると解釈するのである。また、創造（有しめる、生起せしめる）理解と絡めてその使役性が論じられている（著作集五、一九二頁）。勝村氏は、この解釈が聖書的根拠をもってのものかと問う。率直に言ってしまえば、牽強付会なのではないかということ。

(42) 著作集五、一八九頁

(43) 勝村、五八～五九頁。

(44) 勝村、六五～六六頁。勝村氏は、有賀があまり言及していない問題を取り上げている。たとえば、J・ペデルセンの「ネフェシュ（魂）」解釈とそれに関連した「祝福」「栄誉」「名前」「偽り」について、C・トレモンタンの「偽り」論、コッホの「応報」論など。

(45) 著作集四、一八八頁。

(46) 勝村、五九頁。

(47) 勝村、六八頁。

(48) 水垣、一〇～一一頁。

(49) 水垣、一一頁。

(50) 水垣、一三頁。

(51) 勝村、六五頁。

(52) 著作集四、一九二頁。

(53) この場合の「論理」とは、特定の思考法、それによる思考過程を含意している語として定義され、また「中断」は「中止」や「中絶」に対して、「ある過程が何かに妨げられて止まるが、それを妨げた力を媒介として、新しい性格を持つ過程として甦ってくる」という意味合いで使用されている（著作集四、二〇三頁）。

(54) 終末論が必ずしもメシアニズムと結びつくわけではない。終末の待望は、既に紀元前八世紀頃のアモスの預言に見いだすことができる。

(55) 著作集四、二一二～二一三頁。

(56) 著作集四、二一三頁。

(57) また、弟子たちにとってメシアとは見ず知らずの「人の子」ではなく、自分たちの身近に生き、そして死んだイエスその人であった。原始キリスト教にもそれ以前のアポカリュプティク的要素は見いだされるが、部分的な要素のみを取り出し、その比較をするだけでは無意味である。

(58) 著作集四、二一六頁。

(59) 著作集四、二一七頁。有賀はキリスト教思想のアルケーを説明するにあたり、ハルナックやヴェルナーなどの外的条件の提示では満足せず、内的条件としてのプネウマトロギアにそれを見出した（水垣、一七頁参照）。

(60) 「しかしながら、この事すべては十字架による論理の中断から新たに開始された思想の動きであることを忘れてはならない。信仰はその背理から出発するが、聖霊体験において、それは逆説として受け取られる。キリスト教思想の論理は、たえずこの出発点に帰ることによって純化されてゆく。それがその出発点を顧みなくなるとき、それは枯渇し、硬化し、偏狭固陋なものに堕してゆく」（著作集四、二一八〜二一九頁）。

(61) 水垣氏は「有賀はハヤトロギアの構想を理論的・哲学的に基礎付けうるように思われる『論理の中断』をも、あくまでも歴史的に説明しようと試みている。それゆえ、たとえばこれを『否定を媒介とする弁証法的関係』といった概念で説明し去ることには、賛成しない」とし、あくまで歴史的出来事の中で有賀が説明している点を強調している。意味の再解釈は否定的弁証法として起こるが、問題はそれが歴史の中でどのように働いたかという点にある（水垣、一四頁参照）。

(62) 「現在では研究者の間で、イエス像に関する一般的傾向として終末論的預言者という見方が後退し、それに代わって知恵の教師としての側面が強調される傾向がある」（勝村、七四頁）。

(63) 「しかし、有賀流へブライズム研究はキリスト教思想の歴史的追究のプロセスの中より派生してきたプロジェクトである以上、ここで一つの閉じられた壁に突きあたらざるを得ないと筆者は思う」（手島勲矢「有賀流へブライズムとユダヤ思想――二つのハヤトロギアについて」『京都大学キリスト教学研究室紀要』第二号、二〇一四年、一九頁）。

(64) 「従来の西洋キリスト教思想の研究がオントロギア的であった。（中略）ハヤ・オントロギアのオントロギア的解釈は、オントロギアによって形成されてきた西洋キリスト教思想に確かに妥当し、その理解には欠かせない。しかし、西洋キリスト教思想もそれがハヤトロギアにおいて成立し、ハヤトロギアを根本動因としてきたキリスト教の思想である限り、オントロギア的解釈には限界がある」（水垣、一八頁）。

(65)「ヘブライ語聖書に認められるハヤトロギアの感性（視点）は、時代の変遷の中でも変わらずユダヤ人の中に受け継がれていて、（中略）同時に有賀は、それが後代のラビ・ユダヤ教の基礎でもあると考えた。すなわち、ラビ・ユダヤ教とキリスト教信仰はハヤトロギアの精神土壌において同根であるというメッセージが有賀流ヘブライズムの基底」にあると手島氏は指摘する（手島、一七頁）。

(66)「キリスト教思想のアルケー（出発点）をロゴス化するには、『ユダヤ主義的ハヤトロギア』と『プネウマトロギア』という二つのハヤトロギア、または『ユダヤ的』と『プネウマトロギア的』というハヤトロギアの二面性をしっかり考えることを抜きには難しい」（手島、一八頁）。

(67) 手島、一五頁。

(68)「聖書とフィロソフィアの共通基盤が言語的に用意されている場所（エクレシア）と、そうではない場所（ベイト・クネセット）の違い」（手島、一六頁）。

(69) ただし「ハヤトロギアという言葉が持つ、そのヘブライ思想の表現としてのシンボリズムの力は、有賀鐵太郎その人の問題意識の強さと思考力からくるものであっても、『ハヤトロギア』そのものに思想史的な枠組みを作る強度があるかどうかはまだ不明である」と、手島氏は慎重さも示している（手島、一九頁参照）。

(70)「有賀鐵太郎は、その点においてハリー・ウォルフソン（四・一六三頁）やベレシート・ラバーへの言及（四・二八七頁）が示すようにユダヤ学の存在に自覚的であるのだが、彼の研究自体がユダヤ学の知見を十分に活用しているとはいえない」（手島、二〇頁）。

(71)「多くのキリスト教学者にとってのヘブライ語は、旧約聖書の言語のみを意味し、したがって彼らのヘブライズムの研究で、ラビ・ユダヤ教が生み出す膨大なヘブライ語文献テキストが真剣に考慮されることはほとんどない」（手島、二〇頁）。

(72) 手島、二一頁。

(73) ボーマン、二三四頁。

(74)「ヘブライ語には時制がないという認識は、ヨーロッパ言語の時制概念（文法的分類）に対応していないところから言われるものであって、ヘブライ語そのものが時制の観念を持っていないということではない」（手島、脚注一三）。
(75)手島、一二一頁。
(76)「筆者は分詞の変化が名詞や形容詞と同じなので、分詞は形容詞と同じであると考える。その点で、ヘブライ的現在とは、動詞を排除した文章（名詞文）という場所に『今』を覚える感覚であり、文法的な決定因子は、動詞がない場ということである」（手島、脚注一四）。
(77)手島氏は論稿の残りの紙面にて、ヘブライ語文法書の研究、なかでもスピノザの『ヘブライ語文法』の研究の意義を説いている。
(78)佐藤啓介「二十世紀フランス哲学とハヤトロギア？——神と存在の関係をめぐる問いの変貌」『基督教学研究』第三一号、二〇一一年。
(79)佐藤、八四頁。
(80)ハイデガーはドイツ人であるが、その思想史的意義はネイションとしての枠組みを越え、世界史レベルで語られるものである。
(81)エティエンヌ・ジルソン『中世哲学の精神　上』服部英次郎訳、筑摩書房、一九七四年。
(82)佐藤、八六頁。
(83)佐藤、八七頁。
(84)佐藤、八九頁。
(85)エマニュエル・レヴィナス『神・死・時間』合田正人訳、法政大学出版局、一九九四年、一七一頁。
(86)「神が意味するものである限りにおいて、一切の意味は神に由来するのではないでしょうか。有意味な思考は存在の転覆、内存在性からの超脱なのではないでしょうか。この意味で、存在の彼方は最上級であることではなく、超越を意味することになります」（レヴィナス『神・死・時間』一七二頁）。
(87)佐藤、九二頁。

(88) レヴィナス『神・死・時間』一八六〜一八七頁。
(89) レヴィナス『神・死・時間』一七三頁。
(90) 同上。
(91) レヴィナス『観念に到来する神について』内田樹訳、国文社、一九九八年、一一六〜一一七頁。
(92) レヴィナス『神・死・時間』一七四〜一七五頁。
(93) ギリシア語の生み出した言語空間は、「意味」が「思考」に先行している場であった。それに対し、ハヤトロギア的言語空間は「思考」が「意味」を生み出す場と考えることはできないだろうか。つまり、「思考」が「意味」に先行している言語空間、それがハヤトロギア的言語空間なのではないかと筆者は考える。ヘブライ人たちはまず出来事の現れに出会い、それを思考し、そして発話・言語化する。その結果、意味が生まれてくる。これは予め与えられた（定立された）意味の中で答えを求めるギリシア的思考とは相対するものである。あくまで憶測のレベルだが、ギリシア語の言語空間において意味が思考に先行しているのは、彼らが定住生活を主体としていたからではないだろうか。それに対し、ヘブライ語の話者であるヘブライ人たちは、遊牧的生活により、たえず自身の言語空間を逸脱した世界に出会った。ゆえに、意味よりも先にその現実を思考するようになったのではないだろうか。
(94) タルムードに関するレヴィナスの言及は、以下参照。エマニュエル・レヴィナス『タルムード四講話』内田樹訳、国文社、一九八七年。同『タルムード新五講話』内田樹訳、国文社、一九九〇年。同『聖句の彼方―タルムード読解と講演』合田正人訳、法政大学出版局、一九九六年。
(95) レヴィナス『神・死・時間』一八五頁。
(96) 佐藤、九三頁。
(97) 佐藤、九四頁。
(98) 同上。ジャン・リュック・マリオン『存在なき神』永井晋、中島盛夫訳、法政大学出版局、二〇一〇年。
(99) 佐藤、九五頁。フランス現代思想のすべてがそうではないことは、佐藤、脚注三〇で指摘されている。
(100) 以下のレヴィナスの言及を参照。「存在は現成し、その役目を果たし、存在として君臨し、存在するというその仕事をなすのです。ですから、存在者は存在のうちに基礎づけられている、と言うことができましょう。ですが、そう述べること自体、すでに存在についてのある解釈であり、すでに隠蔽であるのです。存在は基礎づけるものであると言われるとき、存在はその真理において、それ固有の行いにおいて語られているわけではありません。そこで、存在についての思考をつうじて、存在の真理を、それ固有の行いを再び見いださなければならなくなるのです。存在をその真理において理解すること。しかしハイデガーにとっては、このような理解は、至高の存在者にして基礎づけるものたる神によって諸存在者すべてを基礎づけることが存在の機能とみなされるや否や、ただちに隠蔽されるものとうつりました。存在についての思考、真理としての存在は、知識あるいは神を理解することと化すのです。これがすなわち、存在神学です。存在についてのヨーロッパ哲学は神学と化すのです」（レヴィナス『神・死・時間』一六五～一六六頁）。

（101）そしてその神の働きの一つが、マリオンの言う愛の贈与と関わってくる。

（102）佐藤、九六頁。

（103）レヴィナス『観念に到来する神について』一一五頁。

（104）著作集五、一九三頁。

（105）マリオンが神学のような言説をもって神について語るのも、すでにレヴィナスが以下のように言及していた。「形而上学のかかる終焉は存在についての思考に再生の機会を与えるのですが、そのときには、存在についての思考はもはや存在論ならざるものと化すことになりましょう」（レヴィナス『神・死・時間』一六七頁）。レヴィナスはこの哲学の新たな神学化の動きを「到来しうるもの」「新たなエッポク」として、存在神学の終焉後の思索の課題と見ている。

（106）「すべての言語、すべての細かく規定された専門というものは、ある種のものの見方を含み、非常に異なる見方に対するある種の組織的な抵抗を内臓している」（L・ベンジャミン・ウォーフ『言語・思考・現実』池上嘉彦訳、講談社、一九九三年、一八九頁）。

（107）「西欧の伝統においては、有意味な思考は措定的な思考とみなされています。思考は定立されるものを思考し（思考すること、それは定立することである）、定立されるものの休息を思考するのです。（中略）かかる休息によって、多様な思考内容、思考の諸相はその場所を得、この場所のうちで自分と再び出会い、そこで自分を再認して現前と化し、不動性のうちで自己同一化し、ひいては一個の世界を形成するのです。（中略）私たちの伝統的思想（西欧の、あるいはギリシャの思想）にとっては、諸存在のこのような自同性が乗り越え不能な真理だったのです」（レヴィナス『神・死・時間』一七九頁）。

(108) レヴィナス『神・死・時間』一六七頁。

(109) レヴィナス『神・死・時間』一六八頁。

脱自的存在としての神

——進化する神理解の諸側面——

岩田　靖夫

宮本久雄氏の主宰する「ハヤトロギア・エヒイェロギア」シンポジウムにおいて、筆者（以下、評者）は五人の提題者全員の発表に対するコメンテイターとして、招かれた。そこで、以下においては、五人の発表のポイントと評者に思われる点を提示し、さらに、それらの論点を一層展開すれば、どういう帰結が現れるか、という評者の思想的敷衍をコメントとして付加することにする。もちろん、評者はこの道の専門家ではないので、多くの誤解があると思うが、その点は寛大に見逃されたい。提示の順序も順不同であることを許容されたい。

一　「根源悪からのエクソダス」（宮本久雄）

古代ギリシア哲学、なかんずく、パルメニデス・アリストテレスの存在論を基礎にして構築された伝統的なキリスト教神学では、神は永遠不変、単純同一の存在者として了解されてきた。したがって、この絶え間なしに生成消滅を繰り返す、時間と多性を本質的特徴とする「われわれの住むこの世界」は神から離れた存在である、と考えられてきた。宮本氏は、これに否と言う。神は不変不同の同一者ではなく、絶えず自己を脱出して新しい世界へと乗り出す「脱在者（通常の哲学的常識における『エクシステンツ』の概念に相当すると思われる）」である、というのが、宮本氏の思想のポイントである。この新しい神観念には多くの説得的な点があり、また、現代の思想の流れに沿う点があるが、その主要点を以下評者なりにまとめてみよう。

まず、自己同一性とはなにか、という問題がある。端的に言えば、そんなものはどこにもない、というのが、宮本氏が自覚しているか否かは別にして、かれの思想の根底である、と評者には思われる。自己同一的実体がまず存在して、後から、その実体がいろいろな出来事を起こし、そのものの歴史が生成し、そのものの物語が生まれるのではなくて、事実は、その逆なのだ、と恐らくかれは考えている。すなわち、為されたこと語られたことが実体を形成する。したがって、自己同一性は、根底にある流動性、脱自性、自由を忘却した結果生ずる、作られたもの、固化されたものである。それを絶対化すると、全体主義が生まれてくるのである、と。

教会もこの全体主義化の一種に墜落する危険に曝されている。たとえば、教会とそのサクラメントに与らない人々は救済されない、というような自己絶対化を語るとき、それは共産主義的全体主義国家と同じものになっている。後者では、教義は唯物弁証法であり、教皇はスターリンもしくは毛沢東である。あるいは、現代世界を支配する科学技術万能社会も同じ構造を示している。ここでは、技術的に有用なもののみが存在者の資格を与えられ、役立たないものは、廃棄される。人間でさえ、科学技術・経済至上主義社会のなかで、なにがしかの役割を果たす限りにおいて、その存在を認められ、すなわち、物財と同じ扱いを受け、その埒外に落ちれば、無用なゴミとなる。

さて、この自己絶対化、すなわち、すべてを自己のうちへ同化しようとする全体主義を打ち破るものはなにか。それは他者である。他者とは私の意識の志向性を破綻させる不可解な謎である。すなわち、他者とは、私の認識、理解、把握を撥ね退ける、私の自己同化の働きを拒む者、その意味で、私の全体主義を破壊する者として登場する。それゆえ、自己絶対化を完遂しようとする者は、この絶対に同化を拒む者を排除し、異端の烙印を押し、遂には、アウシュヴィッツのごとき絶滅収容所に押し込めて抹殺する。こういう訳で、他者の抹殺こそが現代に蔓延する諸悪の根源であることが見えてきた現在、この思想の根源は、存在を永遠不変の自己同一者として理解するいわゆる「存在-神-論」であることが明らかになった、というのが宮本氏の思想の土台である、と言ってよいであろう。

ここから、宮本氏の思考はレヴィナス哲学の線に沿って進行する。存在（il y a）はすべてを窒息せしめる同（le même）である。そこでは、私も他者も己を失い、ただ全体化された自同性の中で消滅する。この自同性を打ち破る「存在のかなた（epekeina tēs ousias）」はどこから来るか。それは他者の顔から来るのである。他者に直面するとき、私は志向性ではなく、反志向性（contre-intentionalit）である。この意味は、他者は私の認識の対象としてではなく、私の認識や行為を破綻させる者として出現する、ということである。他者に直面するとき、私は志向性の逆転と挫折のゼロ点に立たされる。それがレヴィナスの言う受動性（passivité）ということである。

他者の顔は、語ること（dire）として私に現れるが、私は「ここにいます（me voici）」という応答としてしか、それに対することができない。なぜなら、もしも私が志向性として他者を対象化し、認識し、構成し、道具化するならば、他者は瞬時に消滅し、他者の同化による私の肥大化しかそこには残らないからである。無限に私を超越する他者の他者性とは、このことであり、他者に直面するときの私が反志向性であり、受動性でしかありえないのは、この故なのである。

さて、無限者は、他者の語ること（dire）を通して私の自己絶対化を破壊し、私の「ここにいます。なんの御用にも仕えます（me voici）」という応答の中で通り過ぎるのである。

では、他者はなにを語るのか。——この場合、語られたこと（le dit）ではない点に留意することが肝要である。なぜなら、語られたことは、つねに一定の意味連関の中で固化し、もはや他者ではなく、認識の対象となって私の世界の中に同化されてしまうからである。——他者はつねに、絶え間なく、「殺すな」、「私を孤独のうちに見捨てるな」と叫んでいるのである。その嘆願への応答が、無限者への応答であり、私に課せられた責任の無限性である。ここには、他者の眼差しの先行性があり、それに直面した私はじりじりと後退し、疚しさの意識を持ちつづけ、能動性に決して転換しない受動性のうちにあらざるをえない。

さて、評者は、宮本氏の論旨を、やや強引にレヴィナス哲学に即して再構成したが、宮本氏自身もかなりレヴィナスによって己の思想を語っているから、以上の再構成は当たらずといえども遠からず、の範囲内にあるものと許容されたい。


それでは、ここから、どのような神観念が出来《しゅったい》するか。まず、神は不変不動の自己同一者ではない、という点である。神をそのように捉えた時、神の偶像化が起こる。神は無限者であるから、決して認識されえないのである。神をなんらか一定の形の下に現前する存在者として捉えれば、神は私の表象のうちに吸収され、無限者ではなくなってしまう。それゆえ、神の不在（absence）こそ、神の無限性を示している、とも言える。あるいは、神については無限の解釈可能性があることこそ、われわれの神への関わり方である、とも言える。したがって、「神の偶像化の禁止」とは、「私は神を私の表象に同化してはならないということ、あるいは、私は私の反志向性（根源的受動性）を失ってはならないということ」に他ならないのである。

さて、つねに全体主義を目指す永遠不変の自己同一者の自己同一性を破壊する「絶対的他者としての神」、「絶えず自己を脱出する不在としての神」の観念から、幾つかの注目すべき帰結が出てくる。

その一つは万人がメシアである、という思想である。なぜなら、メシアとは、苦しむ他者に駆け寄る救済者であるが、他者の苦しみに応答することが、他者に直面するすべての人の責任であるからである。しかも、この責任は決して完了しない責任である。なぜなら、人は他者に遭遇するとき、決して把握できない無限の高さに直面するからである。その高さが「私の苦しみに駆け寄れ」と命ずるとき、他者の無限の高さの故に責任の完了はありえない。この本質的に未完了の献身が愛に他ならない。すべての人はすべての人に対して責任があり、この意味で、すべての人はすべての人に対してメシアでありうる。他者が苦しみのうちで助けを呼ぶとき、その叫びのうちに不在の神の通過があるのである。

第二に、神の真実はいかにして明らかになるか、という点である。宮本氏がやや口ごもって言わんとするところを、評者なりに、明け透けに言うと、神の真実はなんの証明もなしに己を現す、ということになるだろう。イエスは「私の言うことは真実だ」と言った。あるいは、「私は道であり、真理である」と言った。この発言に対して、パリサイ人や律法学士や神殿祭司たちは、「それにはどういう証拠があるのか」と問いかける。「あなたは自分で自分を真理だ、と言っているが、誰がそれを保証しているのか」と。かれらが求めているのは、聖書にこういう文章があるとか、大祭司がこう言ったとか、ユダヤ教にはこういう伝承があるとか、なにかそういう第三の権威付けである。これに対して、イエスは「そんなものはなにもない」とにべもなく言い放つ。私は「父にこう言え」と言われたことを言っているだけだ、と。すなわち、父を見た者はどこにもいないのだから、「私の語る言葉が己自身の真実を示しているのだ」ということに他ならない。宗教的真実に対するこの理解は、評者には非常に重要である、と思われる。その真実は、いわば何らかの客観的事実には依存しないのである。イエスがダビデの末裔であるとか、旧約聖書にこういう預言があるとか、およそユダヤ人が神の啓示を担う特権的民族であるとか、そんなことはどうでもよいことなのである。イエスの言葉が光を放ってその真実性を証している。それだけだ。

そこから更に言えることは、イエスが客観的事実としてどんな生涯を送ったか、ということも大して重要ではないことになる。そもそも、それは正確には絶対に分からないのである。聖書学や考古学がどれほど厳密な研究を続けようと、僅かにわかることがあるだけである。ほとんどは、永久に分からない。しかし、それで良いのである。イエスの語った真実、すなわち、愛が神であり、愛が人生の意味であり、愛はあらゆる差別（性別や人種や国や階級や学識や儀礼）を超えて、万人に等しく及ぶ、というメッセージが届けば、それですべて完了である。それが「敵をも愛せ」という言葉の意味である。もし、教会共同体が愛に生きる人々の集まりであり、そこで人々が命の安らぎを体験する場であるならば、イエスの真実はそこに現れているのである。

ユダヤ教、ローマ文化、中世の神学、現代の聖書学、その他のあらゆる人間の文化的営みは、この単純きわまりないイエスの真実を固化し、教義とか祭儀と伝承とかの牢獄の中で窒息させる。それは、生けるユダヤ人を抹殺したアウシュヴィッツの絶滅収容所と同じ、命を殺す全体主義の別形態なのである。

命である神、愛である神、は、この全体化、固化を打ち破り、絶えず過去を脱出して、新しい、未知の、未来へと展開してゆく。それは、あらゆる命を活性化する息吹（pneuma）である。評者は、宮本氏の言葉に乗って、多分、宮本氏の言わないであろうことまでをも語ったと思うが、それは宮本氏の本旨に悖ることではないであろう。

二　ハヤトロギア（歴程神学）の課題

――ホワイトヘッド・ヨーナス・西田哲学の思索を手引きとして――（田中 裕）

歴程神学とは、あるいは田中氏の造語かもしれないが、歴史的世界の中に現れ、そのプロセスの中で働く神についての思索、という意味に評者は理解した。すなわち、『出エジプト記』の物語を手づるにして、エジプトの大地に囚われていたユダヤ人を歴史的世界へ脱出させた神は、自己自身も絶えず歴史的世界の中に脱出する神である、という理解である。田中氏は、この発想の背景として、後期ハイデガーの形而上学批判を挙げている。すなわち、存在者を存在せしめる根拠を、より高次の存在者として考える所謂「存在・神学」は、神を不変不動単一無比の客観的存在者として了解するが、そのような神概念を解体して、新しい神観念を探求する、というのが田中氏の論考の意図であろう。

かれは、この意図をホワイトヘッド、ヨーナス、西田幾多郎の思索をよすがにして遂行する。そこで、先ず、西田哲学における神観念の究明から田中氏の論旨を追うことにしよう。

西田は、極めて早くから、キリスト教に関心をもっていた。その出会いは、参禅修行による真正の自己の探求のただ中で福音書の言葉に出会ったときだ、と言われる。その頃、かれは滴水和尚から次のような手紙をもらった。これは、英訳がきわめて意味明瞭なので、漢文的日本文よりは英訳を掲げる。“I have no word, no phrase, none of dharma to give to others. Nothing other than Nothing can be expected from such an old monk as me. Do not ask any more questions in your letter.”「君に与えるべき言葉は何も無い。もう、質問などするな」。これが、西田哲学の初めであり、もしかしたら、終わりなのかもしれない。

西田のキリスト教論に特徴的なのは否定神学の強調である。それは、キリスト教の教義やイデオロギーを突破して、「純粋経験」から直接に自分の言葉でキリスト教を語るために必要な道であったという。西田哲学は、主語を実在の根拠とする存在論ではなく、有をあらしめる「究極の一般者」、決して主語とならない述語を求め、それのうちに思惟の原理以前の経験、もしくは、原理（アルケー）をさらに遡る無底の経験、ないしは、経験の無底へと降下する思索である。それを、自己を無化する超越（self-emptying transcendence）と田中氏は言う。この境地を、西田哲学に疎い評者の言葉で言い換えれば、主客身分の純粋経験もしくは絶対矛盾の自己同一としての絶対無の境地というのであろう、と思う。

そこで、キリスト教との関連で重要なことは、西田がこの実在の根底を人格的なものとして捉えた、という点である。『善の研究』には、相互人格的な交わりに関しては、「われわれの個人性は神性の分化せるものであり、人間は直ちに神の自覚であり、各自の発展は即ち神の発展を完成する」という言葉があるそうだ。この思想には、評者は全面的に賛成であるが、なぜ、これほど重大なことが言えるのか。その根拠が示されていない。そもそも、実在の根底が人格的なものである、という理解は決定的に重要であるが、なぜ、そうなのかの理由は示されていない。ただ、無底の純粋経験だけからでは、それが人格性を帯びているとは、言えないであろう。

いずれにせよ、西田にとって実在の根底が人格的なものである以上、神はもっとも人格的なものであり、非人格的なものに向かう対象的認識によっては到達できないことは、当然である。神は、ただ、信もしくは愛の直覚によってのみ知りうるのである。この帰結は、実在の根底が人格的なものであれば、当然出てくる帰結である。

そこから、われわれは自己自身の底に絶対の他、もしくは絶対の汝とも言われるべき者を蔵しているのだから、われわれは自己の底に無限の責任を感じ、自己そのものを罪悪と考えなければならない、と言われる。この論旨は、キリスト教の語る原罪を西田哲学流に説明したものと思われるが、その論理構造があまりはっきりしない。ハイデガーもまた、人間は原罪を負う存在者である、と言う。その意味は、人間は自己自身のうちに自己の存在根拠を持たない存在者である、ということである。「自分の存在はどこからかは知らず投げられた者である」ということ、すなわち、有名な「被投性（Geworfenheit）」が、人間が己の存在を何ものかに負うている（schuldig）ということであり、それが人間の本質的な罪性（Schuldigkeit）なのである。こういう存在論的構造を西田が言っているのだとすれば、かれの言うことは理解可能であるが、それはキリスト教の語る原罪とは異なるであろう。すなわち、ハイデガーの言う「原罪」は脱倫理化されているのであり、存在論的に原罪を語る場合には、そうなるに決まっているのである。

こうして、西田の語る究極の絶対者は、言語を絶する「絶対無」であり、「絶対矛盾の自己同一」であるから、善も悪も、肯定も否定も、すべてを含む語りえざる一者である。したがって、当然、われわれも、さらには、万物も、その一者のなにかであり、宗教心はわれわれから起こるのではなく、その一者の、すなわち、神の、あるいは、仏の呼び声それ自体となる。この思想は、現代では、相当の普遍的賛同を得ていると思うが、これを仮に「万有内在神論（panentheism）」と命名するとすれば、ホワイトヘッドあるいは、ヨーナスの思想はそれに当たる、というのが田中氏の論旨の展開となる。

そこで、田中氏の発表の本体部分に入るが、田中氏はホワイトヘッドとヨーナスを殆ど同一の思想を展開する哲学者として扱っているから、特に区別が必要な場合を除いては、両者を区別なしに論ずることにする。

この両者は、存在よりも生成を基本的な範疇とし、これによって自然的存在と精神的価値、あるいは、物質的なものと観念的なものとの二元論的分離を克服しようとする点に、特色をもつ哲学者である。それゆえ、無機的自然から始まって人間にまで至る宇宙的な進化のプロセスの中に万物は位置づけられ、ある意味で、石ころも、草木も、人間も、同じく、自立的存在であり、生命的存在であり、倫理的存在であることになる。環境という言葉は人間中心主義の匂いを持つので、その代わりに、「生命圏」という言葉をかれらは提案する。

ところで、人間のうちにある矛盾、すなわち、自由と必然、自律と依存、自我と世界、関係と個別化、創造性と可死性などは、もっとも原始的な生命のうちにも萌芽的な原型を有しているのであって、あらゆる生命は存在と非存在の危うい均衡を保ちつつ、つねにすでに「超越」の内的な地平を自らのうちに含んでいる。この場合、ホワイトヘッドはヨーナスよりも更にラディカルで、単に「原始的生命」と言うに止まらず、あらゆる現実存在が創造性を有し、そこから自己決定する主体的存在であり、そのようなものがいかにして生成するか、を考察している。こういうかれらの思想を一言で纏めれば、やはり、万有内在神論（panentheism）が適切なレッテルになるだろう。

さて、こういう思想において、人間と人間との関係、人間と動物との関係、人間と無機物との関係、およそあらゆるもののあらゆる他のものに対する関係はどういうことになるであろうか。それは、一言で言えば、認識という関係ではなく、配慮（concern）という関係である、と言われる。この言葉はクエーカー教徒の言葉だそうだが、われわれは理性的存在である以前のレベルで他者と情感的な（affective）関係を通して交流しており、その段階においてすでに主体的に活動しているのだ、とされる。配慮こそが、理性と情念の統合体である人間の人格的関係の根底にある働きである。

そこで、この思想において、神はどのように理解されるか、という重大問題が起こる。それは、「神の全能の否定」である。アウシュヴィッツという根源悪を前にして、「歴史の主」としての神の全能、神の善性、神の可知性のすべてを認めることは論理的に不可能であるというトリレンマがヨーナスの思索の出発点である。ここで、ヨーナスはユダヤ教の「神の収縮」という神話を手懸りに、アウシュヴィッツにおける神の無能力を弁明する。神は人間を創造したときに、すでに、その全能性を放棄したのである。人間が自由な存在者である、ということが、このことを意味する、と評者は理解する。それゆえ、人間は全能の神の救済を当てにするのではなく、自由な存在者として人間を創造した神に対して、被造物としての責任を自覚し、人類の存続に対して（あるいは、宇宙の存続に対して）、自ら責任を負うべきなのである、と。

この思想は、ホワイトヘッドでは、究極の根拠は神ではなく創造性（creativity）である、という表現になる。創造性はいかなる意味でも対象化されえざる根源的な活動であり、神よりも存在論的に先行する。それは、一性と他性、神と世界に共通の超越論的述語であり、普遍の普遍（the universal of universals）である。それは、存在と価値に関して無記である。創造性は、それが現実化するためには、神と世界という現実存在を必要とするが、創造性の顕現としての神も世界も、相互を必要とし、これらの三者は、創造性―神―世界の三一的構造を形作っているのである、と。

以上に述べた歴程神学における創造性は、ヤコブ・ベーメにおける「無底」と神の関係にその先駆を認めうるが、輪廻転生する世界、すなわち、永劫回帰する世界からの最終的解脱に救済を求める思想ではない。そうではなくて、まさにこの歴史的世界の中で、自己形成を行う主体は、自己創造的被造物（self-creating creature）として、世界をその都度理解し、存在させ、それによって現実世界を超越する存在として、他者としてのもろもろの現実存在に自己を与える自己超越性（superjective nature）なのである。これを、評者が自己流に言い換えれば、創造性とは、絶対に客観的存在者とはならない超主体的活動力である、ということであろう。

最後に、田中氏は、このような自己創造的主体として同時に宇宙内の万物でもある究極者を、所謂正統キリスト教のうちにおいてよりは、二世紀頃に成立したと思われるトマス福音書などの非聖典キリスト語録の中に発見している。トマス福音書のイエス語録七七には、こういう言葉がある。「イエス言ひ給ふ。我在りて万物の上なる光なり。我在りて万物なり。万物は我より出で、我に達せり。木を割りてみよ。我そこに在り。石を上げよ。そこに汝ら我を見出すなり」。これは、エジプトで発見されたパピルスに記されたギリシア語断片である。この文書が正統な権威をもつかどうかが問題なのではなくて、その当時のエジプトのキリスト教思想のうちにこのような神の世界内在性の思想があったことが重要なのである。ここで、神は自然に内在するものとして、あるいは、自然と共生するものとして、理解されている。

イエスは大工の息子であり、「木を割って……石を上げて……」の言葉が示すように、われわれは樹木の命を奪うことによって生活していることを、実感していたであろう。端的に、イエスは樹木の痛みを感ずる人ではなかったか。仏教においても、「草木国土悉皆成仏」という思想は、樹木を伐採して寺院を建築する大工が、樹木に対する感謝の意をこめて言い始めた言葉であった、といわれる。

他者の犠牲を代償としてしか生きられない人間の痛み、その痛みは人間にだけではなく、樹木にも石にまでも及ぶ痛みであろうが、この痛みを知る悲しみの人、イエス、は、すべての被造物に及ぶ無限の愛と共感に生きる人であったであろう、というのが、田中氏の結語である。

三　神的エネルゲイア・プネウマの現存
——東方・ギリシア教父におけるエヒイェロギアの展開——　（谷 隆一郎）

エヒイェロギアの中心を貫く洞察はギリシア教父の伝統と深く呼応している、というのが谷隆一郎氏の本発表における趣旨である。したがって、この筋を、ニュッサのグレゴリオス、ディオニュシオス・アレオパギテース、証聖者マクシモスの文脈において辿ることが、論旨の展開となる。

まず、「〈神的エネルゲイア・プネウマとの出会い〉と〈脱自的愛の発動〉」と題される第一章では、神名の啓示として語られた「エヒイェ（わたしは在る、在らんとする）」が、己を脱して有限な他者のもとに到来する「脱在」として説明される。それは、ルーアッハ（風、霊）として、また、ダーバール（言葉、ロゴス）として顕現し、働く。

さて、このエネルゲイア・プネウマとの出会いにおいて、主語的な私（主体）が突破される。安心して確保されているような主体・自己はどこにもない、と谷氏は言う。そうではなくて、人が神的エネルゲイアないしはアガペー（愛）に貫かれたとき、その発出する根拠と全く結合してゆくべく、脱自的な愛が発動してくる。確実性の原初的なかたちはそうした愛の発動そのものに存する。谷氏の、このやや難解な表現を、評者流に言い換えると、人が神の愛（アガペー）に貫かれると、人のうちに愛が発動するが、その時、人と神は合体しているのであり、ここに確実性の真の根拠がある、ということになろうか。

もう一つの注目すべき発言として、ヤハウェ・エヒイェは「知られざる超越的根拠（たる神）への無限の愛」として、この有限な可変的世界に現出してくる、と谷氏は言う。すなわち、エヒイェは「知られざる超越的根拠」への絶えざる自己超越的運動であり、それが愛の働きだ、ということである。ここには、なにか二つの神があり、絶対不可知の超越的根拠としての神と、現象世界に現れて自己超越の働きを繰り返しつつ、その不可知の神へ接近するマイナーな神があるようにも理解されうるが、そういう理解は谷氏の本旨に悖るであろう。むしろ、ここには、極めて難解な何かがあるのであろう。すなわち、絶対不可知の超越は、同時に、自己を脱出して歴史的世界のうちへ絶えず姿を現す、という自己矛盾的な何ものかである、という事情である。いずれにしても、神はどこまでも超越的な非対象的対象であり、実体・本質としては決して知られえない無限なもの、と言われる。つまり、神は「神への脱自的愛」であり、「己自身を無みし超えてゆく運動」なのである。ここには、やはり、究極根拠の絶対的な自己循環運動を感知せざるをえない。

第二章は「神的働きと人間的自由・意志の働きとの協働」と題され、神と人間との接近もしくは同化が、強く語られる。

この世界は永遠なる神の働きの産物である。しかし、その具体的・現実的な生成の方式において、人間の自由意志の働きが不可欠の役割を担っている。神的エネルゲイア・プネウマはいわば垂直に降下して、有無を言わさぬ強制力で人々を突き動かすのではなく、すなわち、人間の自由が廃棄されるのではなく、人間の自由と神的エネルゲイアとはある種の協働（sunergeia）として働く、と言われる。「神的エネルゲイアは、自由に心披いてその恵みを受け取る人々のうちにつねに流入する」とグレゴリオスは言う。

ここには、神的エネルゲイアと人間の自由との間に、不思議な緊張と循環がある、と谷氏は言う。すなわち、一方では、神的エネルゲイアが現存しなければ、そもそも人間の自由意志が働くことがない。他方では、しかし、人間の自由意志が善く働くことがなければ、神的エネルゲイアの善き顕現も生じえないであろう。ここには、仏教やエックハルトに見られる、人間と絶対者との根源的同一性という思想が仄見えるが、しかし、谷氏はそこまでは思索を極論化しない。人間の働きと神のエネルゲイアとの相互依存性という、現代的に言えば、ハイデガー流の思想に対して、谷氏は、この相互依存が堂々巡りにならないために、神的エネルゲイアの絶対の範型的現成が必要である、と言う。すなわち、伝統的キリスト教の軸は微動だにしないのである。その範型的現成とは、ロゴス・キリストの受肉である。

さて、「他者との全一的交わりと愛」と題される第三章は、この問題を正面から考察する。神的エネルゲイア・

プネウマの受容は、超越の境地へと無媒介的に没入することではなく、有限な他者との関わりを場とし身体として生ずる。この有限な身体が教会（エクレシア）である。神は「神への愛として」この有限な世界に顕現してくる。こうして、エクレシアの頭はキリストであり、エクレシアはキリストの体である、と言われる。

この場合、谷氏に特有の言葉として、神は「神への愛」として顕現する、という表現がある。これは、評者の考えでは、極めて深い内容をもつであろう。すなわち、神を愛する人々の集まりである有限な身体としてのエクレシアが、神自身の現れである、という含意をもつからである。これは、現代的に言えば、万有内在神論である。谷氏はこの理解に同意しないであろうが、この解釈への匂いをもつところに谷氏の神論の特色があるのではなかろうか。「この小さき者の一人に為したことは、わたし（キリスト）に為したことだ」という有名な言葉の含意は、善を為しうる人が恵みと分有によってまさに神である、ということに他ならない。

これを逆に言えば、神はそれぞれの人の受苦を自らのうちで同苦という仕方で受容し、神秘的に苦しみを蒙っている、となる。

こうして、およそ他者との関わりは、同時にまた、絶対的他者（受肉した神）との関わりである、ということになる。これを、レヴィナス流に言えば、絶対的に不在の神は他者の苦しみのうちで痕跡として通過する、となる。但し、目前の他者のうちに痕跡が見える、などと理解してはならない。「我―汝」関係の中で神を理解しようとするブーバーとは異なり、神をあまりに人間化することを禁ずべく、レヴィナスはこの痕跡を「かれ性（illéité）」という奇妙な術語で指示するのである。谷氏は、神と人間との関わりの近さと遠さについて、レヴィナス的思想を念頭においていないであろう。いずれにしても、ここには難しい問題があるのである。

かくて、有限な他者は、いわば絶対他者たる神を、あるいは、むしろ神的エネルゲイアの現存を証し示す「しるし・象徴」として現出してくる。この意味で、他者との出会いは、あるいは、他者との交わりは、絶対他者たる神への心の抜きと祈りがあってこそ、成り立つことなのである、と谷氏は結論する。

続く第四章は、「神人的エネルゲイアの現存——ロゴス・キリストの受肉（神人性）を証示するもの——」と題され、この論文の結論が語られる。

神的エネルゲイア・プネウマの経験の典型は、もちろん、使徒たちのイエス・キリストとの出会いである。この場合、イエス・キリストとは誰であるかは、その実体・本質としては知られえない。

すなわち、神人的エネルゲイアの経験とは、イエス・キリストの神的かつ人間的な業に出会うことである。この場合、「カルケドン信条」に見られるように、神性と人性との結合の様式は「融合せず、変化せず、分割せず、分離せず」という風に否定辞を介して間接的に示されていることが肝要である。すなわち、キリストの神人性存在を人間的知の合理性の領域に引き込まないことが大切なのである。

このことを弁えた上で、神のプネウマ・アガペーとの出会いは確かな経験であり、それが信仰の成立である、と谷氏は言う。愛の経験が、確実な経験であり、神秘的な経験であり、なにか神的な経験である、ということには、評者も異論はない。

さて、この神人性エネルゲイアとの出会いとその受容が人間本性の開花・成就であるならば、それはもはや特殊な宗教的教理に閉ざされたことではなく、より普遍的に「人間が人間に成りゆくこと」であろう、と言われる。この考え方にも評者は賛成である。しかし、そうなるとイエスとの出会いは、特権的な経験ではなくなる、という点が重要である。イエスの言行の普遍性は、イエスという一人のユダヤ人を無限に超え出るであろう。つまり、イエスのエネルゲイアは原範型として、二千年前の一時点に固定化されるべきものではなく、至る所で現れうるものとならなければならないであろう。谷氏は、こういう明け透けな言い方はしないが、かれの論旨のうちには、こういう含意がある。ここには、永遠と時間との微妙な関わりがある。

すなわち、一方では、神的なエネルゲイア・プネウマは、つねに、時と処とを超えて働いている。しかし、他方では、それはあるとき、その都度の今において、人間の意志的聴従に応じて生成し現成する。神の愛は、歴史上のいかなる場所においても、いかなる時においても現に生起しうるのである。これが、受肉の現在と言われる事態である。受肉は、二千年前に一回起こったのではなく、創造が続く限り、つねに、絶えず、起こり続けているはずだ。それゆえ、われわれのほんの小さな善き意志や善き業のうちにも、神のエネルゲイアはその成立根拠として現前しているであろう。この事態は、事柄自体としては特定宗教の教条を超える事柄であるが、谷氏は、イエス・キリストの全き自己否定（ケノーシス）の働きがあらゆる善き業の原範型としてここに現前している、と結ぶ。

四　アテネとエルサレム——言語と存在をめぐって——（山本　巍）

山本氏の発表には原稿がなく、レジュメのみが配布された。更に、評者には山本氏の発表の全体の筋が充分には把握できなかった。そこで、以下は、レジュメにおいて、評者に理解できた結論部分について、その論旨をまとめ、多少のコメントを付すことで責めを果たしたい。

山本氏は、まず、パウロの回心を取り上げる。サウロは熱心なファリサイ人であり、律法の完全遵守によって自己の完成を目指した人である。しかし、これは不可能なことであり、他人の破戒を攻撃することによって自己を防御しようとする自己欺瞞の業に過ぎない、と。ここまでは、万人が同意するパウロの自己崩壊についての説明である。

さて、ダマスコへの途上、パウロは激しい光に襲われ、地に倒れる。そして、「なぜ、わたしを迫害するのか」という声を聞く。「あなたは誰か」と聞くと、「お前が迫害しているイエスである」との答えがあった。このくだりを山本氏はこう解釈する。もし真理を覆い隠すサウロの自己欺瞞が全面崩壊するとしたら、「わたしを迫害する」はサウロにとっても「〈わたし〉を迫害する」と響いたのではなかろうか、と。この山本氏のパラフレーズは、イエスの語った「なぜ、わたしを迫害するのか」という言葉が、パウロ自身にとって「なぜ、わたしはわたしを迫害するのか」という意味をもった、ということであろうか。すなわち、これまでの律法主義による自己完成という試みが、自己自身に対する迫害という無意味な自己欺瞞であったことが、自覚された、という読み方であろうか。そうだとすれば、この読みは、イエスに対する迫害がパウロ自身に対する迫害であることを含意するという意味で、神の人への内在という深遠な事態を指し示すであろう。

次に、山本氏は、『出エジプト記』三章での神名の自己啓示に関連してこう論ずる。それは、「わたしはあるところのものである」についての解釈である。ギリシア人の根本経験は立ち現れという存在経験であり、したがって、視覚が優位の経験である。これに対して、ユダヤ人の経験は、「聞く」が根本の経験である、と山本氏は言う。

すなわち、わたしは、「わたしはあるところのものである」を受動性に徹して聞くということである、という。それは、こう言い換えられる。「いかなる自由も、主体性も、力も、脱落して、受動性の極みにおいて、『わたしはある』を聞くことである」、と。これを更に言い換えて、「自己の一切の言葉が消えた沈黙の中で、自己は無に沈んで『わたしはある』を聞くことである」、と。そして、このこと自体が、「わたしはある」を成り立たせているのではないか、たとえ、遠く、弱く、薄暗い反映でしかないとしても、と山本氏は語る。この場合、「わたしはある」の「わたし」は、一人の人間としての山本巍のことを言っている、と評者は理解した。

この深い思想を評者流に言い換えてみる。私が全くの沈黙となり、受動性そのものとなり、無となると、「わたしはあるところのものである」がその無に入り込み、私は神と一体になる。これは、audio=sum である。沈黙の中で響く「わたしはある」を聞くこと自身が、山本氏の「わたしはある」が成り立つことに他ならない。塵に神の命の息吹が吹き込んで、人間が誕生したとはこの意味である。

そうだとすれば、自己にはいかなる発言権も実体性もない。無限の深淵のうちで響く「わたしはある」は、私だけではなく、われわれ万人の根拠でもあるだろう。そして、呼びかける声は、応答を期待している。すなわち、それは、エクレシアとしての人間たちの応答に他ならない。これが、山本氏の研究発表の趣旨であろう、と評者は理解した。

五　困難な隣人――〈私の真実《アミティ》〉の子ヨナの物語――（竹内 裕）

評者は旧約聖書に全く疎いので、竹内氏の研究発表の趣旨を理解しえた、とは言えない。したがって、レジュメから辛うじて、評者に理解できたと思われる二三の点を以下に述べて、責めを塞ぐこととする。

まず、ヨナは神に呼ばれた預言者でありながら、その役目を逃げ続ける自己中心主義者として描かれる。ヨナは、神からニネヴェへ行って、その悪行が神のもとへ届いていることを告げるように、命ぜられる。然るに、かれはニネヴェとは反対方向の海へと逃げ、船に乗る。神は、あくまでも、ヨナを追跡する。すなわち、大嵐を起こし船を沈没させようとする。水夫たちは大騒ぎで船の安全を図るが、ヨナは船底で眠っている。このヨナの態度は、多分、かれが神の命令に無関心であることを示唆するものであろう。ヨナの逃亡が原因で、大嵐が起こったことを知った水夫たちは、ヨナを海に投げ込んで、嵐の危険を逃れる。このとき、嵐の原因は自分だ、とヨナが名乗って、自ら死を選ぼうとしたのは、ヨナが生死にも無関心であったことを示すものであろうか。つまり、徹底的なニヒリストであったのかもしれない。然るに、神はそのヨナを更に追跡し、大魚に飲み込ませ、地上に吐き出させる。さすがに、今度は、ヨナも神の命に服し、ニネヴェに赴いて、四〇日後に滅びる、と告げる。ここまでのヨナは、神の命令から逃亡する預言者とは言えない預言者、ニネヴェの存亡などには無関心な自己中心主義者として描かれている。つまり、神は、そういう「一定《いちじょう》地獄の悪人」をどこまでも追い求める、ということであろうか。

ところで、以外なことに、ヨナに滅亡を告げられたニネヴェの人々は回心して、断食したり、祈ったりする。これを見て、神はニネヴェに災いを下すことを思いとどまる。ニネヴェは、異邦人の街、流血の街、淫蕩の街、略奪の街、偽りの街であったが、この悪の都はヨナの預言を聞いて回心したから、裁きのときに、イスラエルの人々を裁く側に立つだろう、と言われる。このことは、神はすでに単なるイスラエル人の神ではなく、全人類の神であり、人間の善悪を普遍的な立場から見ている、という含意を示唆しているのであろう。

更に、竹内氏は、この物語を『創世記』のノアの箱船の物語と比較している。ノアの箱船の物語では、神は地上の全人間を悪人と見て、かれらを創造したことを悔い、かれらを大洪水で全滅させ、無垢の人ノアの一族のみを存続させる。これに対して、ヨナの物語では、神はニネヴェの人々が改心した事を見てニネヴェに災いを下すという意図を変え、一二万人の人間がいる街を惜しむ神になっている。つまり、恐ろしい裁きの神ではなく、どこまでも優しいいわば友人としての神へと進化している、というのが論者の意図であろうと、評者は理解する。

ところで、ヨナという男は全くどうしようもない人間である。神が寛大にもニネヴェの街に災いを下すことを思い止まったことを不満に思い、街のはずれに小屋を立てて住む。それは、竹内氏の解釈によると、おそらく、ニネヴェは再び悪の道にはまり、神から罰を受けるであろう、と期待して、それを見るためであった、というのである。然るに、その小屋も傍にあった樹木も日照りのために焼け枯れて、ヨナは日干し同然になり、怒って死のうとする、というのである。エゴイスト、ルサンチマンの塊のような男だ。だが、神はこんな男を預言者として立て、どこまでも面倒をみようとする、というのである。ここまで来れば、親鸞の悪人正機と紙一重である。万人が救われる。どんな卑劣な人間でも、神のケアの対象である。評者は、竹内氏の発表をこのように理解した。

むすびとひらき

本書における『ハヤトロギアとエヒイェロギア――「アウシュヴィッツ」「FUKUSHIMA」以後の思想の可能性――』のタイトル及びサブタイトルを瞥見し、読者諸氏は「曰く、不可解」と不信の念を抱かれるのではないかといささか気掛かりである。勿論それらの意味や意義については、本書を読まれれば、諸子の不審は氷解されようが、ここで再度、如上のタイトルおよびサブタイトルの内容・目的について簡単に説明し、本書の内容を開陳したい。

ハヤトロギアは京大教授でキリスト教学の泰斗有賀鐵太郎博士が、西欧思想の本源をなす存在論（オントロギア）に対比して展開されたヘブライ的思想である。すなわち、ヘブライ思想はヘブライ語の用法、特に存在の三人称単数完了動詞「ハーヤー」の用法によって動的歴史的で非実体的脱自的に特徴付けられるとされる。博士はさらにハヤトロギアがイエスの十字架・復活で中断を経験し、聖霊体験を通して新しいハヤトロギア、つまりプネウマトロギアとして蘇ったと論を進める。キリスト教思想は、ギリシア哲学とこのプネウマトロギア・新ハヤトロギアとの出会いに拠って成立しているので、それをハヤ・オントロギアとして性格づけている。

エヒイェロギアは、このハヤトロギアに霊発されて、ハーヤーの代わりに「エヒイェ」（ヘブライ語存在動詞一人称単数未完了形）とそれに関わる文脈の物語り論的な解釈を主軸に、現代の根源悪に直面しようと工夫された思想である。そしてそのエヒイェが、ルーアッハ（霊・風）とダーバール（事即言）と共に、三一的実在的構造において働くことを示そうとし、この三一的エヒイェを体現する人間的ペルソナがどのように歴史において根源悪を超克しようと語り行為するのかを問うてゆく。今エヒイェとそのペルソナの特徴を言挙げはしないが、その目的と内容は、上述のように人間性とその共生の歴史を虚無化し破綻させ続ける根源悪の超克の手がかりを得ることである。その際、根源悪の解明は「アウシュヴィッツ」と「FUKUSHIMA」に代表される歴史的悲劇の分析を通じてなされる。しかもその思想的温床こそ、西欧的存在論に淵源する「存在神論」と見定められている。従ってエヒイェロギアは、思想史的には「存在神論」との対決を通して根源悪の超克を目指し、ペルソナを通して共生の道を披こうとするわけである。言いかえれば、「アウシュヴィッツ」との対面の仕方で、思想的文化的力量と社会的共生の力量が問われ続けているように、「FUKUSHIMA」との対面の仕方で今後、思想的力量および共生の力量が問われ続けられると思われる。そうである以上、タイトルの課題と内実を示すサブタイトルは、「『アウシュヴィッツ』『FUKUSHIMA』以後の思想的可能性」と題されたわけである。

エヒイェロギアのデッサンは以上のようなものであるが、しかしエヒイェロギアをそれとして自己完結した思想として定立することはできない。なぜなら第一にそれは、ハヤトロギア、オントロギア、プネウマトロギア、教父哲学、さらに根源悪思想や物語り論などの様々な思想（神学・哲学、倫理学などを含意する思想）の網（réseau）の中で機能し発言する関係的思想だからである。第二にそれは、他の「〜ロギア」もそうであるが、ロゴスをすでに含んでいる。ロゴスとはこの場合、ギリシア哲学起源の理性、矛盾律、分析推論、論証などの論理的働きを意味する。従ってエヒイェロギアというヘブライ的なある思索・論理は、ロゴスによって展開され、そのメッセージが開陳されるわけである。つまりエヒイェロギアは、すでにロゴス的制約下にあり、それをヘブライ思想として絶対的に取り出して示すことはできない。むしろロゴスとの対比において、その特徴を垣間見ることができよう。例えば、ヘブライ語の「エヒイェ」、時間性、名詞の並行的結合文などは、ギリシア的存在（to on）、時制、述定法（S est P）などとの対比によってある特徴を示しうるのである。

このようにしてエヒイェロギアも、有賀博士のいうハヤ・オントロギア（プネウマトロギアとオントロギアの出会い）の系譜に属するのであろう（なおエヒイェロギア的プネウマ論に関しては、拙著『他者の風来――ルーアッハ・プネウマ・気をめぐる思索』日本キリスト教団出版局、二〇一二年、を参照されたし）。

以上で、読者子に対する、タイトル・サブタイトルをめぐる編集子の弁証を閉じたい。

また今回は、表紙絵にシャガールの作品「白い磔刑図」（一九三八年）をなぜ選んだのかについても、エヒイェロギアとの関連で大略解説したい。

「白い磔刑図」はご覧のように遠近法構成になってはいない。中央の十字架像を照らす白い光を中心に、いわば物語り風に様々な図像が描かれている。どの画像も暗澹としている。左上にはドイツ軍の侵略とその暴力によるユダヤの村の破壊、舟に乗って避難する人々のモチーフが際立っている。右上のシナゴーグの炎上がユダヤ人迫害の悲劇を物語る。実にこの絵の制作動機に、一九三八年のドイツにおけるシナゴーグ焼き討ち事件があったとされる。左下にトーラーをもつ片足裸足で逃げる男、右下には焼きはらわれるトーラーと袋を担いで去る不思議な老人が見える。この老人は「ヴィテブスクの上で」等の絵に何度も登場して描かれる行商人、旅人、あるいは預言者だともいわれる。十字架の下では、一本欠けた七燈燭台が、救済の破綻を告げているのだろうか、その上方の族長、ラビ、預言者たちは絶望して悲嘆にくれているのだろうか。

問題は、ユダヤ教の祈祷用の黒縞模様の布を腰につけた磔刑像である。彼は、キリストであれ、預言者であれ、この図全体が示すヒトラー的なヒュブリス（暴力・傲慢）とそれがもたらす迫害・絶滅（ショアー）の一切をその身一身に担っているようにみえる。その彼を包み支える白い光（カバラー的神秘主義の創造の光か?）が、わずかな救済の希望を告げているのだろうか。われわれはこの絵を通してその中に、エヒイェロギアが直面する根源悪とそれを過越すエヒイェロギアの可能性を窺い知りたいのである。

それにしても、本書には「エヒイェ」を巡って旧約聖書解釈、ギリシア哲学からのアプローチ、教父思想、西田哲学また韓国におけるエヒイェロギア理解、さらに最近のハヤトロギアをテーマとする諸論文の批評など多彩な言説が寄せられ、各々の視点で、人間の根拠との出会いと根源悪の暴力が語られ、人間相互の共生の地平が拓かれた。そこに今日の思想的閉塞の冬に春風の息吹を予感できまいか。

最後に、本書は雑誌『共生学』七号のテキストに、各論者（宮本、谷隆一郎）が修正を施し、また新しい論文（平松虹太朗、袴田渉、袴田玲）を加えて成ったことを付け加え、そして本書の総括的編集に尽力された教友社社長阿部川直樹氏および本書に参集された方々に深甚な謝意をおささげしたい。

燈々無尽

平成二七年　文月

編集代表者　宮本　久雄

執筆者プロフィール

（掲載順）

山本　芳久　1973年生

所属　東京大学大学院総合文化研究科准教授

専攻　哲学・倫理学（西洋中世哲学・イスラーム哲学）

著書　『トマス・アクィナスにおける人格《ペルソナ》の存在論』（知泉書館）、『イスラーム哲学とキリスト教中世 第1冊』（岩波書店、共著）、『トマス・アクィナス肯定の哲学』（慶應義塾大学出版会）

竹内　裕　1969年生

所属　熊本大学文学部教授

専攻　旧約学・ヘブライ思想

著書　『死生観と生命倫理』（東京大学出版会、共著）、『シリーズ物語論2　原初のことば』（東京大学出版会、共著）、「ヨブ記の断層を読む―〈公〉と〈私〉あるいは〈演繹〉と〈帰納〉のあわいに」（『カトリック研究』82号、2013年）

金　山椿

所属　西江大学校教養学部教授・イエズス会士

専攻　美術史・美学。H・U・フォン・バルタザール研究で博士号を取得。

宮本　久雄　1945年生

所属　上智大学神学部教授

専攻　聖書思想・教父神学・哲学

著書　『旅人の脱在論』（創文社）、『ヘブライ的脱在論』（東京大学出版会）、『他者の風来―ルーアッハ・プネウマ・気をめぐる思索』（日本キリスト教団出版局）、『宗教言語の可能性』（勁草書房）、『出会いの他者性―プロメテウスの火（暴力）から愛智の炎へ』（知泉書館）

袴田　渉　1979年生

所属　東京大学（日本学術振興会特別研究員）

専攻　宗教学・教父学

著書　『フィロカリア第5巻』（新世社、共訳）

袴田　玲　1982年生
　所属　上智大学（日本学術振興会特別研究員）
　専攻　東方キリスト教
　著書　『フィロカリア第2巻』（新世社、共訳）、「グレゴリオス・パラマスの身体観─〈今・この身に〉働く神のエネルゲイア」『エイコーン』第38号（新世社）

谷　隆一郎　1945年生
　所属　九州大学名誉教授・日本カトリック神学院講師
　専攻　教父・中世哲学・キリスト教学
　著書　『人間と宇宙的神化─証聖者マクシモスにおける自然・本性のダイナミズムをめぐって─』（知泉書館）、『アウグスティヌスと東方教父─キリスト教思想の源流に学ぶ』（九州大学出版会）、『キリスト者の生のかたち─東方教父の古典に学ぶ』（知泉書館）

山本　巍　1945年生
　所属　東京大学名誉教授
　専攻　ギリシア哲学
　著作　『ロゴスと深淵─ギリシア哲学探究─』（東京大学出版会）、『ヨーロッパにおける政治思想史と精神史の交叉』（共著、慶應大学出版会）、『ギリシア哲学の最前線』〈1〉〈2〉（共著、東京大学出版会）

田中　裕　1947年生
　所属　上智大学教授・哲学研究科委員長
　専攻　宗教哲学・科学哲学
　著書　『逆接から実在へ─科学哲学・宗教哲学論考』（行路社）、『ホワイトヘッド─現代思想の冒険者』（講談社）『滝沢克己を語る』（共著、春風社）、『岩波講座　哲学02「形而上学の現在」』（共著、岩波書店）

平松　虹太朗　1987年生
　所属　上智大学神学研究科博士後期課程
　専攻　神学・キリスト教学・中世ユダヤ教聖書註解
　著書　「なぜユダヤ人は鳥の頭で描かれたのか？　中世ユダヤ教彩色写本に見られる〈動物頭部化現象〉の諸解釈をめぐって」『紀尾井論叢』2号（上智大学Sapientia会）

岩田　靖夫　1932 年生
所属　東北大学名誉教授・仙台白百合女子大学名誉教授
専攻　ギリシア哲学
著書　『アリストテレスの政治思想』（岩波書店）、『ギリシア哲学入門』（筑摩書房）、『ギリシア思想入門』（東京大学出版会）、『人生と信仰についての覚え書き』（女子パウロ会）、『増補 ソクラテス』（ちくま学芸文庫）、『いま哲学とはなにか』（岩波新書）

ハヤトロギアとエヒイェロギア
―「アウシュヴィッツ」「FUKUSHIMA」以後の思想の可能性―

発行日………2015年2月6日 初版

編著者………宮本 久雄
発行者………阿部川直樹
発行所………有限会社 教友社
275-0017 千葉県習志野市藤崎6－15－14
TEL047 (403) 4818　FAX047 (403) 4819
URL http://www.kyoyusha.com
印刷所………モリモト印刷株式会社

ISBN978-4-907991-09-8　C3016